"十二五"高等院校财经系

财经系列教材

会计学原理

ACCOUNTING PRINCIPLE

赖斌慧　黄莉娜　林晓伟／编著

经济管理出版社

ECONOMY & MANAGEMENT PUBLISHING HOUSE

前　言

　　经济越发展，会计越重要。为了适应我国及世界经济发展的需要，我国正在加快会计改革，特别是会计制度改革的步伐。会计改革对高校会计学科的教学提出了改革要求，如何培养适合社会需要的创新型、应用型人才，是对会计学科教学提出的现实挑战。会计学科教学的改革，教材建设是基础。为适应应用型人才培养的要求和会计学原理课程的教学需要，我们组建了《会计学原理》教材编写组，以《会计法》、《企业会计准则》、《企业会计准则应用指南》和全国会计从业资格考试为依据，主要阐述了会计工作的基本理论、方法和常用操作实务。在结构安排上，遵循初学者认识问题的规律，由浅入深、循序渐进，在语言表达上力争做到通俗易懂、言简意赅，同时尽量多地运用实例。

　　本教材的特色主要体现在以下几个方面：

　　一是时代性。本教材充分反映我国最新颁布的《企业会计准则》及其应用指南和法律法规，结合经济管理类应用型本科学生的培养要求编写，积极吸纳会计学科领域的最新进展，力求反映会计理论和会计实务发展的最新成果。

　　二是创新性。本教材在结构安排、章节内容设计上既要求做到逻辑严谨、推演顺畅，也要求克服雷同、力争创新。在结构安排上，我们在借鉴主流会计学原理教材的基础上，增设了"信息技术在会计中的应用"一章，以阐述会计的最新发展。在章节内容上，我们增设了"拓展阅读材料"，使本书的理论内容能够与时俱进，拓展学生的知识。

　　三是应用性。为适应培养应用型人才的要求，教材对本科生必须掌握的会计基本理论做了阐述，但重点放在了会计基本方法及其应用上，在内容上安排了大量的例题，同时设计有大量的复习思考题、练习题和案例分析，科学、合理地将会计理论与会计实务结合起来，培养学生发现问题、分析问题、解决问题和自我学习的能力，也方便老师教学。

　　四是引导性。教材每章学习要点明确，知识总结精练，每章都有开章案例，案例多数来自企业实践，大量地运用图示、图表和案例，使读者倍感亲切而喜闻乐见，能够引起初学者的兴趣，让学生易学、易懂、易用，引导他们轻松并牢固地掌握会计学的基本知识。

本教材共分十一章，由闽南师范大学管理学院赖斌慧博士主编，负责拟定大纲，组织编写，修订和审阅定稿，参与编写的人员有闽南师范大学管理学院的黄莉娜、林晓伟。各章节的具体分工为：赖斌慧负责第一章、第二章、第六章、第七章、第八章、第九章、第十一章的编写，黄莉娜负责第三章、第四章、第五章的编写，林晓伟负责第十章的编写。

本教材主要适用于会计学、财务管理、审计学及其他经济管理类专业应用型本科的教学，也可作为在职人员培训和经济管理领域工作者提高会计水平的参考用书。

在本教材的编写过程中，我们学习、借鉴、吸收和参考了国内外大量的会计学图书和不同版本、不同层次的教材及大量相关文献资料，并引用了一些书籍、报刊、网站的部分数据和资料内容。在此，谨向这些成果的作者以及出版者致以衷心感谢！

限于编者的学识水平和时间，书中难免还有这样或那样的瑕疵，敬请广大读者批评指正，使本教材将来的再版能够锦上添花！

目　录

第一章 总论

【学习要点】

● 了解会计的产生与发展；

● 理解会计的定义、基本职能和目标；

● 掌握会计核算的基本假设、会计信息的质量要求、会计核算基础；

● 熟悉会计核算的基本程序和方法。

【关键概念】

会计 会计的基本职能 会计的基本假设 会计信息质量要求 会计程序 会计方法

【开章案例】

作为一种职业，会计可以说是无处不在。以大家所熟悉的四大古典名著之一《水浒传》为例，梁山上就设有会计岗位。《水浒传》"第七十一回 忠义堂石碣受天文，梁山泊英雄排座次"中，一百零八将受将，除了"掌管钱粮头领二员"外，还有"定功赏罚军政司、考算钱粮支出纳入一员"等不同角色。一个以"打家劫舍"为"主营业务"的山寨为什么要设置会计岗位？另一四大古典名著《红楼梦》中同样也有会计，并且担任会计的王熙凤和贾探春都是书中的主要人物。推而广之，大到国家，小到家庭，都有会计的存在。据财政部的统计数据显示，2009 年末全国会计从业人数近 1200 万人。

思考：

1. 为什么每个组织都需要会计？

2. 会计有什么作用？

第一节 会计的含义

一、会计的产生与发展

会计作为经济管理的重要组成部分，是人们对生产活动进行管理的客观需要。作为一种经济管理活动，会计与社会生产发展有着不可分割的联系，会计的产生和发展离不开人们对生产活动进行管理的客观需要，社会越发展，会计越重要。会计的产生与发展大体经历了三个阶段。

（一）古代会计

早在原始社会，随着社会生产力水平的提高，人们捕获的猎物和生产出的生活资料有了剩余。人们开始关心生产中的劳动耗费与劳动成果，以及剩余物品的储备或交换，"绘图记事"、"刻石记事"、"结绳记事"便应运而生，这就是人类最早的计量与记录行为，不过此时的会计只是生产职能的附带。在会计的发展史上，这一时期被称为会计的萌芽阶段，或者称为原始计量与记录时代。

到了奴隶社会的繁盛时期，随着劳动生产力的不断提高，剩余产品与私有制的结合，导致了私人财富的积累以及国家的出现，进而导致了受托责任会计的产生，会计逐渐从生产职能中分离出来，成为一种专门的职业。当时的记录对象只是奴隶主或各级奴隶制国家机构所拥有财产的变化，记录的目的除了保护财产的安全，还要反映那些受托管理这些财产的人是否认真地履行了职责。这就要求采用比较先进、科学的计量与记录方法，从而产生了现在所称的"单式记账法"。从奴隶社会的繁盛时期到15世纪末，单式簿记应运而生而且得到了发展。一般将这一时期的会计称之为古代会计。

（二）近代会计

一般认为，从单式记账过渡到复式记账是近代会计形成的标志。12~13世纪，地中海沿岸国家的经济迅速发展，商业和金融业特别繁荣，促进了银行记账方法的变革，借贷记账法开始在银行出现，并被广泛运用于商业会计核算中。1494年，意大利数学家卢卡·巴其阿勒出版的《算术、几何、比与比例概要》一书中，系统介绍了借贷复式记账原理及其应用，并介绍了以日记账、分录账和总账三种账簿为基础的会计制度。它为复式簿记在全世界的广泛应用奠定了基础，是会计发展史上的一个里程碑，标志着近代会计的产生。此后，经过18世纪末和19世纪初的产业革命，资本主义国家的生产力迅猛发展，引起了生产组织和经营方式的重大变革，经营者逐渐与所有者相分离，产生了查核经理人员履职情况的需要，经营者向所有者报送的财务报表由此产生，同时出现了以查账为职业的特许会计师或注册会计师。在这一时期，会计方法已经比较完善，会计科学也比较成熟。

在这两个阶段，严格来说，"会计"（Accounting）是不够严谨的，比较准确的提法应是"簿记"（Bookkeeping）。随着工业革命的完成，社会生产组织形式也从传统的手工工场演变成了企业，在 19 世纪三四十年代，对经济活动的记录从"簿记"走向了"会计"，簿记学开始向会计学演变。

（三）现代会计

第二次世界大战以后，经济活动更加复杂，生产日益社会化，市场竞争日益复杂、激烈，这对企业会计提出了更高的要求。会计的地位和作用，会计的目标，会计所应用的原则、方法和技术都在不断发展变化并日趋完善，并逐步形成自身的理论和方法体系。20 世纪 20 年代末 30 年代初的经济危机促成了美国《证券法》和《证券交易法》的颁布及对会计准则的系统研究和制定。财务会计准则体系的形成不仅奠定了现代会计法制体系和现代会计理论体系的基础，而且促进了传统会计向现代会计的转变。20 世纪 50 年代以后，为适应现代管理科学的发展，建立了为全面提高企业经济效益服务的现代管理会计。1952 年，国际会计师联合会正式通过"管理会计"这一专业术语，标志着会计正式划分为财务会计和管理会计两大领域。管理会计的出现是现代会计发展的主要标志。

随着社会生产力的进一步提高和科学技术的迅猛发展，会计也发生了相应的变化，主要表现为：①审计基本理论的创立；②税务会计逐渐独立出来，成为会计的重要分支；③会计信息化的产生与应用；④会计作为一种通用的商业语言，各国的会计出现了趋同趋势；⑤会计职业道德规范日益受到重视。随着社会发展和科学技术的进步，会计必然会取得更加引人注目的发展。

二、会计的概念

现代会计的概念可以表述为：会计是以货币作为主要计量单位，以凭证为依据，用一系列专门的技术方法，通过建立会计信息系统，对企业、事业单位、政府机关或其他经济组织等特定主体的经济活动进行全面、综合、连续、系统地确认、计量、记录和计算并且对外进行报告的一种经济管理活动。

会计作为一种管理活动，与其他经济管理活动相比，具有以下特点：

（一）以货币作为主要计量单位

常用的计量单位有劳动量度（如小时、日、月）、实物量度（如千克、件、只）和货币量度（如人民币、美元、欧元）三种。会计以货币为主要计量单位，但并不排除其他两种计量单位的存在，而是以货币量度为主，其他量度为辅。

（二）以真实、合法的原始凭证为依据，严格遵循会计规范

原始凭证是证明经济业务已经发生或完成的最初的证明，不仅记录着经济业务或事项的过程和结果，也明确了相关人员的责任。会计以真实、合法的原始凭证作为核算依据，才能取得真实、可靠的会计信息。会计核算必须严格遵循会计准则、会计制度等会计规范，以保证会计记录和会计信息的真实性、可靠性和一致性。

（三）运用一系列科学的专门方法

在发展过程中，会计逐渐形成了一系列既相互联系又相互配合的科学、系统、严密、完善的专门方法，包括设置账户、复式记账、填制和审核凭证、登记账簿、成本计算、财产清查、编制财务报表等方法。会计运用这些专门方法，对经济活动进行连续、系统、全面的核算和监督，为经济管理提供必要的会计信息。

（四）会计核算具有连续性、系统性、全面性和综合性

作为经济管理活动的重要组成部分，会计对每一次经济业务都无一遗漏地进行登记，按科学的方法对会计对象进行分类和汇总，对会计资料进行系统加工处理，使之系统化，以完整地反映经济活动的过程和结果。

【阅读材料】

会计学科体系

会计学与会计是两个不同的概念。会计学是经济管理科学的一个组成部分，是系统研究会计控制的专门理论、专门方法、专门技能及其运用的科学。[①] 会计学是人们在长期会计工作的实践中，经过不断的总结逐渐形成的，会计实践先于会计理论，会计理论来源于会计实践。经过长时期实践经验的积累，并把实践中的感性认识上升到理性认识，逐渐形成了比较完整的会计学科体系。张云对重新构建我国现代会计学科体系提出如下设想：

（1）按会计学科体系研究对象分类，包括会计基础学科、企业会计学科、政府及非营利组织会计学科、特殊领域会计学科、综合性会计学科。

会计基础学科包括会计工作基础学科、会计行为基础学科、会计方法学科、会计教育学科、会计史学科。会计工作基础学科包括会计核算原理、电算化会

---

① 郭道扬. 会计百科全书［M］. 沈阳：辽宁人民出版社，1989：99.

计；会计行为基础学科包括会计哲学、会计伦理学、会计心理学、会计逻辑学、会计行为学等；会计方法学科包括会计方法学、实证会计等；会计教育学科包括会计教育学、会计人才学等；会计史学科包括中西方会计思想史、会计史等。

企业会计学科包括财务会计、成本会计、证券公司会计、金融企业会计、税务会计等。

政府及非营利组织会计学科包括财政总预算会计、行政单位会计、事业单位会计、科研单位会计、军队会计、社团会计等。

特殊领域会计学科包括无形资产会计、物价变动会计、破产会计、期货会计、清算会计、遗产会计、司法会计、人力资源会计等。

综合性会计学科包括社会会计、社会责任会计、环境会计、资源会计、咨询会计等。

（2）按会计学科的形成过程分类，可分为传统会计学科、引进会计学科、新兴会计学科。

传统会计学科包括会计学原理、财务会计、成本会计等；引进会计学科包括电算化会计、税务会计、实证会计、环境会计等；新兴会计学科包括会计哲学、会计逻辑学、会计伦理学、会计方法学、人力资源会计、物价变动会计、衍生金融工具会计等。

（3）按会计学科研究的空间范围分类，可分为国际会计学科、国内会计学科。

（4）按会计学科本身的地位、作用分类，可分为重点学科、一般学科和新兴学科。

（资料来源：张云. 我国会计学科体系重新构建研究 [J]. 审计与经济研究，2005，20（4）：55–57.）

第二节 会计的基本职能与目标

一、会计的基本职能

《现代汉语词典》把"职能"一词解释为"人、事物、机构应有的作用；功能"。会计职能是指会计在经济管理中所具有的功能。会计的职能随社会经济的发展和会计内容、作用的不断扩大而发展。随着现代数学、现代管理学、计算机技术引进会计领域，会计的职能有了新的发展。对于会计具有哪些职能，人们存在较多的争议，但其基本职能一般概括为两个方面，即"核算"和"监督"，这也是我国《会计法》对会计职能的定位。

（一）会计的核算职能

会计的核算职能也称为反映职能，是会计的首要职能，也是全部会计管理工作的基础。会计要提供有用的会计信息，而要实现这个目标，会计就需要通过一定的会计方法对经济活动信息进行确认、计量、分类、记录和汇总，将经济活动的内容转换成有用的会计信息，成为能够在财务报告中综合反映各会计主体经济活动状况的会计资料。核算职能贯穿于经济活动的全过程。会计核算特点如下[①]：

（1）会计核算主要是从价值量上反映各单位的经济活动状况。由于经济活动的复杂性，人们不可能单凭观察和记忆掌握经济活动的全面情况，也不可能简单地将不同类别的经济业务加以计算、汇总，只有通过按一定的会计程序和规则进行加工处理后生成的以价值量表现的会计数据，才能反映经济活动的全过程及其结果。会计核算从数量上反映各单位的经济活动状况，是以货币量度为主，以实物量度及劳动量度为辅。

（2）会计核算具有完整性、连续性和系统性。会计核算具有完整性、连续性和系统性是会计资料完整性、连续性、系统性的保证。会计核算的完整性，是指在时间和空间上对所有应该核算的会计对象都要进行确认、计量、记录、报告，不能有任何遗漏；会计核算的连续性，是指对会计对象的确认、计量、记录、报告连续进行，对经济活动连续进行产生的信息转移不能有任何中断；会计核算的系统性，是指要采用科学的会计核算方法对会计信息进行加工处理，保证所提供的会计数据资料能够成为一个有序的、整体的会计信息系统，从而反映活动的规律性。

（3）会计核算要对各单位经济活动的全过程进行反映，在对已经发生的经济活动进行事中、事后核算的同时，还可以预测未来的经济活动。

（二）会计的监督职能

会计的监督职能也称为控制职能。任何经济活动都要有既定的目的，并按一定的要求来运行。会计监督就是按照一定的目的和要求，利用会计核算所提供的经济信息，通过预测、决策、控制、分析、考评等具体方法，促使经济活动按照规定的要求运行，以达到预期的目的。会计监督具有以下两方面的特点：

（1）会计监督主要是通过各种价值指标进行的。会计核算通过价值指标综合反映经济活动的过程和结果，会计监督的主要依据就是这些价值指标。为了便于监督，有时还需要事先制定一些可供检查、分析之用的价值指标，以便监督和控

---

① 朱小平，徐泓. 初级会计学（第六版）［M］. 北京：中国人民大学出版社，2012：4.

制有关经济活动，避免出现较大的偏差。

（2）会计要对单位经济活动的全过程进行监督，包括事前监督、事中监督和事后监督。事前监督主要表现为对企事业单位经营计划和预算的审查；事中监督主要表现为对日常经营活动过程实施的限制和调整；事后监督主要表现为对已完成经济活动的合理性、合法性和有效性进行的检查、分析、评价以及必要的纠正活动。

会计的核算职能与监督职能相辅相成。核算职能是监督职能的基础，如果没有会计核算提供可靠、完整的会计资料，会计监督就没有客观依据，也就无法进行会计监督；监督职能又是核算职能的保证，没有监督职能进行控制，就不可能提供真实可靠的会计信息，也就不能发挥会计核算的作用。

还应该看到，随着经济的发展和现代化管理要求的提高，会计职能也随之得到扩展，一些新的职能不断出现。目前，现代会计除了会计核算和会计监督两个基本职能以外，还具有预测、参与经济决策等多种功能。会计预测是指会计人员根据所记录的历史信息以及企业现实与未来可能面临的外部环境和内部条件，对企业未来经营前景所进行预测的工作。参与经济决策是指会计人员直接参与企业生产经营决策的工作。

二、会计的目标

会计的目标是指在一定的社会经济条件下，人们希望通过会计工作达到的终极目的。由于会计是整个经济管理的重要组成部分，会计目标当然从属于经济管理的总目标，或者说会计目标是经济管理总目标下的子目标。在市场经济条件下，经济管理的总目标是提高经济效益，因此会计应该以提高经济效益作为终极目标。在将提高经济效益作为终极目标的前提下，还需要明确会计核算的具体目标，即会计核算要达到的目的。我国《企业会计准则——基本准则》对于会计核算的目标做了明确规定：向财务会计报告使用者提供与企业财务状况、经营成果和现金流量等有关的会计信息，反映企业管理层受托责任履行情况，有助于财务会计报告使用者作出经济决策。会计核算的具体目标主要包括：

（1）反映企业管理层受托责任履行情况。在所有权和经营权相分离的情况下，企业管理层是受委托人之托经营管理企业及其各项资产，负有受托责任。企业的所有者、债权人等要及时、经济地了解企业管理层保管、使用资产的情况，以便据此作出相应的经济决策，因此，会计应当反映企业管理层受托责任的履行情况，以有助于评价企业的经营管理责任以及资源使用的有效性。

（2）向会计信息使用者提供有助于决策的信息。会计的主要目标是满足会计使用者的信息需要，帮助会计信息使用者作出经济决策，因此，向会计信息使用者提供有用的会计信息是会计的基本工作。

在会计信息中，有一部分是企业管理当局和外部利益相关方共享的通用的会计信息，另一部分是出于竞争性自我保护而只供管理当局使用、不对外披露的会计信息。前者如资产负债表、利润表和现金流量表所传递的信息，后者如产品的成本构成及单位成本变动信息等。

【阅读材料】

会计信息使用者

会计信息是会计所提供的各种资料的总称。会计信息使用者是所有与企业存在利益关系的关系人，也称为利益关系人、利益相关者、相关利益者等，主要包括企业管理当局、政府部门、投资者、债权人、供应商等。这些使用者出于不同的目的，对会计信息的关注点有所不同。

企业管理当局是会计信息的内部使用者，必须对经营过程中遇到的各种重大问题进行决策，而正确的决策需要有全面的、相关的、可靠的会计信息及其他信息提供支持。

政府部门在一定程度上依靠会计信息进行决策，如税务部门是以财务会计数据为基础进行税收征管，真实可靠的会计信息是证监会、环保部门等监督管理机构实施监督的重要依据。

投资者包括现有投资者和潜在投资者。现有投资者不参加企业的日常经营管理，但需要利用会计信息对管理者受托责任的履行情况进行评价，并对企业经营中的重大事项做出决策。潜在投资者根据会计信息评估投资的成本与风险、评价企业的各种投资机遇，作出是否投资的决策。

债权人是企业信贷资金的提供者，借助企业提供的会计信息，了解资产与负债的总体结构，分析资产的流动性，评价企业的获利能力以及产生现金流量的能力，从而作出提供贷款、追加贷款、改变贷款条件等决策。

供应商通过会计信息了解企业的信用情况，据此制定信用条件、信用期限等信用政策。

第三节 会计核算的基本准则

一、会计核算的基本假设

经济活动所面临的环境是变化莫测的社会经济系统，这种复杂性决定了会计工作必然具有许多不确定性。为全面反映经济活动，会计核算必须对这些不确定性问题作出合理的假设，使不确定性转化为会计人员能把握的确定情况。目前，国内外会计界公认的会计核算的基本假设有四个。

（一）会计主体

会计主体是指会计确认、计量、记录和报告的空间范围。这里的"空间范围"是一个会计概念，是指特定产权范围内的空间，即会计信息所反映的特定单位。在会计主体假设下，单位应当对其本身发生的交易或者事项进行确认、计量、记录和报告，反映单位所从事的各项生产经营活动。明确界定会计主体是开展会计确认、计量和报告工作的重要前提。

明确会计主体，才能确定会计所要处理的各项交易或事项的范围。在会计工作中，只有那些影响单位本身经济利益的各项交易或事项才能加以确认、计量和报告，那些不影响单位经济利益的各项交易或事项则不能加以确认、计量和报告。

明确会计主体，才能将会计主体的交易或者事项与会计主体所有者的交易或者事项以及其他会计主体的交易或者事项区分开来。例如，企业所有者的经济活动不应纳入企业会计核算的范围，而企业的经济活动应当纳入企业会计核算的范围，必须将会计主体的经济活动与会计主体所有者的经济活动区别开来。

会计主体不同于法律主体。会计主体可以是一个独立的法律主体，如企业法人，也可以不是一个独立的法律主体，如企业内部的独立核算单位。但是法律主体必然是一个会计主体。

【例 1-1】 某集团公司拥有 6 家子公司，母子公司均属于不同的法律主体，但母公司对子公司拥有控制权，为了全面反映由母子公司组成的企业集团整体的财务状况、经营成果和现金流量，就需要将企业集团作为一个会计主体，编制合并财务报表。

（二）持续经营

持续经营是一种时间上的假定，是指会计主体的生产经营活动将无限期持续下去，在可预见的将来，企业不会面临清算、解散、倒闭而不复存在。如果没有明显的证据证明企业不能经营下去，就认为会按照当前的规模和状态继续经营下去，不会停业，也不会大规模削减业务。"可预见的将来"一般是指企业足以收回资产成本的经营期间。我国《企业会计准则——基本准则》规定"企业会计确认、计量和报告应当以持续经营为前提"。

【阅读材料】

注册会计师审计中考虑的持续经营

《中国注册会计师审计准则第 1324 号——持续经营》中所称持续经营假设，是指被审计单位在编制财务报表时，假定其经营活动在可预见的将来会继续下去，不拟也不必终止经营或破产清算，可以在正常的经营过程中变现资产、清偿债务。

可预见的将来通常是指资产负债表日后 12 个月。

在计划和实施审计程序以及评价其结果时，注册会计师应当考虑管理层在编制财务报表时运用持续经营假设的适当性。

企业是否持续经营，在会计原则、会计方法的选择上有很大差别。在持续经营假设下，长期资产与短期资产的划分、长期负债与短期负债的划分、固定资产的折旧等才有意义。如果判断企业不符合持续经营假设，就应当改变会计核算的方法。

【例 1-2】　某企业购入一台设备，预计使用寿命为 10 年，考虑到企业将会持续经营下去，因此，可以假定该设备会在持续的生产经营过程中长期发挥作用，直至设备使用寿命结束。因此，该设备应当以历史成本进行记录，并采用折旧的方法，将历史成本分摊到预计使用寿命期间所生产的相关产品成本中。

（三）会计分期

会计分期假设是从持续经营假设引申出来的，是持续经营的客观要求。会计分期是指将一个企业持续经营的生产经营活动期间划分为连续的、相等的若干期间，又称为会计期间。会计期间的划分是一种人为的划分，其目的在于通过会计期间的划分，将持续经营的生产经营活动划分成连续、相等的期间，按期编制财务报告，及时向各方面提供有关企业财务状况、经营成果和现金流量的信息。由于会计分期，产生了当期与以前期间、以后期间的区别，进而出现了应收、应付、递延、预提、折旧等会计方法。

会计期间划分的长短会影响损益的确定，一般来说，会计期间划分得越短，反映经济活动的会计信息质量就越可靠，当然，会计期间的划分也不可能太长，太长了会影响会计信息使用者及时获取会计信息需要的满足程度，因此，必须恰当地划分会计期间。会计期间一般可以按照日历时间划分，我国会计法规规定，境内所有单位的会计期间为年度和中期，会计年度采用日历年度（每年的 1 月 1 日到 12 月 31 日）。

【阅读材料】

世界会计分期

会计期间是人为划分的，因此也就称为是一种"假设"。根据世界各国对预算年度的规定不同，会计年度采用的形式有：

（1）公历年制（即每年 1 月 1 日起至本年 12 月 31 日止），如中国、奥地利、比利时、西班牙、瑞士、俄罗斯、白俄罗斯、乌克兰、墨西哥、巴西、智利等。

（2）四月制（即每年 4 月 1 日起至次年 3 月 31 日止），如丹麦、加拿大、英国、纽埃岛、印度、印度尼西亚、伊拉克、日本、科威特、新加坡、尼日利亚等。

（3）七月制（即每年 7 月 1 日起至次年 6 月 30 日止），如瑞典、澳大利亚、孟加拉国、巴基斯坦、菲律宾、埃及、冈比亚、加纳、肯尼亚、毛里求斯、苏丹、坦桑尼亚等。

（4）十月制（即每年 10 月 1 日起至次年 9 月 30 日止），如美国、海地、缅甸、泰国、斯里兰卡等。

（5）其他类型的有：

阿富汗、伊朗：每年 3 月 21 日至次年 3 月 20 日；

尼泊尔：每年 7 月 16 日至次年 7 月 15 日；

土耳其：每年 3 月至次年 2 月；

埃塞俄比亚：每年 7 月 8 日至次年 7 月 7 日；

阿根廷：每年 11 月至次年 10 月；

卢森堡：每年 5 月至次年 4 月；

沙特阿拉伯：每年 10 月 15 日至次年 10 月 14 日。

（四）货币计量

货币计量，是指会计主体在确认、计量、记录和报告时以货币作为计量单位，反映会计主体的财务状况、经营成果和现金流量。会计主体的经济活动是多种多样的，为了实现会计目的，必须综合反映会计主体的各项经济活动，这就要求有一个统一的计量尺度。选择货币为计量单位，是由货币的属性决定的。货币是商品的一般等价物，是衡量一般商品价值的共同尺度。当然，在以货币为统一的计量尺度的同时，也要以实物量度和时间量度等作为辅助的计量尺度。我国的会计准则规定"企业会计应当以货币计量"，同时还规定"通常应选择人民币作为记账本位币，业务收支以人民币以外的货币为主的企业，可以选定其中一种货币作为记账本位币。但是，编报的财务报表应当折算为人民币"。

用货币作为计量单位也有不利之处。一方面，许多影响企业经营活动的因素，如企业战略、信用、知识资本、人力资本、客户的忠诚度、地理位置、技术开发能力等，很难或无法用货币来计量。因此，要求企业采用一些非货币指标作为会计报表的补充。另一方面，货币计量隐含着币值稳定的假设，只有在币值稳定或相对稳定的情况下，采用历史成本计量的不同时点上的资产的价值才有可比性，不同期间的收入和费用才能进行比较。而这一假设在实际生活中会受到持续通货膨胀的冲击，为解决这一问题，产生了通货膨胀会计。

【小问题】 在会计报表中，如果资产有两种反映方式：A 方式是 1000 盒牙膏，5 台机器设备，4 项专利，4 项长期股权投资；B 方式是牙膏 3000 元，机器设备 300000 元，专利 50000 元，长期股权投资 100000 元，你认为哪种计量方式更有利于你的使用？

二、会计信息质量要求

会计职能发挥作用的前提是会计所提供的信息要客观、真实、可靠，这就要求有一定的基本原则来约束会计信息。会计信息质量要求是对会计主体所提供会计信息质量的基本要求，是使会计信息对使用者决策有用应具备的基本特征。我国《企业会计准则——基本准则》提出了对会计信息的质量要求，包括以下八个方面。

(一) 客观性

客观性也称真实性、可靠性，指企业应当以实际发生的交易或者事项为依据进行会计确认、计量和报告，如实反映符合确认和计量要求的各项会计要素及其他相关信息，保证会计信息真实可靠、内容完整。具体包括以下要求：

(1) 以实际发生的交易或事项为依据进行会计处理，不得根据虚构的、没有发生的或尚未发生的交易或事项进行会计处理。

(2) 企业应如实反映符合确认和计量要求的各项会计要素及其他相关信息，反映企业生产经营活动的真实情况。

(3) 在符合重要性和成本效益原则的前提下，保证会计信息内容完整，包括会计报表和报表附注的完整性，不能随意遗漏或减少应予披露的信息。

【例 1-3】 A 公司于 2××3 年末发现公司销售萎缩，无法实现年初确定的销售收入目标，但考虑到在 2××4 年春节前后，公司销售可能会出现较大幅度的增长，公司为此提前预计库存商品销售，在 2××3 年末制作了若干存货出库凭证，并确认销售收入实现。公司这种处理不是以其实际发生的交易事项为依据，而是虚构的交易事项，违背了会计信息质量要求的客观性原则。

（二）相关性

相关性要求企业提供的会计信息应当与财务会计报告使用者的经济决策需要相关，有助于财务会计报告使用者对企业过去、现在或者未来的情况作出评价或者预测。这里所说的相关，是指与决策相关，有助于决策。会计信息是否有用，是否具有价值，关键看其是否与使用者的决策需要相关，是否有助于决策或者提高决策水平。会计信息质量的相关性要求，需要企业在会计处理过程中充分考虑使用者的决策模式和信息需要。

（三）清晰性

清晰性也称可理解性，要求企业提供的会计信息应当清晰明了，便于信息使用者理解和使用。企业提供会计信息的目的在于使用，而只有使用者了解会计信息的内涵和内容，才能有效使用会计信息，这就要求会计信息应当清晰明了，易于理解。

会计信息的专业性较强，因此，在强调会计信息的可理解性要求的同时，还应假定使用者具有一定的会计方面的知识，并且愿意付出一定努力去研究会计信息。对于部分复杂的信息，但有助于使用者的经济决策，企业应当在报表附注中予以充分披露。

（四）可比性

可比性要求企业提供的会计信息应当具有可比性，主要包括两层含义：

（1）同一企业不同时期可比，即纵向可比。为了便于会计信息使用者了解企业财务状况、经营成果和现金流量的变化趋势，比较不同时期的会计信息，进而全面、客观地评价过去、预测未来，同一企业不同时期发生的相同或者相似的交易或者事项，应当采用一致的会计政策，不得随意变更。如果按照规定或者在会计政策变更后可以提供更可靠、更相关的会计信息，确需变更的，应当在附注中说明有关会计政策变更的情况。

（2）不同企业相同会计期间可比，即横向可比。为了便于使用者评价不同企业的财务状况、经营成果和现金流量及其变动情况，不同企业发生的相同或者相似的交易或者事项，应当采用规定的会计政策，确保会计信息口径一致、相互可比，以使不同企业按照一致的会计处理方法提供有关的会计信息。

【阅读材料】

会计政策变更的条件

企业采用的会计政策，在每一会计期间和前后各期应当保持一致，不得随意变更。但是，根据《企业会计准则第 28 号——会计政策、会计估计变更和差错更正》的规定，满足下列条件之一的，可以变更会计政策：

1. 法律、行政法规或国家统一的会计制度等要求变更

这种情况是指，按照法律、行政法规以及国家统一的会计制度的规定，要求企业采用新的会计政策。在这种情况下，企业应按规定改变原会计政策，采用新的会计政策。

2. 会计政策的变更能够提供更可靠、更相关的会计信息

这种情况是指，由于经济环境、客观情况的改变，使企业原来采用的会计政策所提供的会计信息，已不能恰当地反映企业的财务状况、经营成果和现金流量等。在这种情况下，应改变原有会计政策，按新的会计政策进行核算，以对外提供更可靠、更相关的会计信息。

企业因满足上述第 2 条的条件变更会计政策时，必须有充分、合理的证据表明其变更的合理性，并说明变更会计政策后，能够提供关于企业财务状况、经营成果和现金流量等更可靠、更相关会计信息的理由。

如无充分、合理的证据表明会计政策变更的合理性或者未经股东大会等类似机构批准擅自变更会计政策的，或者连续、反复地自行变更会计政策的，视为滥用会计政策，按照前期差错更正的方法进行处理。

下列情况不属于会计政策变更：

（1）本期发生的交易或者事项与以前相比具有本质差别而采用新的会计政策。例如，某企业以往租入的设备均为临时需要而租入的，企业按经营租赁会计处理方法核算。该企业原租入的设备均为经营性租赁，本年度起租赁的设备均改为融资租赁，由于经营租赁和融资租赁有着本质差别，因而改变会计政策不属于会计政策的变更。

（2）对初次发生的或不重要的交易或者事项采用新的会计政策。该企业改变低值易耗品处理方法后，对损益的影响并不大，并且低值易耗品通常在企业生产经营中所占的比例不大，属于不重要的事项，因而改变会计政策不属于会计政策变更。

（五）实质重于形式

实质重于形式要求企业应当按照交易或者事项的经济实质进行会计确认、计量和报告，不应仅以交易或者事项的法律形式为依据。实质是指交易或者事项的经济实质，形式是指会计核算依据的法律形式。在多数情况下，企业发生的交易或事项的经济实质和法律形式是一致的。但在有些情况下，会出现不一致。因此，必须根据交易或事项的经济实质和经济现实进行判断，并据此进行会计处理。例如，以融资租赁方式租入的资产虽然从法律形式来讲企业并不拥有其所有权；但从其经济实质来看，企业能够控制融资租入资产所创造的未来经济利益，在会计处理上就应当将以融资租赁方式租入的资产视为企业的资产，列入企业的资产负债表。

【阅读材料】

租赁的分类

租赁，是指在约定的期间内，出租人将资产使用权让与承租人，以获取租金的协议。租赁的主要特征是转移资产的使用权，而不是转移资产的所有权，这种转移是有偿的，取得使用权以支付租金为代价，从而使租赁有别于资产购置和不把资产的使用权从合同的一方转移给另一方的服务性合同，如劳务合同、运输合同、保管合同、仓储合同等，以及无偿提供使用权的借用合同。

根据租赁的目的，以与租赁资产所有权有关的风险和报酬归属于出租人或承租人的程度为依据，将租赁分为融资租赁和经营租赁两类。也就是说，承租人和出租人应视租赁的经济实质而不是其法律形式对租赁进行分类。

《企业会计准则第21号——租赁》规定，符合下列一项或数项标准的，应当认定为融资租赁：

（1）在租赁期届满时，租赁资产的所有权转移给承租人。

（2）承租人有购买租赁资产的选择权，所订立的购买价款预计将远低于行使选择权时租赁资产的公允价值，因而在租赁开始日就可以合理确定承租人将会行使这种选择权。

（3）即使资产的所有权不转移，但租赁期占租赁资产使用寿命的大部分。

（4）承租人在租赁开始日的最低租赁付款额现值，几乎相当于租赁开始日租赁资产公允价值；出租人在租赁开始日的最低租赁收款额现值，几乎相当于租赁开始日租赁资产公允价值。

（5）租赁资产性质特殊，如果不作较大改造，只有承租人才能使用。

经营租赁是指除融资租赁以外的其他租赁。

（六）重要性

重要性要求企业提供的会计信息应当反映与企业财务状况、经营成果和现金流量等有关的所有重要交易或者事项。在此要求下，企业在选择会计方法和程序时，要考虑经济业务本身的性质和规模，根据特定的经济业务的重要性，选择合适的会计方法和程序。

如果会计信息的省略或者错报会影响会计信息使用者据此作出的决策，该信息就具有重要性。重要性没有统一的标准，很大程度上取决于会计人员的职业判断。一般来说，应当根据企业所处环境和实际情况，从质和量两个方面来进行分析。在质的方面，如果某交易或事项的会计信息对决策者有影响，该信息就具有重要性；在量的方面，如果某一事项或交易的金额达到一定规模或占该类交易或事项的比例达到一定比率时，就具有重要性。

（七）谨慎性

谨慎性又称稳健性、保守性，是指企业对交易或者事项进行会计确认、计量和报告应当保持应有的谨慎，不应高估资产或者收益、低估负债或者费用。

在市场经济环境下，企业的经营活动面临着许多风险和不确定性，如应收款项的可收回性、固定资产的使用寿命、售后退回的可能性等。会计信息质量的谨慎性要求，需要企业在面临不确定性因素的情况下作出职业判断时，应尽可能减少经营者的风险负担，保持应有的谨慎，充分估计到各种风险和损失，尽量不高估企业的资产或者收益，也不低估负债或者费用。但谨慎性的应用不允许企业故意低估资产或者收益，或者故意高估负债或者费用，否则将不符合会计信息的可靠性和相关性要求，损害会计信息质量。

【例1-4】 某企业在2××3年6月以银行存款购买50000元的商品，到年末根据市场行情该商品只值45000元。差额5000元构成企业的损失，按照谨慎性要求，应当充分估计这部分损失。

（八）及时性

及时性要求企业对于已经发生的交易或者事项，应当及时进行会计确认、计量和报告，不得提前或者延后。

只有及时提供的会计信息，才能满足经济决策的及时需要，信息才有价值。即使是可靠、相关的会计信息，如果不及时提供，对于使用者的效用就大大降低甚至不再具有实际意义。为了保证及时提供会计信息，企业在经济业务发生后，应及时收集会计数据，及时按规定处理会计信息，及时向有关各方传递会计信息。例如，根据中国证监会的规定，上市公司应当在每个会计年度结束后四个月内编制完成年度报告并进行披露，就体现了及时性要求。

【小问题】 你认为具有什么特征的会计信息，能满足会计信息使用者的需要？

三、会计核算基础

由于会计分期的存在，从而产生了企业发生的交易或事项应确认为哪一个会计期间的问题。

【小问题】　甲企业 2013 年 12 月 25 日销售商品 30 万元，在 2014 年 1 月 15 日收到货款，请问该项销售应确认为 12 月的收入，还是 1 月的收入？如果 2013 年 12 月 5 日预收了货款，次年 1 月 10 日才发货，会计上应如何处理？

对于这个问题的回答，涉及到会计的核算基础，包括权责发生制和收付实现制。

（一）权责发生制

权责发生制是指会计主体在一定期间发生的交易或事项，凡是本期内符合收入确认标准的收入，不论款项是否收到，均作为本期的收入；凡是本期内符合费用确认标准的费用，不论款项是否支付，均作为本期的费用。反之，不符合确认标准的收入和费用，即使款项在本期收到或支付，也不应确认为本期的收入和费用。因此，权责发生制，也称为应收应付制。上一问题中，销售发生在 12 月，收入应由 12 月取得，即使没有收到款项，也应确认为 12 月的收入。而 12 月预收货款，但销售行为发生在次年 1 月，所以应确认为 1 月的收入。

（二）收付实现制

从会计发展史上看，权责发生制是从收付实现制发展而来的。收付实现制，也称现金制或实收实付制，是指会计主体在一定期间发生的交易或事项，以款项是否收付作为确认本期收入和费用的标准。凡在本期收到的款项，均确认为本期的收入；凡在本期支付的款项，均确认为本期的费用。收付实现制按照现金收付的日期确定其归属期。收付实现制会计处理比较简单，适用于商品经济发展初期业务简单、信用不发达的情况。

权责发生制和收付实现制都是会计核算中确定本期收入和费用的会计处理方法。权责发生制强调应计的收入和为取得收入而发生的费用相配比，而收付实现制强调款项的收付。权责发生制比较科学、合理，能更加准确地反映特定会计期间实际的财务状况和经营业绩。因此，企业即营利组织一般采用权责发生制为记账基础，而非营利组织常采用收付实现制。我国会计准则规定企业应当以权责发生制为基础进行会计确认、计量和报告。

第四节　会计核算程序和方法

为了发挥会计的作用，实现会计的目标，会计在提供信息时必须遵守一定的程序并配以相应的方法。会计核算程序和方法，就是指会计数据处理、加工、报告信息的顺序与方法。会计核算的基本程序包括确认、计量、记录、报告四个程序，而每个程序的实现都需要配以相应的专门会计方法。

一、会计确认

会计确认是指依据一定的标准和方法，辨认和确定经济信息是否作为会计信息输入、何时输入会计信息系统并列入财务报表的过程。

每一会计主体在运营过程中都有大量的经济业务，这些业务有些属于会计核算和监督的范围，可以经过处理转换成会计信息；有些不属于会计核算和监督的内容，无法按照会计核算的方法直接转换成会计信息。如果不对所有的经济业务加以确认、区分，将所有的经济业务进行会计处理，将影响会计信息的价值。因此，会计核算系统在接受、记录这些经济业务之前，应进行必要的确认，以排除不属于会计核算范围的经济业务。

会计确认几乎涉及会计整个加工处理程序，一般把其分为初次确认和再次确认。

（一）初次确认

初次确认是指对于输入会计系统的原始经济信息进行明确和认定的过程，它要决定哪些经济业务和经济信息可以输入会计系统进行加工处理，并在何时、以何种金额、何种要素进行记录。原始经济信息的载体是伴随经济业务发生的原始凭证，因此，初次确认是从审核及填制原始凭证开始，然后据此编制记账凭证。原始凭证和记账凭证（合称会计凭证）载明了经济业务的内容、时间、数额以及应作为何种要素而记入哪个账户。

（二）再次确认

再次确认是指在编制财务报表时的确认，是指对输出会计系统的各种信息的确认过程，主要解决会计信息的输出和报告问题，决定哪些会计信息可以输出和报告，并在何时、以多少金额通过何种要素列入财务报表。这个过程是会计人员根据职业判断进行的。

初次确认和再次确认的任务是不一样的。初次确认决定原始经济信息能否转换成会计信息进入会计系统，再次确认决定会计信息是否进入财务报表。

在进行会计确认时，经济信息须满足以下四个基本条件：①符合会计要素的定义；②可以用货币计量；③计量的相关性；④计量的可靠性。在决定何时确认时，一般应遵循权责发生制原则，但是在编制现金流量表时，应遵循收付实现制原则。

二、会计计量

会计计量是在一定的计量尺度下，运用特定的计量单位，选择合理的计量属性，确定应予记录的经济事项金额的会计记录过程。[①] 其特征是以数量关系来确定资源或事项之间的内在联系，或将数额分配于具体事项。会计计量是会计处理程序的核心。[②] 会计计量的关键是计量单位的确定和计量属性的选择。

（一）计量单位

会计的计量单位是指进行会计计量的计量尺度及其量度单位。会计计量单位的选择经历了漫长的发展历程，经历了多次变更，逐步由象征性符号（如结绳记事的"结"）、实物量度过渡到现在以货币计量为主、以实物量度和时间量度等为辅助量度。采用货币作为主要计量单位，使得会计指标更具有可比性和综合性。

（二）计量属性

会计计量属性也称为计量基础，是指计量客体的特征或外在表现形式，如桌子的长度、钢筋的重量、土地的面积等。从会计角度，计量属性反映的是会计要素金额的确定基础，主要包括历史成本、重置成本、可变现净值、现值和公允价值等。

1. 历史成本

历史成本又称原始成本或实际成本，是指按照形成某项会计要素时所实际支付的成本进行计量。在历史成本计量下，资产按照购置时支付的现金或者现金等价物的金额，或者按照购置资产时所付出的对价的公允价值计量；负债按照因承担现时义务而实际收到的款项或者资产的金额，或者承担现时义务的合同金额，或者按照日常活动中为偿还负债预期需要支付的现金或者现金等价物的金额计量。

【例1-5】 某企业2009年7月10日购买一层办公楼，共耗资金500万元。记账时，该办公楼按其实际发生的支出500万元入账。假设，2013年12月31

[①] 我国会计学家葛家澍教授认为："计量，是指在财务会计中对会计对象的内在数量关系加以衡量、计算并予以确认，使其转换为可以用货币表现的信息。"

[②] 日本会计学家井尻雄士（Yuri Irijji）教授在1979年出版的专著《会计计量理论》中对会计计量问题作了较系统的研究。他认为，"会计计量是会计系统的核心职能"。

日该楼的市价已达1000万元，此时，仍不对其原来入账的价值进行调整，在账面上仍为原来取得该楼的实际成本（也即历史成本）。

采用历史成本计量具有可靠、容易获得数据、可验证、符合会计核算真实性等优点。但是，历史成本也存在一定的缺陷。由于资产的价值经常发生变动，经过较长时期以后，原始成本作为企业可用资产的计量属性就缺乏现实意义；由于资产的价值自始至终都在变动，不同时期的资产的成本在资产负债表中叠加在一起，缺乏可解释性。

2. 重置成本

重置成本又称现行成本，是指按照当前市场条件，重新形成某项会计要素所需付出的成本。在重置成本计量下，资产按照现在购买相同或者相似资产所需支付的现金或者现金等价物的金额计量，负债按照现在偿付该项债务所需支付的现金或者现金等价物的金额计量。

重置成本可以反映现在获得资产或劳务所需支付的数额，同时以各项资产的重置成本相加的总额，比以不同时期所发生的历史成本相加的总数更具有意义。但这种计价的可操作性比较差，由于技术进步等原因，有些资产可能在市场上很难找到与之相同甚至相似的资产。在会计实务中，重置成本多应用于盘盈资产的计量。

3. 可变现净值

可变现净值，是指在正常生产经营过程中，以预计售价减去进一步加工成本和预计销售费用以及相关税费后的净值。在可变现净值计量下，资产按照其正常对外销售所能收到的现金或者现金等价物的金额扣减该资产至完工时估计将要发生的成本、估计的销售费用以及相关税费后的金额计量。

可变现净值可以真实地反映资产的价值，但是在操作上有一定难度。会计实务中，除特殊项目和特殊情况外，一般不采用可变现净值这种计量属性。

4. 现值

现值是指对未来现金流量以恰当的折现率折现后的价值，是考虑货币时间价值因素、风险因素等的一种计量属性。在现值计量下，资产按照预计从其持续使用和最终处置中所产生的未来净现金流入量的折现金额计量，负债按照预计期限内需要偿还的未来净现金流出量的折现金额计量。

现值可能反映资产所带来的经济利益流入的情况，或者偿还债务所引起的经济利益流出的情况，但由于是对未来情况的预测，计量时受主观因素的影响较大。

5. 公允价值

公允价值，也称公允市价、公允价格，是指在公平交易中，熟悉情况的交易双方自愿进行资产交换或者债务清偿的金额。在公允价值计量下，资产和负债按照在公平交易中，熟悉情况的交易双方自愿进行资产交换或者债务清偿的金额计量。

公允价值可以真实地反映资产、负债的价值，更加符合配比原则的要求，能够提高会计信息的决策有用性。但公允价值要求市场必须是成熟的，可操作性较差，而且公允价值确定的主观性较强，容易导致利润操纵。

【例1-6】 慧华公司2010年1月1日购买一台设备，设备预计使用10年，截至2013年12月31日，该设备按照不同计量属性计量的结果如表1-1所示。

表1-1 设备按照不同计量属性计量结果

单位：元

内容	金额	计量属性
2010年1月1日，以银行存款200000元购进	200000	历史成本
2013年12月31日，如果重新购置一台已使用4年的设备，预计购买价格为140000元	140000	重置成本
2013年12月31日，如果出售该设备，预计售价为120000元，出售时需支付的各项费用和税费合计为10000元	110000	可变现净值
该设备可以继续使用6年，预计每年可带来的收益为25000元，将未来的收益折现为2013年12月31日的价值为133375元	133375	现值
该设备在公开的市场上，买卖双方自愿交易的价格为120000元	120000	公允价值

五种会计计量属性各有优缺点，对于整个会计工作而言，单纯地选择一种计量属性不可能体现其连续、系统、全面的计量特征，也不可能始终使会计信息准确、真实、相关等。我国《企业会计准则——基本准则》规定，企业在对会计要素进行计量时，一般应当采用历史成本，采用重置成本、可变现净值、现值、公允价值计量的，应当保证所确定的会计要素金额能够取得并可靠计量。

尽管会计准则把历史成本视为基本计量属性，但随着经济的发展和金融创新，报表使用者对会计报表质量提出了更高的要求，历史成本计量下提供的可靠性较强而相关性较弱的信息不能满足信息使用者的决策需要。这时，选择其他计量属性十分必要，也是现实要求的体现。因此在实践中，我们应根据具体的会计环境和经济环境，分析技术、会计人员素质、会计目标等各种影响因素，选择最能反映经济实质的计量属性。

需要注意的是，我国引入公允价值是适度、谨慎和有条件的。原因是考虑到我国尚属新兴的市场经济国家，如果不加限制地引入公允价值，有可能出现公允价值计量不可靠，甚至借此人为操纵利润的现象。因此，在投资性房地产和生物资产等具体准则中规定，只有在公允价值能够取得并可靠计量的情况下，才能采用公允价值。

三、会计记录

会计记录是指对经过会计确认、会计计量的经济业务，采用一定方法进行记录的过程。只有经过会计确认才能记录，记录就必须以货币为主作为计量单位并加以表现，因此，会计确认、会计计量实际上融合在会计记录的过程中。会计记录既对经济业务进行了详细与具体的描述与量化，也对数据进行了分类、汇总及加工。只有经过这一程序，会计才能生成有助于经济决策等方面的会计信息。

在会计记录过程中，为完成会计记录工作需要采取一系列的专门方法，在手工记账中它包括：①设置会计科目和账户；②复式记账；③填制与审核凭证；④登记账簿；⑤成本计算；① ⑥财产清查；⑦编制财务报表。除成本计算外，相关内容在以后章节中介绍。

四、会计报告

会计报告是指把会计所形成的会计信息传递给信息使用者的手段。通过会计记录形成的会计信息散而杂，必须采用一定的专门方法使其形成相互联系的指标体系，才能便于信息使用者的使用。指标体系是用财务报表体现的，专门方法就是编制财务报表。

财务报表是指对企业财务状况、经营成果和现金流量的结构性表述。编制财务报表是对日常核算的总结，是在账簿记录基础上对会计核算资料的进一步加工整理。《企业会计准则第 30 号——财务报表列报》规定，财务报表至少应当包括下列组成部分：资产负债表、利润表、现金流量表、所有者权益（或股东权益）变动表、附注，各组成部分具有同等的重要程度。

《小企业会计准则》规定，小企业的财务报表至少应当包括下列组成部分：资产负债表、利润表、现金流量表、附注。

五、会计循环

企业是持续经营的，因此会计核算也要连续、系统、全面和综合地反映企业的经济业务。企业必须将一定期间发生的所有经济业务，依据一定的步骤和方法，加以记录、分类、汇总直至编制财务报表。在连续的会计期间，这些工作周而复始地不断循环进行。习惯上，将这种依次发生的、周而复始的确认、计量、

---

① 成本计算是对应计入一定对象的全部费用进行归集、计算，并确定各对象总成本和单位成本的会计方法。相关内容在《财务会计》和《成本会计学》中详细介绍。

记录、报告的会计处理过程称为会计循环。会计循环包括以下基本步骤：

（1）初次确认，对于发生的经济业务进行初步的确认和记录，即填制和审核原始凭证；

（2）填制记账凭证，在审核过的原始凭证的基础上，编制会计分录，填制记账凭证；

（3）登记账簿，根据记账凭证登记日记账、总分类账和明细分类账；

（4）编制调整分录，其目的是为了将收付实现制转换为权责发生制；

（5）结账，即将有关账户结算出本期总的发生额和期末余额；

（6）对账，包括账证核对、账账核对和账实核对；

（7）试算平衡，即根据借贷记账法的基本原理进行全部总分类账户的借方与贷方总额的试算平衡；

（8）编制财务报表。

【本章小结】

会计是随着社会的发展和经济管理的要求而产生发展的，它是对特定主体的经济活动进行全面、综合、连续、系统地确认、计量、记录、报告的一种经济管理活动。会计具有核算和监督两个基本职能。它的目标是向会计信息使用者提供有助于决策的信息并反映企业管理层受托责任履行情况。

会计的基本准则包括基本假设、信息质量要求、核算基础。会计的基本假设是对不确定性问题作出合理的假设，是会计工作赖以存在的前提条件，包括会计主体、持续经营、会计分期和货币计量。会计信息质量要求是对企业所提供会计信息质量的基本要求，包括客观性、相关性、清晰性、可比性、实质重于形式、重要性、谨慎性、及时性。会计核算基础包括权责发生制和收付实现制。

会计核算程序和方法是指会计数据处理、加工、报告信息的顺序与方法。会计核算的基本程序包括确认、计量、记录、报告四个程序，而每个程序的实现都需要配以相应的专门会计方法。

【拓展阅读材料】

1. 中国注册会计师协会网站，http：//www.cicpa.org.cn.

2. 张云. 我国会计学科体系重新构建研究［J］. 审计与经济研究，2005（4）.

3. 郭道扬. 会计史研究（第1卷）［M］. 北京：中国财政经济出版社，2004.

4. 周守华，肖正再. 权益均衡论：关于财务会计目标的思考［J］. 会计研究，2005（10）.

5. 刘峰，葛家澍. 会计职能·财务报告性质·财务报告体系重构 ［J］. 会计研究，2012（3）.

6.周中胜，窦家春.公允价值运用与计量属性体系构建［J］.会计研究，2011
（11）.

【复习思考题】

1.什么是会计？其特点是什么？

2.会计的基本职能是什么？

3.会计的基本假设包括哪些内容？

4.对会计信息的质量有哪些要求？

5.会计核算的基本程序有哪些？

6.会计的计量属性有哪些？

【练习题】

一、单项选择题

1.会计核算的主要计量单位是（　　　　）。

A.货币量度　　　　B.劳动量度　　　　C.实物量度　　　　D.三者均是

2.会计的基本职能是（　　　　）。

A.核算　　　　　　B.监督　　　　　　C.核算和监督　　　D.记录和计量

3.明确会计工作时间范围的会计基本假设是（　　　　）。

A.会计主体　　　　B.持续经营　　　　C.会计分期　　　　D.货币计量

4.会计核算基本原则中，要求前后期间会计核算方法应当保持一致的会计信
息的原则是（　　　　）。

A.可比性原则　　　B.客观性原则　　　C.相关性原则　　　D.清晰性原则

5.企业提供的会计信息应与信息使用者的需要相关联，这符合（　　　　）要求。

A.明晰性　　　　　B.谨慎性　　　　　C.客观性　　　　　D.相关性

6.在会计信息的质量要求中，要求不高估资产或收益，也不低估负债或费用
的是（　　　　）要求。

A.重要性　　　　　B.及时性　　　　　C.谨慎性　　　　　D.明晰性

7.导致权责发生制产生的直接假设是（　　　　）。

A.会计主体　　　　B.会计分期　　　　C.货币计量　　　　D.持续经营

8.企业计提固定资产折旧依据的是（　　）会计假定。

A.会计分期　　　　B.持续经营　　　　C.货币计量　　　　D.会计主体

9.资产和负债按照在公平交易中，熟悉情况的交易双方自愿进行资产交换或
者债务清偿的金额计量，其会计计量属性是（　　　　）。

A. 现值   B. 可变现净值   C. 历史成本   D. 公允价值

10. 资产按购置时所付出的对价的公允价值计量，其会计计量属性是（   ）。

A. 重置成本   B. 历史成本   C. 公允价值   D. 现值

二、多项选择题

1. 下列属于会计核算的基本假设的有（   ）。

A. 历史成本   B. 持续经营   C. 会计主体   D. 会计分期

E. 权责发生制

2. 会计计量属性主要包括（   ）。

A. 历史成本   B. 重置成本   C. 可变现净值   D. 现值

E. 公允价值

3. 会计核算的基本程序包括（   ）。

A. 会计确认   B. 会计计量   C. 会计记录   D. 会计报告

E. 会计计算

4. 会计的基本职能是（   ）。

A. 核算   B. 计量   C. 监督   D. 预测

E. 管理

5. 下列属于会计信息质量要求的原则有（   ）。

A. 权责发生制   B. 有用性   C. 可比性   D. 重要性

E. 谨慎性

三、判断题

1. 经济越发展，会计越重要。   （   ）

2. 货币是会计核算的唯一计量尺度。   （   ）

3. 明确会计主体可确定会计核算的空间范围。   （   ）

4. 我国的会计核算只能以人民币作为记账本位币。   （   ）

5. 会计分期不同，对各期的利润总额不会产生影响。   （   ）

6. 在会计信息的质量要求中，可比性意味着企业一旦选定某一会计处理方法，则以后不能改变。   （   ）

7. 权责发生制是指以收入的实际收款期和费用的发生期为标准确认收入和费用的一种方法。   （   ）

8. 企业在对会计要素进行计量时，一般应采用历史成本计量属性，满足条件时也可以采用其他计量属性。   （   ）

9. 会计职能只有两个，即核算与监督。   （   ）

10. 谨慎性就是尽量低估费用和损失。   （   ）

【案例分析】

新中基六年造假虚增利润逾 2. 2 亿元

经过历时两年多的调查，新疆中基实业股份有限公司（股票简称：新中基，股票代码：000972）等到了证监会的一纸处罚通知：因通过设立隐形空壳公司连续多年虚构业务，2006~2011 年连续六年累计虚增利润超过 2. 2 亿元，公司被罚款 40 万元，时任多位高管被处以 3 万元至 30 万元不等的罚款。

证监会认定，新中基存在多项违法事实。经查，2006 年 1 月，新中基通过隐蔽出资设立了空壳贸易公司天津晟中。天津晟中成立后，先从新中基采购番茄酱，再销售给新中基的番茄制品公司天津中辰。2007~2010 年，新中基利用非关联贸易企业新疆豪客先从天津晟中采购番茄酱，加上应缴税款与新疆豪客获得的纯利润后，再转手全部销售给天津中辰。相关证据显示，新中基利用非关联企业新疆豪客中转与过账，货物基本不动，实际上的交易就是仓单的转移。

来自证监会的数据显示，新中基通过天津晟中利用非关联的中转过账公司新疆豪客，连续多年虚构购销业务，虚增业务收入与成本，虚增或者虚减利润。新中基不仅隐瞒关联关系、关联交易，更直接导致公司 2006~2011 年年度报告信息披露存在虚假记载及重大遗漏。其中，仅 2006 年一年，新中基就虚增收入 3.16 亿元、虚增成本 2. 25 亿元，致使虚增利润 9085. 55 万元，虚增利润数额占当年核查更正后净利润的 138.57%，导致当年利润由亏损变盈利。在 2006~2011 年六年间，新中基累计虚增净利润高达 2.2 亿元。

（资料来源：北青网—北京青年报，2014-07-10.）

思考：

1. 新中基违反了哪些会计信息质量要求？
2. 证监会在本案中的作用体现了会计的哪种职能？

第二章　会计要素与会计等式

【学习要点】

● 了解会计的主要对象，会计要素的含义；

● 理解会计要素的特征及确认条件；

● 熟悉资产、负债、所有者权益的分类；

● 掌握会计恒等式及其变化形式。

【关键概念】

会计对象　会计要素　资产　负债　所有者权益　收入　费用　利润　会计恒等式

【开章案例】

李毅大学毕业后，觉得就业竞争激烈，就选择自主创业。他从父母那儿争取到 20 万元，向同学朋友借得 10 万元，于 2013 年 9 月 1 日开了一家小便利店。便利店租的是一小区内的店铺，经营面积约 200 平方米，每月租金 2500 元，半年付一次，期初付款。开业前期准备工作，装修花了 4200 元，购买货架花了 5300 元，购买电动三轮车花了 4500 元，加上注册等其他的一些花费，共用了 15000 元。

经过 4 个月的苦心经营，便利店的经营状况如下列信息所示：

支付给员工（收银员）的工资 8444 元；

电、水、电话等各项杂费 4850 元；

销售收入 500000 元；

期间共向供应商要货 425000 元，年末店里货物的价值为 43200 元；

已支付给供应商 35000 元，其余尚未支付；

支付给自己的工资 13280 元；

经盘点钱柜里有现金 2120 元；

从银行拿回的对账单显示银行存款余额 31000 元。

思考：

1. 便利店这 4 个月的经营业绩如何？
2. 便利店年底的财务状况如何？
3. 李毅是赚钱了还是亏损了？

第一节　会计对象

任何工作都有其特定的工作对象，会计也不例外。一般来说，会计对象是指会计所要核算和监督的具体内容，即会计的客体。会计的具体对象因各单位的业务内容不同而不同。会计按其在空间领域运行情况分为宏观会计和微观会计。①宏观会计也称社会会计，主要核算社会经济活动，其核算对象属于财政学的内容。微观会计是以企业、机关、事业单位等单位的经济活动为对象的会计。根据会计主体的目标不同，微观会计又可分为营利组织会计与政府及非营利组织会计。营利组织会计是指以获取利润为目的的单位为会计主体的会计。虽然政府及非营利组织会计的经济活动具有特殊性，但是，会计学原理应解决具有普遍性的问题。本教材以营利性组织——企业来说明会计对象。

企业的会计对象是企业在生产过程中能够用货币表现的经济活动，即企业在生产经营过程中的资金运动。也就是说，企业的资金运动构成了会计核算和会计监督的内容。资金运动包括特定对象的资金投入、资金循环和周转、资金退出等过程，下面以工业企业为例说明会计的具体对象。

任何一家企业要进行经济活动，必须具备一定的物质条件，如现金、原材料、机器设备、房屋等。这些物质具有不同的形式，但均具有共同的特点：①能够用货币表现；②由企业拥有或者控制；③预期会给企业带来经济利益。在会计学中，把具备这些特点的物质称为资产。

企业的资产是由投资者投入一定量的资金形成的。一些投资者对企业投资后，仅要求企业按规定支付利息、按期偿还本金，不参与企业的经营决策。在会计上，这类投资者称为债权人，债权人通常以借款、应收账款等形式对企业进行投资。一些投资者对企业投资后，要求参与企业的经营管理，并按投资比例获取一定报酬。在会计上，这类投资者称为所有者（或股东）。

---

① 朱小平，徐泓. 初级会计学（第六版）[M]. 北京：中国人民大学出版社，2012：8.

企业获取投资的目的是通过经营活动赚得盈利，也就是通过资金的循环和周转来达到盈利的目的。企业的经营过程包括供应、生产、销售三个阶段。在供应阶段，企业把投资者投入的资金用于购买机器设备、原材料等，与供应单位发生货款结算关系，形成企业的流动资产、非流动资产。在生产阶段，企业职工借助于劳动手段将原材料等加工成产成品（包括劳务），同时发生原材料耗费、机器设备损耗、职工劳动耗费等，形成企业的各种成本、费用。在销售阶段，企业将生产的产品或劳务销售出去，发生取得销售收入、支付销售费用、收回货款、缴纳税金等业务活动，并同客户发生货款结算关系，同税务机关发生税务关系。

资金退出包括企业偿还债务、上缴各项税金、向所有者分配利润等业务活动，这些活动使得部分资金离开企业，退出企业的资金循环与周转。

上述资金的投入、循环和周转、退出三个阶段是相互支持、相互制约的统一体，构成了企业的会计对象。

思考：

知道了会计核算对象，就能详细反映不同经济业务给企业带来的影响吗？

第二节　会计要素①

会计对象这一概念涉及面过于广泛和抽象。因此，为了能够进行核算，从而提供会计信息，我们必须对会计对象进行适当的分类，以便对企业的经济活动进行明晰核算。

会计要素是对会计对象进行的基本分类，是设定财务报表结构和内容的依据，也是进行确认和计量的依据。我国《企业会计准则——基本准则》规定，会计要素包括资产、负债、所有者权益、收入、费用和利润六大要素，其中资产、负债和所有者权益侧重于反映企业的财务状况，收入、费用和利润侧重于反映企业的经营成果。

需要指出的是，会计要素作为会计准则建设的核心，不同的会计准则体系对会计要素的归类划分目前还不完全相同。国际会计准则委员会（IASC）在《编制和呈报财务报表的结构》中将会计要素归类为资产、负债、权益、收益和费用五个要素。

---

① 不同的会计制度下对会计要素的分类、确认有所不同，本书主要介绍我国《企业会计准则》的分类、确认。

一、资产

(一) 资产的定义

资产是指企业过去的交易或者事项形成的、由企业拥有或者控制的、预期会给企业带来经济利益的资源。资产可以是有实物形态的，如货币资金、厂房、机器设备、原材料、产成品等，也可以不具备实物形态，如专利、商标等无形资产。

资产具有如下特征：第一，资产是由过去的交易或事项形成的资源。资产应当是企业过去已经发生的交易或事项所产生的结果，如购买、生产、建造等；预期在未来发生的交易或事项不形成资产，如计划建造的新厂房。第二，资产必须是企业拥有或者控制的资源。拥有是指具有产权（所有权），控制是指虽然没有产权，但能够被企业所控制，能够从资产获取经济利益。第三，资产是预期会给企业带来经济利益的资源。预期会给企业带来经济利益，是指直接或间接导致现金和现金等价物流入企业的潜力，这种潜力可以来自企业的日常经营活动，也可以是非日常活动。

【例 2-1】　A 企业以融资租赁方式租入一台机器设备，尽管企业并不拥有其所有权，但是如果租赁合同规定的租赁期接近于该资产的使用寿命，企业控制了该资产的使用及其所能带来的经济利益，应当将其作为企业资产予以确认、计量和报告。

【例 2-2】　A 企业和甲施工单位签订了一项厂房建造合同，建造合同尚未履行，即建造行为尚未发生，因此不符合资产的定义，A 企业不能因此而确认在建工程或者固定资产。

(二) 资产的确认条件

如果一项资源符合资产的定义，同时满足以下条件时，确认为企业的资产：

1. 与该资源有关的经济利益很可能流入企业

能否为企业带来经济利益是资产的一个本质特征，但由于企业经营环境瞬息万变，与资源有关的经济利益能否流入企业或者能够流入多少实际上带有不确定性。因此，如果有证据表明与资源有关的经济利益很可能流入企业，那么该项资源应当确认为资产，反之，不能确认为资产。

2. 该资源的成本或者价值能够可靠地计量

财务会计系统是一个确认、计量和报告的系统，其中计量起着枢纽作用，可计量性是所有会计要素确认的重要前提。只有当有关资源的成本或者价值能够准确地计量时，才能确认为资产；如果不能准确地计量，但能进行合理的估计，也可以确认为资产。

（三）资产的分类

按照不同的标准，资产可以分为不同的类别。资产按流动性可分为流动资产和非流动资产。

流动资产是指在一年或者超过一年的一个营业周期内变现或耗用的资产，包括库存现金、银行存款、交易性金融资产、应收票据、应收及预付款项、应收利息、其他应收款、存货等。

非流动资产，也称长期资产，一般是指流动资产以外的资产，主要包括长期股权投资、固定资产、在建工程、无形资产、开发支出、长期待摊费用等。

二、负债

（一）负债的定义

负债是指企业过去的交易或者事项形成的、预期会导致经济利益流出企业的现时义务。根据负债的定义，负债的特征表现如下：

1. 负债是企业承担的现时义务

负债必须是企业承担的现时义务。现时义务是指企业在现行条件下已承担的义务。未来发生的交易或者事项形成的义务，不属于现时义务，不应当确认为负债。这里所指的义务可以是法定义务，也可以是推定义务。其中法定义务是指具有约束力的合同或者法律法规规定的义务，通常在法律意义上需要强制执行。例如，企业购买原材料形成应付账款，是企业承担的法定义务，需要依法予以偿还。推定义务是指根据企业多年来的习惯做法、公开的承诺或者公开宣布的政策而导致企业将承担的责任，这些责任使有关各方形成了企业履行义务以解脱责任的合理预期。例如，某企业在销售政策中对售出商品提供一定期限内的售后保修服务，预期将为售出商品提供的保修服务就属于推定义务，应当将其确认为一项负债。

2. 负债预期会导致经济利益流出企业

只有企业在履行义务时会导致经济利益流出企业的，才符合负债的定义，如果不会导致企业经济利益流出的，就不符合负债的定义。在履行现时义务清偿负债时，导致经济利益流出企业的形式多种多样，包括用现金或实物资产清偿、提供劳务、将负债转为资本等。

3. 负债是由企业过去的交易或者事项形成的

负债应当由企业过去的交易或者事项所形成。换句话说，只有过去的交易或者事项才形成负债，企业将在未来发生的承诺、签订的合同等交易或者事项，不形成负债。

【例2-3】 甲企业向银行借款1000万元，即属于过去的交易或者事项所形成的负债。企业同时还与银行达成了两个月后借入 5000 万元的借款意向书，该交易就不属于过去的交易或者事项，不应形成企业的负债。

（二）负债的确认条件

将一项现时义务确认为负债，需要符合负债的定义，还需要同时满足以下两个条件：

1. 与该义务有关的经济利益很可能流出企业

从负债的定义可以看出，预期会导致经济利益流出企业是负债的一个本质特征。在实务中，履行义务所需流出的经济利益带有不确定性，尤其是与推定义务相关的经济利益通常需要依赖于大量的估计。因此，负债的确认应当与经济利益流出的不确定性程度的判断结合起来，如果有确凿证据表明，与现时义务有关的经济利益很可能流出企业，就应当将其作为负债予以确认；反之，如果企业承担了现时义务，但是导致企业经济利益流出的可能性很小，就不符合负债的确认条件，不应将其作为负债予以确认。

2. 未来流出的经济利益的金额能够可靠地计量

负债的确认在考虑经济利益流出企业的同时，对于未来流出的经济利益的金额应当能够可靠计量。对于与法定义务有关的经济利益流出金额，通常可以根据合同或者法律规定的金额予以确定，考虑到经济利益流出的金额通常在未来期间，有时未来期间较长，有关金额的计量需要考虑货币时间价值等因素的影响。对于与推定义务有关的经济利益流出金额，企业应当根据履行相关义务所需支出的最佳估计数进行估计，并综合考虑有关货币时间价值、风险等因素的影响。

（三）负债的分类

负债按其偿还期限的长短，可以分为流动负债和非流动负债。

流动负债是指将在一年或者超过一年的一个营业周期内偿还的债务，包括短期借款、应付票据、应付账款、应付职工薪酬、应交税费、应付利息、应付股利、其他应付款、预提费用等。

非流动负债是指偿还期限在一年或者超过一年的一个营业周期以上的债务，包括长期借款、应付债券、长期应付款等。

三、所有者权益

（一）所有者权益的定义

所有者权益是指企业资产扣除负债后由所有者享有的剩余权益，公司的所有者权益又称为股东权益。所有者权益是所有者对企业资产的剩余索取权，它是企业资产中扣除债权人权益后应由所有者享有的部分。

（二）所有者权益的确认条件

所有者权益体现的是所有者在企业中的剩余权益，因此，所有者权益金额取决于资产和负债的计量。

（三）所有者权益的来源构成

所有者权益的来源包括所有者投入的资本、直接计入所有者权益的利得和损失、留存收益等，通常由实收资本（或股本）、资本公积（含股本溢价或资本溢价、其他资本公积）、盈余公积和未分配利润构成。商业银行等金融企业在税后利润中提取的一般风险准备，也构成所有者权益。

所有者投入的资本是指所有者投入企业的资本，它既包括构成企业注册资本或者股本部分的金额，也包括投入资本超过注册资本或者股本部分的金额，即资本溢价或者股本溢价，这部分投入资本在我国企业会计准则体系中被计入了资本公积，并在资产负债表中的资本公积项目下反映。

直接计入所有者权益的利得和损失，是指不应计入当期损益、会导致所有者权益发生增减变动的、与所有者投入资本或者向所有者分配利润无关的利得或者损失。其中利得是指由企业非日常活动所形成的、会导致所有者权益增加的、与所有者投入资本无关的经济利益的流入；损失是指由企业非日常活动所发生的、会导致所有者权益减少的、与向所有者分配利润无关的经济利益的流出。直接计入所有者权益的利得和损失主要包括可供出售金融资产的公允价值变动额、现金流量套期中套期工具公允价值变动额（有效套期部分）等。

留存收益是企业历年实现的净利润留存于企业的部分，主要包括累计计提的盈余公积和未分配利润。

【阅读材料】

注册资本认缴登记制

根据国务院 2014 年 2 月 7 日发布的《国务院关于印发注册资本等级制度改革方案的通知》，我国改革注册资本登记制度，除部分行业暂不实行外，实行注册资本认缴登记制。

实行注册资本认缴登记制。公司股东认缴的出资总额或者发起人认购的股本总额（即公司注册资本）应当在工商行政管理机关登记。公司股东（发起人）应当对其认缴出资额、出资方式、出资期限等自主约定，并记载于公司章程。有限责任公司的股东以其认缴的出资额为限对公司承担责任，股份有限公司的股东以其认购的股份为限对公司承担责任。公司应当将股东认缴出资额或者发起人认购股份、出资方式、出资期限、缴纳情况通过市场主体信用信息公示系统向社会公示。公司股东（发起人）对缴纳出资情况的真实性、合法性负责。

放宽注册资本登记条件。除法律、行政法规以及国务院决定对特定行业注册资本最低限额另有规定的外，取消有限责任公司最低注册资本3万元、一人有限责任公司最低注册资本10万元、股份有限公司最低注册资本500万元的限制。不再限制公司设立时全体股东（发起人）的首次出资比例，不再限制公司全体股东（发起人）的货币出资金额占注册资本的比例，不再规定公司股东（发起人）缴足出资的期限。

公司实收资本不再作为工商登记事项。公司登记时，无需提交验资报告。

现行法律、行政法规以及国务院决定明确规定实行注册资本实缴登记制的银行业金融机构、证券公司、期货公司、基金管理公司、保险公司、保险专业代理机构和保险经纪人、直销企业、对外劳务合作企业、融资性担保公司、募集设立的股份有限公司，以及劳务派遣企业、典当行、保险资产管理公司、小额贷款公司实行注册资本认缴登记制问题，另行研究决定。在法律、行政法规以及国务院决定未修改前，暂按现行规定执行。

已经实行申报（认缴）出资登记的个人独资企业、合伙企业、农民专业合作社仍按现行规定执行。

鼓励、引导、支持国有企业、集体企业等非公司制企业法人实施规范的公司制改革，实行注册资本认缴登记制。

四、收入

（一）收入的定义

收入是指企业在日常活动中形成的、会导致所有者权益增加的、与所有者投入资本无关的经济利益的总流入。根据收入的定义，收入具有以下特征：

1. 收入是企业在日常活动中形成的

日常活动是指企业为完成其经营目标所从事的经常性活动以及与之相关的活动。例如，工业企业制造并销售产品、商业企业销售商品、保险公司签发保单、咨询公司提供咨询服务、商业银行对外贷款、租赁公司出租资产等，均属于企业的日常活动。明确界定日常活动是为了将收入与利得相区分，因为企业非日常活动所形成的经济利益的流入不能确认为收入，而应当计入利得。

2. 收入是与所有者投入资本无关的经济利益的总流入

收入会导致经济利益的流入，从而导致资产的增加。例如，企业销售商品，应当收到现金或者在未来有权收到现金，才表明该交易符合收入的定义。但是在实务中，经济利益的流入有时是所有者投入资本的增加所导致，所有者投入资本的增加不应当确认为收入，应当将其直接确认为所有者权益。

3. 收入会导致所有者权益的增加

与收入相关的经济利益的流入应当会导致所有者权益的增加，不会导致所有者权益增加的经济利益的流入不符合收入的定义，不应确认为收入。例如，企业向银行借入款项，尽管也导致了企业经济利益的流入，但该流入并不导致所有者权益的增加，反而使企业承担了一项现时义务。企业对于因借入款项所导致的经济利益的增加，不应将其确认为收入，应当确认为一项负债。

（二）收入的确认条件

企业收入的来源渠道多种多样，不同收入来源的特征有所不同，其收入确认条件也往往存在差别，如销售商品、提供劳务、让渡资产使用权等。

收入只有在经济利益很可能流入从而导致企业资产增加或者负债减少，且经济利益的流入额能够可靠计量时才能予以确认。即收入的确认至少应当符合以下条件：一是与收入相关的经济利益应当很可能流入企业；二是经济利益流入企业的结果会导致资产的增加或者负债的减少；三是经济利益的流入额能够可靠计量。

企业处置固定资产、无形资产等活动，不是企业为完成其经营目标所从事的经常性活动，也不属于与经常性活动相关的活动，由此产生的经济利益的总流入不构成收入，应当确认为营业外收入。

（三）收入的内容

按照不同的标准收入可以有不同的分类。

1. 按照企业从事日常活动的性质，可将收入分为销售商品收入、提供劳务收入、让渡资产使用权收入、建造合同收入，以及长期股权投资、租赁、原保险合同、再保险合同等形成的收入

（1）销售商品收入是指企业通过销售商品实现的收入，如工业企业制造并销售产品、商业企业销售商品等实现的收入。

（2）提供劳务收入是指企业通过提供劳务实现的收入，如咨询公司提供咨询服务、软件开发企业为客户开发软件、安装公司提供安装服务等实现的收入。

（3）让渡资产使用权收入是指企业通过让渡资产使用权实现的收入，包括利息收入、使用费收入等，如商业银行对外贷款、租赁公司出租资产等实现的收入。

（4）建造合同收入是指企业承担建造合同所形成的收入。

2. 按照企业从事日常活动在企业的重要性，可将收入分为主营业务收入、其他业务收入等

（1）主营业务收入是指企业为完成其经营目标所从事的经常性活动实现的收

入。如工业企业制造并销售产品、商业企业销售商品、保险公司签发保单、咨询公司提供咨询服务、软件开发企业为客户开发软件、安装公司提供安装服务、商业银行对外贷款、租赁公司出租资产等实现的收入。这些活动形成的经济利益的总流入构成收入，属于企业的主营业务收入，根据其性质的不同，分别通过"主营业务收入"、"利息收入"、"保费收入"等科目进行核算。

（2）其他业务收入是指与企业为完成其经营目标所从事的经常性活动相关的活动实现的收入。例如，工业企业对外出售不需用的原材料、对外转让无形资产使用权等。这些活动形成的经济利益的总流入也构成收入，属于企业的其他业务收入，通过"其他业务收入"科目核算。

在《企业会计准则第 30 号——财务报表列报》中，取消了主营业务与其他业务的划分，将企业的收入在"营业收入"中列报。

五、费用

（一）费用的定义

费用是指企业在日常活动中发生的、会导致所有者权益减少的、与向所有者分配利润无关的经济利益的总流出。费用有狭义和广义之分。广义的费用泛指企业各种日常活动发生的所有耗费，狭义的费用仅指与本期营业收入相配比的那部分耗费，一般所说的费用指的是狭义的费用。

根据费用的定义，费用具有以下特征：

1. 费用是企业在日常活动中形成的

费用必须是企业在其日常活动中所形成的，这些日常活动的界定与收入定义中涉及的日常活动的界定相一致。因日常活动所产生的费用通常包括销售成本（营业成本）、职工薪酬、折旧费、无形资产摊销费等。将费用界定为日常活动所形成的，目的是为了将其与损失相区分，企业非日常活动所形成的经济利益的流出不能确认为费用，而应当计入损失。

2. 费用是与向所有者分配利润无关的经济利益的总流出

费用的发生应当会导致经济利益的流出，从而导致资产的减少或者负债的增加（最终也会导致资产的减少）。其表现形式包括现金或者现金等价物的流出，存货、固定资产和无形资产等的流出或者消耗等。企业向所有者分配利润也会导致经济利益的流出，但该经济利益的流出属于所有者权益的抵减项目，不应确认为费用。

3. 费用会导致所有者权益的减少

与费用相关的经济利益的流出应当会导致所有者权益的减少，不会导致所有者权益减少的经济利益的流出不符合费用的定义，不应确认为费用。

【例 2-4】　某企业用银行存款 500 万元购买原材料，该项业务尽管使企业经济利益流出了 500 万元，但它使企业增加了另外一项资产（存货），并不会导致企业所有者权益的减少，因此，不应当将该经济利益的流出确认为费用。

【例 2-5】　某企业用银行存款偿还了一笔应付账款 500 万元，该偿付行为尽管导致企业经济利益流出 500 万元，但是该流出使企业负债（应付账款）减少，没有导致企业所有者权益的减少，因此，不应将该经济利益的流出确认为费用。

（二）费用的确认条件

费用只有在经济利益很可能流出从而导致企业资产减少或者负债增加，且经济利益的流出额能够可靠计量时才能予以确认。因此，费用的确认至少应当符合以下条件：一是与费用相关的经济利益应当很可能流出企业；二是经济利益流出企业的结果会导致资产的减少或者负债的增加；三是经济利益的流出额能够可靠计量。

费用应按照权责发生制和配比原则确认，凡应属于本期发生的费用，不论其款项是否支付，均确认为本期费用；反之，不属于本期发生的费用，即使其款项已在本期支付，也不能确认为本期费用。

（三）费用的内容

在确认费用时，首先，应当划分生产费用与非生产费用的界限。生产费用，即通常所说的生产成本，是指与企业日常生产经营活动有关的费用，即企业为生产产品、提供劳务等发生的可归属于产品成本、劳务成本等的费用，如生产产品所发生的原材料费用、人工费用等。生产费用应当在确认产品销售收入、劳务收入等时，将已销售产品、已提供劳务的成本等计入当期损益。非生产费用是指不属于生产费用的费用。

其次，应当分清生产费用与产品成本的界限。生产费用与一定的期间相联系，而与生产的产品无关；产品成本与一定品种和数量的产品相联系，而不论发生在哪一期。

再次，应当分清生产费用与期间费用的界限。生产费用应当计入产品成本；而期间费用直接计入当期损益。

最后，对于确认为期间费用的费用，必须进一步划分为管理费用、销售费用和财务费用。

因此，狭义上的费用包括营业成本、营业税金及附加、管理费用、销售费用和财务费用。

营业成本是指企业所销售商品或者提供劳务的成本。营业成本应当与所销售商品或者所提供劳务而取得的收入进行配比。

营业税金及附加反映企业经营主要业务应负担的营业税、消费税、城市维护建设税、资源税、土地增值税和教育费附加等。

管理费用是指企业为组织和管理企业生产经营所发生的费用，包括企业在筹建期间发生的开办费，董事会和行政管理部门在企业的经营管理中发生的或者应由企业统一负担的公司经费（包括行政管理部门职工工资及福利费、物料消耗、低值易耗品摊销、办公费和差旅费等）、工会经费、董事会费（包括董事会成员津贴、会议费和差旅费等）、聘请中介机构费、咨询费（含顾问费）、诉讼费、业务招待费、房产税、车船税、土地使用税、印花税、技术转让费、矿产资源补偿费、研究费用、排污费以及企业生产车间（部门）和行政管理部门等发生的固定资产修理费用等。

销售费用是指企业在销售商品和材料、提供劳务的过程中发生的各种费用，包括企业在销售商品过程中发生的保险费、包装费、展览费和广告费、商品维修费、预计产品质量保证损失、运输费、装卸费等，以及为销售本企业商品而专设的销售机构（含销售网点、售后服务网点等）的职工薪酬、业务费、折旧费、固定资产修理费用等费用。

财务费用是指企业为筹集生产经营所需资金等而发生的筹资费用，包括利息支出（减利息收入）、汇兑损益以及相关的手续费、企业发生的现金折扣或收到的现金折扣等。

六、利润

（一）利润的定义

利润是指企业在一定会计期间的经营成果。通常情况下，如果企业实现了利润，表明企业的所有者权益将增加，业绩将得到提升；反之，如果企业发生了亏损（即利润为负数），表明企业的所有者权益将减少，业绩将下滑。因此，利润往往是评价企业管理层业绩的一项重要指标，也是投资者等财务报告使用者进行决策时的重要参考。

（二）利润的来源构成

利润包括收入减去费用后的净额、直接计入当期利润的利得和损失等。其中收入减去费用后的净额反映的是企业日常活动的业绩。直接计入当期利润的利得和损失，是指应当计入当期损益、会导致所有者权益发生增减变动的、与所有者投入资本或者向所有者分配利润无关的利得或者损失。直接计入当期利润的利得和损失反映的是企业非日常活动的业绩。企业应当严格区分收入和利得、费用和损失之间的区别，以更加全面地反映企业的经营业绩。

（三）利润的确认条件

利润金额取决于收入和费用、直接计入当期利润的利得和损失金额的计量。

第三节 会计等式

会计等式，又称会计方程式、会计平衡公式，它表达了会计六大要素之间的数量关系，是会计方法的出发点和基础。会计对象归类为六大要素，但是这六个会计要素不是孤立地反映企业的经济活动，而是紧密联系在一起系统地反映企业的财务状况、经营成果。那么，这六大要素是如何联系在一起的？它们彼此之间的数量关系如何？

一、资产、负债及所有者权益间的关系

任何企业要从事生产经营活动，首先必须拥有或控制一定数量的资产，这些资产是资源的实际存在或表现形式，如机器设备、现金、银行存款等。对于企业来说，资产的来源只有两个：一是所有者投入的，形成企业的所有者权益；二是债权人提供的，形成企业的负债。投资者和债权人提供的资金不是无偿的，前者要求企业按投资比例支付投资所得，后者要求企业按期支付利息并到期归还本金。这种对企业资产享有的索取权，在会计学上称为"权益"。资产和权益是相互依存的，有一定数额的资产，必须有对应数额的权益，反之亦然。所以，在任一时点上，企业所拥有或控制的资产与权益在数量上必然相等。资产和权益的这种关系，可以用下面的公式表示：

资产=权益 （等式1）

企业的权益又分为两种：一种是投资者向企业投入资产而形成的权益，即所有者权益；另一种是债权人向企业提供资产而形成的权益，称为债权人权益或负债。据此，上述会计等式又可表达为：

资产=负债+所有者权益 （等式2）

这个公式被称为"会计恒等式"或"基本会计等式"，它反映了在任一时点上企业的资产、负债、所有者权益三个会计要素之间的数量关系，它是资金平衡的理论依据，也是设置账户、复式记账和编制资产负债表的理论依据。

二、收入、费用与利润间的关系

企业经营的目的是为了获取收入，实现盈利。在取得收入的同时，必然要发

生相应的费用。企业实现的收入扣除相应的费用，就能确定一定时期的经营成果，即利润。因此，收入、费用和利润三个要素之间也存在着平衡关系，其平衡公式如下：

收入-费用=利润　　　　　　　　　　　　　　　　　　　　（等式3）

若利润为正，则企业盈利；若利润为负，则企业亏损。

三、六大会计要素之间的数量关系

企业在经营过程中，或盈利，或亏损。企业的利润属于所有者，取得利润意味着所有者权益增加。反之，如果企业发生亏损，所有者权益也将减少。将利润或亏损并入基本会计等式，则基本会计等式表现为：

资产=负债+所有者权益+（收入-费用）　　　　　　　　　　（等式4）

这是一个动态反映企业财务状况和经营成果关系的会计等式。当一个会计期间结束后，利润或亏损被转入所有者权益中，这个等式又恢复为"资产=负债+所有者权益"的基本形式。

四、经济业务对会计等式的影响

企业在生产经营过程中，会不断发生大量的各种各样的经济业务，在会计上称为"交易或者事项"。这些交易或者事项会引起会计要素的数量变动。但是，无论经济业务引起会计要素发生怎样的变动，都不会破坏上述资产和负债及所有者权益之间的平衡关系。

尽管经济业务多种多样，根据基本会计等式各因素的变动的关系，可以将经济业务及其对基本会计等式的影响归纳为以下四种情况：

（1）经济业务的发生引起等式两边等额增加，等式保持平衡。

资产和所有者权益等额增加；

资产和负债等额增加；

资产和负债及所有者权益等额增加。

（2）经济业务的发生引起等式两边等额减少，等式保持平衡。

资产和负债等额减少；

资产和所有者权益等额减少；

资产和负债及所有者权益等额减少。

（3）经济业务的发生引起等式左边资产内部项目同时发生等额的一增一减的变化，即资产类项目一个增加，一个减少，增减额相等，等式也保持平衡。

（4）经济业务的发生引起等式右边各项目之间发生等额的一增一减的变化，即负债类项目之间、权益类项目之间、负债类项目与权益类项目之间此增彼减，增减额相等，等式也保持平衡。

我们将上述四种类型的经济业务用图 2-1 描述。

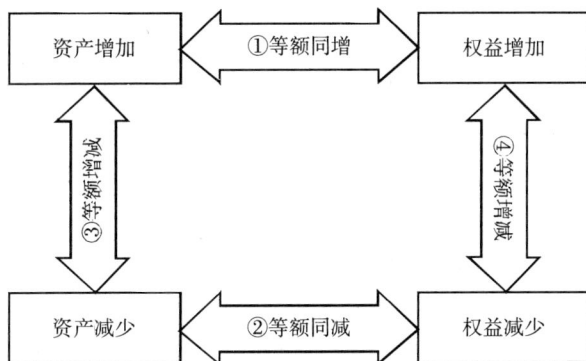

图 2-1 企业经济业务的类型

将上述四种类型的经济业务扩展到收入、费用、利润等会计要素上，会出现更多的变化情况，但是，无论发生什么变化，都不会破坏"资产=负债+所有者权益"这一会计等式。下面举例说明。

【例 2-6】 慧华公司 2012 年 12 月 31 日拥有 1000 万元资产，其中库存现金 1 万元，银行存款 28 万元，应收账款 141 万元，存货 450 万元，固定资产 380 万元。该公司实收投资者投入资本 400 万元，银行借款 150 万元，应付账款 350 万元，尚未支付的职工薪酬 50 万元，利润形成的盈余公积 50 万元。可用表 2-1 反映资产、负债、所有者权益间的平衡关系：

表 2-1 资产负债表（1）

单位：万元

资产	金额	负债及所有者权益	金额
库存现金	1	银行借款	150
银行存款	28	应付账款	350
应收账款	141	应付职工薪酬	50
存货	450	实收资本	400
固定资产	380	盈余公积	50
合计	1000	合计	1000

例 2-6 中，资产总额（1000 万元）=负债+所有者权益（1000 万元）反映了某一时点上企业会计要素之间的平衡关系，这是一种静态关系。该公司在 2013 年发生如下经济业务：

①从银行取得短期借款 200 万元，已办妥手续，款项存入公司的银行账户。

②购买原材料 50 万元，款项尚未支付。

③用银行存款偿还以前未偿还的应付账款，已经开出转账支票，金额为 200 万元。

④开出现金支票 1 万元，从银行领取现金以备日常开支。

⑤公司按法定程序增加注册资本 100 万元，款项已存入银行。

⑥慧华公司欠红星公司的应付账款 100 万元，经协商同意转为红星公司的投资。

根据上述经济业务，我们可以分析它们对基本会计等式的影响情况：

(1) 第①项经济业务对等式的影响为：

资产类 + 银行存款增加额 =（负债 + 所有者权益）+ 银行借款增加额

(1000 万元)　(200 万元)　　　　(1000 万元)　　　　(200 万元)

资产 (1200 万元) = 负债 + 所有者权益 (1200 万元)

可以看出，会计等式两边等额增加 200 万元，等式的平衡关系没有被破坏。

(2) 第②项经济业务对等式的影响为：

资产类 + 存货增加额 =（负债 + 所有者权益）+ 负债增加额

(1200 万元) (50 万元)　　　　(1200 万元)　　　(50 万元)

资产 (1250 万元) = 负债 + 所有者权益 (1250 万元)

(3) 第③项经济业务对等式的影响为：

资产类 − 银行存款减少额 =（负债 + 所有者权益）− 银行借款减少额

(1250 万元) (200 万元)　　　　(1250 万元)　　　　(200 万元)

资产 (1050 万元) = 负债 + 所有者权益 (1050 万元)

(4) 第④项经济业务对等式的影响为：

资产类 + 现金增加额 − 银行存款减少额 =（负债+所有者权益）

(1050 万元) (1 万元)　　　(1 万元)　　　　(1050 万元)

资产 (1050 万元) = 负债 + 所有者权益 (1050 万元)

(5) 第⑤项经济业务对等式的影响为：

资产类 + 银行存款增加额 =（负债 + 所有者权益）+ 所有者权益增加额

(1050 万元)　(100 万元)　　　　(1050 万元)　　　　(100 万元)

资产 (1150 万元) = 负债 + 所有者权益 (1150 万元)

(6) 第⑥项经济业务对等式的影响为：

资产类 =（负债 + 所有者权益）− 负债减少额 + 所有者权益增加额

(1150 万元)　(1150 万元)　　　　(100 万元)　　　(100 万元)

资产 (1150 万元) = 负债 + 所有者权益 (1150 万元)

经过上述变化后的资产负债表如表 2-2 所示。

表 2-2 资产负债表（2）

单位：万元

资产	金额	负债及所有者权益	金额
库存现金	2	银行借款	350
银行存款	127	应付账款	100
应收账款	141	应付职工薪酬	50
存货	500	实收资本	600
固定资产	380	盈余公积	50
合计	1150	合计	1150

可以看出，发生经济业务后的资产负债表左右两边仍然保持着平衡关系。在企业生产经营过程中发生的各种经济业务，都不会破坏基本会计等式的平衡关系。

【本章小结】

在前一章学习的基础上，本章专门阐述会计要素及其相关内容。资金的投入、循环和周转、退出三个阶段是相互支持、相互制约的统一体，构成了企业的会计对象。将会计对象进行适当的分类，就是会计要素，具体包括资产、负债、所有者权益、收入、费用、利润。

资产是指企业过去的交易或者事项形成的、由企业拥有或者控制的、预期会给企业带来经济利益的资源。资产又分为流动资产和非流动资产。

负债是指企业过去的交易或者事项形成的、预期会导致经济利益流出企业的现时义务。负债分为流动负债和非流动负债。

所有者权益是指企业资产扣除负债后由所有者享有的剩余权益。公司的所有者权益又称为股东权益。所有者权益通常由实收资本（或股本）、资本公积（含股本溢价或资本溢价、其他资本公积）、盈余公积和未分配利润构成。

收入是指企业在日常活动中形成的、会导致所有者权益增加的、与所有者投入资本无关的经济利益的总流入。

费用是指企业在日常活动中发生的、会导致所有者权益减少的、与向所有者分配利润无关的经济利益的总流出。

利润是指企业在一定会计期间的经营成果。

资产、负债、所有者权益、收入、费用、利润之间不是孤立的，它们之间存在着紧密的联系，表现为"资产=负债+所有者权益"的会计恒等式。企业发生的经济业务不会破坏会计恒等式的平衡关系。

【拓展阅读材料】

1. 财政部. 企业会计准则 2006 [M]. 北京：经济科学出版社，2006.

2. 中国注册会计师协会. 会计 [M]. 北京：中国财政经济出版社，2014.

3. 陈国辉，迟旭升. 基础会计（第 2 版）[M]. 大连：东北财经大学出版社，2009.

4. 李敏. 小企业会计——小企业会计准则 [M]. 上海：上海财经大学出版社，2011.

【复习思考题】

1. 如何理解会计对象？

2. 什么是会计要素？六大会计要素有哪些具体内容？

3. 什么是资产？资产的确认须满足哪些条件？

4. 什么是负债？负债的确认须满足哪些条件？

5. 所有者权益包括哪些内容？从金额上看，它与资产、负债有何关系？

【练习题】

一、单项选择题

1. 下列各项目中不属于会计要素的是（　　　　）。

A. 资产　　　　　　B. 负债　　　　　　C. 财产　　　　　　D. 利润

2. 下列属于资产的有（　　　　）。

A. 应付账款　　　B. 预付账款　　　C. 预收账款　　　D. 应交税费

3. 资产是企业拥有或控制的资源，该资源预期会给企业带来（　　　　）。

A. 经济利益　　　B. 经济资源　　　C. 经济效果　　　D. 经济效益

4. 资产通常按流动性分为（　　　　）。

A. 有形资产与无形资产　　　　　　B. 货币资产与非货币资产

C. 流动资产与非流动资产　　　　　D. 本企业资产与租入的资产

5. 下列不属于负债的特点的是（　　　　）。

A. 是过去的交易、事项所形成的现时义务

B. 是企业拥有或控制的经济资源

C. 是企业未来经济利益的流出

D. 能以货币计量，是可以确定或估计的

6. 下列属于负债的有（　　　　）。

A. 银行存款　　　B. 应收账款　　　C. 存货　　　D. 预收账款

7. 所有者权益是企业所有者在企业资产中享有的经济利益，在数量上等于（　　　）。

A. 全部资产减去全部所有者权益　　　B. 全部资产减去流动负债

C. 企业的新增利润　　　　　　　　　D. 全部资产减去全部负债

8. 负债和所有者权益都是（　　　）的重要组成部分。

A. 权益　　　　　B. 利润　　　　　C. 债权人权益　　　D. 长期负债

9. 下列会计等式中不正确的是（　　　）。

A. 资产=负债+所有者权益　　　　　B. 负债= 资产–所有者权益

C. 资产–负债=所有者权益　　　　　D. 资产+负债=所有者权益

10. 某公司资产总额为 200 万元，当发生下列三笔经济业务后：①向银行借款 20 万元存入银行；②用银行存款偿还应付账款 15 万元；③收回应收账款 10 万元存入银行。其权益总计为（　　　）。

A. 205 万元　　　B. 235 万元　　　C. 230 万元　　　D. 245 万元

11. 下列经济活动中，引起资产和负债同时减少的是（　　　）。

A. 以银行存款偿付前欠货款　　　　B. 购买材料货款尚未支付

C. 收回应收账款　　　　　　　　　D. 接受其他单位捐赠新设备

12. 下列经济活动中，引起负债之间彼此增减的是（　　　）。

A. 收到应收账款，存入银行　　　　B. 向银行借入款项直接偿还应付账款

C. 用银行存款偿还长期负债　　　　D. 用现金支付职工工资

二、多项选择题

1. 根据我国《企业会计准则》的规定，会计要素包括（　　　）。

A. 资产和费用　　　　　　　　　　B. 负债和收入

C. 资金占用和资金来源　　　　　　D. 利润和所有者权益

E. 会计科目和账户

2. 资产的特征包括（　　　）。

A. 由过去的交易或事项形成的资源

B. 必须是企业拥有或者控制的资源

C. 预期会给企业带来经济利益的资源

D. 与该资源有关的经济利益很可能流入企业

E. 该资源的成本或者价值能够可靠地计量

3. 企业的投入资本是（　　　）。

A. 企业所有者权益构成的主体

B. 投资者实际投入企业经营活动的各种财物物资和货币资金

C. 企业注册成立的基本条件之一

D. 企业投资人对企业净资产的所有权

E. 企业正常运作必需的资金和承担民事责任的财力保证

4. 资产按其流动性可分为 (　　　)。

A. 长期投资　　　B. 流动资产　　　C. 非流动资产　　　D. 固定资产

E. 无形资产

5. 下列经济业务中,属于资产和权益同时减少的是 (　　　)。

A. 售出固定资产　　　　　　　　B. 上交税款

C. 用存款归还银行借款　　　　　D. 用存款归还应付账款

E. 从银行提取现金

6. 一个企业的资产总额与权益总额是相等的,这是因为 (　　　)。

A. 资产和权益是同一资金的两个侧面

B. 任何资产都有它相应的权益

C. 任何权益都能形成相应的资产

D. 某一具体资产项目的增加,总是同另一具体权益项目的增加同时发生

E. 权益方某一具体项目增加与另一具体项目减少,不影响资产总额与权益总额的变动

7. 下列项目中,属于所有者权益的有 (　　　)。

A. 存货　　　　　B. 未分配利润　　　C. 无形资产　　　D. 盈余公积

E. 实收资本

8. 下列业务中引起所有者权益增加的有 (　　　)。

A. 以银行存款偿付货款　　　　　B. 公司所有者给公司投入设备

C. 所有者代公司偿还欠款　　　　D. 提取现金

E. 以银行存款购买设备

三、判断题

1. 资产包括流动资产和固定资产。　　　　　　　　　　　　　　　(　　　)

2. 某一财产物资要成为企业的资产,其所有权必须属于企业。　　(　　　)

3. 会计要素是会计核算和监督内容的高度归并和概括,也是构成财务报表的基本项目。　　　　　　　　　　　　　　　　　　　　　　　　　　(　　　)

4. 负债是企业过去的交易或事项所引起的潜在义务。　　　　　　(　　　)

5. 所有经济业务的发生,都会引起会计等式两边发生变化。　　　(　　　)

6. 任何经济业务发生都不会破坏会计等式的平衡关系。　　　　　(　　　)

7. 不能给企业未来带来预期经济利益的资源不能作为企业资产反映。

(　　　)

8. 资产和权益在金额上始终是相等的。 （　　）

9. 任何流入企业的资产都可以定义为企业的收入。 （　　）

10. 收入是指企业在销售商品、提供劳务及让渡资产使用权等日常活动中所形成的经济利益的净流入。 （　　）

四、实务题

目的：熟悉会计要素的内容及其分类。

资料：某企业的经济业务有下列项目：

	资产	负债	所有者权益	收入	费用	利润
应付借款利息						
广告费						
投资者投入资本						
销售商品应收款						
销售商品的收入						
存在银行的款项						
向银行的借款						
销售获得的利润						
机器设备						
应付购货款						
材料销售收入						
库存的商品						
厂部购买办公用品						
主营业务收入						
管理费用						
长期借款						
交易性金融资产						
原材料						
库存现金						
其他业务收入						
应交税费						
无形资产						
应收账款						
应付账款						
预付账款						
预收账款						
实收资本						

要求：根据上列资料，判断以上业务内容分别属于哪种会计要素，在相应栏次内打"√"。

【案例分析】

江苏南大光电材料股份有限公司是在深圳证券交易所创业板上市的公司（股票简称：南大光电，股票代码：300346），其经审计的 2013 年期末余额如下表所示。

南大光电 2013 年期末余额

单位：万元

项目名称	本期期末余额	项目名称	本期期末余额
递延所得税资产	497.61	货币资金	10064.45
应付账款	1759.20	应收票据	2687.06
预收款项	12.6	应收账款	4557.85
应付职工薪酬	646.91	预付款项	531.22
应交税费	480.09	其他应收款	98.74
其他应付款	55.52	存货	10258.06
长期借款	700	其他流动资产	74726.56
其他非流动负债	2734.67	长期股权投资	2191.00
实收资本	10054.00	固定资产	13589.73
资本公积	72054.90	在建工程	65.79
盈余公积	3123.07	无形资产	1069.34
未分配利润	28969.58	长期待摊费用	253.13

要求：

1. 判断上列资料中各项目的类别（资产、负债、所有者权益），并将各项目金额填入下表。

2. 计算表内资产总额、负债总额、所有者权益总额，并检验是否符合会计恒等式。

项目	资产	负债	所有者权益
合计			

第三章 会计科目、会计账户与复式记账

【学习要点】

⬤ 了解会计科目的意义、作用和设置的原则，各类账户之间存在的共性及内在联系；

⬤ 理解会计科目与会计账户的关系，设置会计账户的必要性，会计账户的性质及其用法；

⬤ 熟悉总账与明细分类账之间的关系及其平行登记；

⬤ 掌握会计科目及其分类，会计账户的基本结构，复式记账的基本内容，复式记账原理以及借贷记账法的应用。

【关键概念】

会计科目　会计账户　复式记账法　借贷记账法　平行登记

【开章案例】

超级市场，又称自选商场，是以顾客自选方式经营的大型综合性零售商场。超级市场于20世纪30年代初最先出现在美国东部地区，目前已经成为许多国家与地区特别是经济发达国家与地区的主要商业零售组织形式。超级市场最初经营的主要是各种食品，随着经营范围的日益扩大，逐渐扩展到服装、家庭日用品、家用电器、玩具、家具以及医药用品等。当顾客进入超级市场选购商品时，会看到各类的商品按照一定的规则整齐地摆放。在每个商品的货架上会有醒目的分类名称，每个分类又按照不同的功能、规格、生产企业等进行再次分类，并各自有自己的价格，这样顾客就可以非常顺利地找到所需的商品。比如，当顾客需要购买蓝月亮手洗洗衣液，首先必须找到生活用品区，其次在该区找到洗涤用品货柜，再在货柜上找到放置洗衣液的货架，然后找到该品牌，最后在该品牌的货架上寻找到需要的包装和规格。

为什么顾客可以非常清楚地知道自己所需要的商品的大致位置呢？因为经营者在摆放商品时有意识地对其进行了分类，以方便顾客进行选购和比较；顾客在

选购商品时也有意识地对其进行了归类，从而缩短了购物的时间。在这一过程中存在着一个客观的事实：超级市场的经营者和顾客对于同一种商品的分类是一致的。

思考：

1. 会计研究的是企业的资金运动，如何体现不同业务？

2. 会计对象可以按照要素分类，但仅仅按照要素分类能够满足会计核算与监督的需要吗？如果需要进一步分类，是否需要遵循一定的规则？

第一节　会计科目

经营资金运动作为会计对象，有动态和静态两种表现。资金的各种动态表现可以通过对经营资金的静态表现——资产和权益的增减变化分类而系统地反映出来。作为一个独立的市场经营主体，企业在经营过程中会发生各种繁琐而复杂的经济活动。当经济业务的发生涉及企业的资金运动时必然会引起相关会计要素的增减变化。由于企业发生的经营业务复杂多样，即便是涉及同一种会计要素，也往往因所涉及的业务不同而具有不同性质。因此，仅仅通过各个会计要素并不能够详细揭示企业各种不同的经济业务产生的影响。为了确保有序地对企业交易或事项进行记录，必须按照一定的原则予以细分。

一、会计科目的概念

会计要素只是对会计对象的大致分类，不能充分体现具体要素之间的差异，无法为各方的会计信息使用者提供所需的会计信息。为了实现会计的基本职能，会计必须要从数量上反映各项会计要素的增减变化，这不但需要取得各项会计要素增减变化及其结果的总括数字，而且要取得一系列更加具体的分类和数量指标。如企业购入商品时尚未支付的货款和企业向金融机构借贷的款项，虽然都属于负债要素，但它们的形成原因和偿付期限是各不相同的。再如所有者投入所形成的实收资本和企业通过生产经营所形成的利润，虽然都是所有者权益，但它们的形成原因与用途也大不一样。因此，为了满足所有者、债权人、税务机关等会计信息使用者的需要，有必要对会计要素进行进一步的分类。

为了使会计信息使用者了解具体而详细的会计资料，会计核算有必要对会计要素按其性质和用途等作进一步分类，将性质、具体内容相同的归为一类，设立一个科目，凡是具备这些特征的业务都在这个项目下核算。会计科目就是对会计要素的具体内容按照一定的原则进行分类核算的项目，简称为"科目"。确定会计科目是正确进行会计核算工作的重要条件之一。通过对会计要素的具体分类，便于企业全面、连续、系统地核算各项经济业务。例如，将资产要素进一步细分为"库存现金"、"银行存款"、"应收账款"、"交易性金融资产"、"固定资产"、"无形资产"等科目，核算与控制各类资产的增减变动的具体情况；将负债要素进一步细分为"短期借款"、"长期借款"、"应付账款"、"应付票据"等，核算和控制各项流动、非流动负债增减变动的具体情况；将所有者权益进一步细分为"实收资本"、"资本公积"、"盈余公积"等，核算和控制所有者权益各个组成内容的增减变动情况。

通过确定会计科目，将企业所发生的纷繁复杂、涉及资金运动的经济业务进行科学有效的分类，为进行各项会计记录和提供各项会计信息做好准备。同时会计科目的设置为复式记账中编制、整理会计凭证和设置账簿提供依据，为编制全面、规范而统一的财务报表奠定基础，也有助于各类会计信息使用者了解、掌握和分析企业的财务状况、经营成果和现金流量，从而做出理性的决策。

二、会计科目的设置原则

会计科目是反映会计要素的构成情况及其变化情况，为投资者、债权人、企业管理者等各类利益相关者提供会计信息的重要手段。会计科目设置是否合理，对于系统、科学地提供会计信息，提高会计信息的质量和工作效率具有重要的意义。因此，在会计科目的设置过程中必须尊重企业经济活动及其资金活动的客观规律，使其能够满足会计目标的基本要求，做到科学、合理、实用。设置会计科目通常应遵循如下原则：

（一）系统性

在会计要素的基础上对会计对象的具体内容做进一步分类时，为了全面而概括地反映企业生产经营活动情况，会计科目的设置要保持会计指标体系的完整性，企业所有能用货币表现的经济业务，都能通过所设置的某一个会计科目进行核算，即所设置的会计科目应能覆盖企业所有的要素。企业所设置的所有会计科目能够共同构成一个完整的会计科目体系，全面、系统地反映企业的资金运动，为管理决策提供全面系统的会计信息。

（二）差异性

企业所设置的会计科目不允许有重合的内容，含义明确，界限分明，所体现的经济内容各有不同。例如，现金和机器设备虽然属于资产要素，但又有所不同：首先形态不同，现金是货币形态，机器设备是实物形态；其次是经济用途不同，现金为生产经营活动准备条件，是企业之间进行交换和流通的手段，而机器设备则直接用于生产经营活动，是生产经营顺利开展的物质保障；最后是管理要求不同，现金由于其流动性最强，最容易被挪用和侵吞，必须建立一套完善而严密的现金管理制度，以确保现金的安全与完整，机器设备由于具有实物形态，不仅要对其进行价值管理，还要加强实物上的保管。因此，企业设立"库存现金"核算持有的现金，设立"固定资产"来核算机器设备。

由于各类企业所处行业和经济业务的差异，设置会计科目有必要进行区分，以便客观地反映企业所处行业的资金活动的特点。例如，制造企业主要的经营活动是制造产品，通过"原材料"、"制造费用"、"生产成本"等会计科目来体现制造企业经营活动的特点。而商品流通企业主要是购销各种商品，通过"库存商品"、"商品进销差价"等会计科目来体现其经营活动的特点。又比如，农业企业可以根据行业生产的特点设置"消耗性生物资产"、"生产性生物资产"；金融企业则按照其对资金管理的情况，设置反映和监督吸收和贷出存款相关业务，可以设置"利息收入"、"利息支出"等科目。

（三）统一性

会计科目是企业在会计确认、计量的基础上，对企业经济业务进行科学、客观记录的一种手段，不同科目反映的具体内容各有不同。就同一企业而言，为了便于将不同经营期间发生的相同或相似的经济业务所涉及的会计信息进行比较、分析和汇总，保持确定和使用的会计科目的统一是必要的。而对于不同企业，为了确保对发生的相同或是相似的经济业务的会计信息核算口径一致，相互可比，保持确定和使用的会计科目的相对的统一性也是必要的。在我国，会计科目是由财政部门统一制定的，并作为一项会计制度颁布，目的在于满足企业核算、财务报表汇总、对外提供财务会计报告的需要。

（四）灵活性

为了便于发挥会计的管理作用，在不违背会计科目使用原则的基础上，企业可以根据实际情况自行增设、减少或合并某些会计科目的明细科目，确定适合本企业的会计科目名称。根据企业经营规模大小、经济业务的繁简和经营管理的需要，确定会计科目的数量及其所反映内容的详细程度。例如，对于那些极少发生预收业务款的企业，一般不开设"预收账款"，而是通过"应收账款"来进行管理；对于那些不经常发生预付业务的企业则不设置"预付账款"，而是通过"应付账款"科目进行核算。

实际上，由于会计信息使用者的不同需求，企业对会计要素的细分方法和细分的程度也会有所不同。例如，根据企业会计信息使用者需要了解企业固定资产的状况的情况，企业按照企业会计准则对固定资产的规定，将使用期限超过一年或是超过一年的一个营业周期以上的、单位价值比较高的厂房、机器、设备等归类于"固定资产",为了能够更好地体现固定资产的原始价值和新旧程度,分别设置了"固定资产"和"累计折旧"两个会计科目;根据企业经营管理者的管理需要,同时由于同属于固定资产的资产在实际经营过程中的使用状况不同,往往还需要进行进一步的分类。在会计实务中,企业往往会设置两个甚至三个层次的会计科目,即总分类科目和明细分类科目。必须要注意的是,会计科目层级过多,内容分类过细,会导致会计核算成本的增加,而如果层级过少或是内容分类过粗,又可能无法满足会计核算的需要。例如,对于大中型企业,由于材料品种繁多,数量庞大,为了便于管理,可以设置"原材料"、"辅助材料"、"包装物"等科目;对于小型企业,由于材料品种简单,库存数量不多,为了简化核算,一般只设置"原材料"科目。

我国《企业会计准则——应用指南》对会计科目的设置和使用进行了指导性的规范,对会计要素的确认和计量进行了明确规定。在英、美等国,会计准则一般不涉及会计科目及其使用问题,仅是对经济业务的确认、计量和报告等问题进行规定。

三、会计科目的分类及其编号

会计科目反映的经济内容名目繁多,为便于掌握和运用,应将会计科目按一定的标准进行有序分类。

(一) 按反映的经济内容进行分类

《企业会计准则——应用指南》中将会计科目按反映的经济内容的性质不同,分为资产类、负债类、共同类、所有者权益类、成本类和损益类六大类。

1. 资产类科目

资产类科目用于反映企业所拥有或控制的资产,按照资产流动性强弱划分为流动资产科目和非流动资产科目两个小类。流动资产科目主要包括"库存现金"、"银行存款"、"应收票据"、"应收账款"、"预付账款"、"原材料"、"库存商品"等科目。非流动资产科目主要包括"固定资产"、"无形资产"、"投资性房地产"、"长期股权投资"等科目。

2. 负债类科目

负债类科目用于反映企业承担偿还义务的全部负债,按照负债偿还期限的长短,分为流动负债科目和非流动负债科目两小类。流动负债科目主要包括"短期借款"、"应付票据"、"应付账款"、"预收账款"、"应付职工薪酬"、"应交税费"、"应付利息"、"其他应付款"等科目。非流动负债科目主要包括"长期借款"、"应付债券"等科目。

3. 共同类科目

共同类科目是针对少数金融企业设置的，主要用于反映金融机构之间的资金清算款项、外币业务所产生的不同币种之间的兑换等业务。共同类科目主要包括"清算资金往来"、"货币兑换"等科目。

4. 所有者权益类科目

所有者权益类科目用于反映企业所有者权益状况，按照其形成来源进行分类。所有者权益类科目主要包括"实收资本（股本）"、"资本公积"、"盈余公积"、"本年利润"、"利润分配"等科目。

5. 成本类科目

成本类科目用于反映企业成本状况，按照成本计算对象和核算目的不同进行分类。成本类科目主要包括"生产成本"、"制造费用"、"劳务成本"等科目。

6. 损益类科目

损益类科目用于反映企业取得的收入和发生的费用的情况，按照损益与利润总额的关系，分为收入类科目和费用类科目两小类。收入类科目主要包括"主营业务收入"、"其他业务收入"、"投资收益"、"营业外收入"等科目。费用类科目主要包括"主营业务成本"、"其他业务成本"、"营业税金及附加"、"管理费用"、"销售费用"、"财务费用"、"营业外支出"、"所得税费用"等科目。

（二）按提供核算指标的详细程度分类

会计科目的设置既要符合对外提供财务会计报告的要求，又要满足企业内部经营管理的需要。在会计核算中，既要有反映资金运动的总括指标，同时又要有进一步反映明细情况的指标。按照会计科目提供会计信息的详细程度的不同，可分为总分类科目和明细分类科目。总分类科目、明细分类科目反映的经济业务内容是一样的，只是总分类科目处于统驭、控制地位，明细分类科目处于辅助、从属地位。它们所提供的核算资料是互相补充的。只有把二者结合起来，才能总括又详细地反映同一核算项目的不同情况。

总分类科目，又称一级科目、总账科目，是总括反映会计要素具体内容的科目，如"库存现金"、"交易性金融资产"、"短期借款"、"应付账款"、"实收资本"、"生产成本"、"管理费用"等。在我国，由《企业会计准则》统一规定总分类科目的名称和内容。企业在不违背《企业会计准则》有关确定、计量和报告相关规定的情况下，也可以根据自身经营管理的需要，自行增设、拆分、合并总分类科目。

明细分类科目，也称明细科目，是对总分类科目的进一步分类，能够提供更加详细具体的会计核算信息的会计科目。例如，"其他货币资金"这一总分类科目下设"外埠存款"、"银行汇票"、"银行本票"、"信用卡存款"、"信用证保证金"、"存出投资款"等多个明细科目。除会计制度有规定外，可以根据经济管理的实际需要由企业自行规定。

为了满足内部经营管理的需要，当总分类科目下设置的明细科目太多时，可在总分类科目和明细分类科目之间增设二级科目，也称子目，再在二级科目下设置明细科目。例如，某机械制造企业在"原材料"总分类科目下，可按材料的类别及其在生产过程中作用的不同设置二级科目"原料及主要材料"、"辅助材料"、"燃料"等，再在这些二级科目下分别设置三级科目，例如，在"原料及主要材料"下设置"方钢"、"角钢"、"圆钢"等科目，将原材料分为三个级次，如表3-1 所示。

表 3-1　原材料总分类科目及其明细科目

总账科目（一级科目）	明细科目	
	二级科目（子目）	三级科目（细目）
原材料	原料及主要材料	方钢、角钢、圆钢
	辅助材料	润滑剂、清洗剂
	燃料	汽油、原煤、乙炔

我国会计实务中，有些总分类科目下设的明细科目的名称和内容在《企业会计准则》中明确进行统一规定，企业应按其规定正确使用，不得随意更改其名称和核算的内容。例如，规定在"交易性金融资产"的总分类科目下应设置"成本"和"公允价值变动"两个明细科目。

由于会计科目不仅数目繁多，而且有些科目的名称和核算的内容很容易混淆，因此，综合考虑各个会计科目的经济内容、性质、类别和详细程度等因素，对会计科目进行科学合理的编号，便于编制会计凭证、登记与查阅账簿，同时也方便利用会计软件系统进行账务管理。

现行的会计科目（一级科目）采用的是四位数编号法。四位数码从左到右，首位数字表示会计科目所属会计要素的分类类别；四位数码的第二位，表示会计科目在大类下所属的小类代码，凡是小类会计科目核算的内容具有业务性质、要素特征基本一致或类似的特征；四位数码的第三位和末位数表示会计科目在会计科目各小类别中的顺序号。在各会计科目编号之间应留有适当的空号，以便在增添新的会计科目时使用。

根据财政部颁布的《企业会计准则——应用指南》，我国对企业实际工作中需要使用的会计科目的名称、科目的设置和使用、核算范围、核算方法、核算要求进行了统一的规定，为企业确定了6 大类156 个总分类科目，以满足企业进行会计核算、财务报表指标汇总和对外提供统一的财务会计报告的需要。我国企业会计准则规定的会计科目及其编号一览表见本章附表。

四、会计科目运用举例

【例 3-1】 从银行提取现金 1000 元。

核算该项业务应设置"银行存款"和"库存现金"科目。

【例 3-2】 购买材料 12000 元，货款尚未支付。

核算该项业务应设置"原材料"和"应付账款"科目。

【例 3-3】 某投资者投入设备一台，价值 300000 元。

核算该项业务应设置"实收资本"和"固定资产"科目。

【例 3-4】 某企业销售产品一批，价值 8000 元，货款尚未收到。

核算该项业务应设置"主营业务收入"和"应收账款"科目。

【例 3-5】 某企业本月销售的产品月底结转成本 125000 元。

核算该项业务应设置"主营业务成本"和"库存商品"科目。

第二节　会计账户

　　会计科目对会计要素进行具体分类，但如何反映具体经济项目的变化情况及变化结果？如"银行存款"反映企业存放在银行或其他金融机构的款项，企业会计实务中涉及"银行存款"科目的业务很多，如提取现金、存款、支付货款、缴纳税款、收取货款等，经过这些内容各异、频繁而复杂的经济业务后，如何反映"银行存款"在一定会计期间内增加多少？减少多少？期末结余多少？

一、会计账户的概念

　　企业发生经济业务必然会影响到会计要素及其具体内容的增减变化。确定会计科目只是对会计对象的具体内容（会计要素）进行了分类。为了能够分门别类地对各项经济业务的发生所引起会计要素的增减变动情况及其结果进行全面、连续、系统、准确地反映和监督，为经营管理活动提供所需要的会计信息，还必须核算各个项目的具体数额。因此，必须采用一定的方法或手段，对这种增减变化的过程和结果进行记录和体现，必须根据会计科目开设账户。

　　所谓会计账户，是指根据确定的会计科目设置的在账簿中使用的一种核算工具，具有一定格式，用来分类、系统、连续地记录经济业务，反映会计科目数据增减变动及其结果。每个账户都有一个科学而简明的名称，账户的名称就是会计科目。设置账户是会计核算的一种专门方法，通过会计账户的运用，把各项经济业务的发生情况及由此引起的资产、负债、所有者权益、收入、费用和利润各要素的变化情况，连续、系统、分门别类地进行核算，以便提供经营管理需要的各项数据指标。

会计科目与账户是两个既有联系又有区别的不同概念。它们的联系表现在：会计科目是设置会计账户的依据，是会计账户的名称；会计账户是会计科目的具体运用，会计账户所要登记的内容，就是会计科目所反映的经济内容。它们之间的区别在于：会计科目只是对会计要素具体内容的分类，本身没有结构；会计账户则有相应的结构，是一种核算方法，能具体反映资金增减变化和结存状况。因此，会计账户比会计科目分类更为明细，内容更为丰富。在会计实务中，常将会计科目当做会计账户的同义词，将其相互通用并不严加区别。

二、会计账户的基本结构

会计账户是用来记录经济业务内容的，必须能够全面、系统、分类地反映会计要素的增减变动及其结存情况。因此，必须确定会计账户的基本结构：增加的数额记在哪里，减少的数额记在哪里，增减变动后的结果记在哪里。同时要对经济业务进行适当简要的备注与说明，如经济业务发生的时间、相关的业务简介、证明业务现实发生的书面依据等。

当然采用不同记账方法，账户的结构就有所不同，即使采用同一种记账方法，不同性质的账户结构也会有所不同。但是，不管采用何种记账方法，也不论是何种性质的账户，其基本结构总是相同的，即一般可划分为三个部分：第一部分登记经济业务发生所引起的某项具体会计要素的增加额；第二部分登记经济业务发生所引起的某项具体会计要素的减少额；第三部分登记结存额。由于结存额是在相关会计要素增加额的基础上扣除减少额的剩余部分，显然无论所登记的会计要素性质如何，只要会计账户有余额，不管是期初余额还是期末余额，均与增加额在同一方向。在会计实务当中，通常将会计账户划分为左右两方，每一方再根据实际需要分成若干栏次，用来分类登记经济业务及其会计要素的增加与减少，以及增减变动的结果。

会计账户的格式设计一般应包括以下内容：会计账户的名称，即会计科目；日期和摘要，即经济业务发生的时间和内容；凭证号数，即会计账户记录的来源和依据；增加和减少的金额；余额。其格式如表3-2所示。

表 3–2　会计账户的基本样式

账户名称（会计科目）

日期	凭证号数	摘要	增加额	减少额	余额

在会计学的教学过程中，为了便于说明问题，通常采用简化格式——丁字账户（又称 T 形账户）来表示。丁字账户的格式如图 3–1 所示。

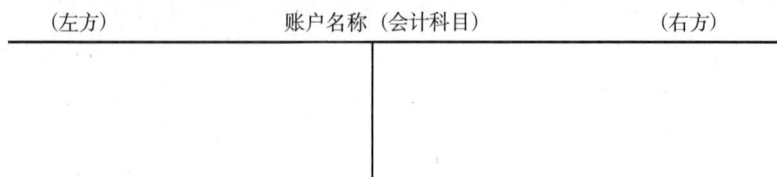

（左方）　　　　　账户名称（会计科目）　　　　　（右方）

图 3–1　丁字账户

会计账户的左右两方是按相反方向来记录增加额和减少额，如图 3–2 所示。

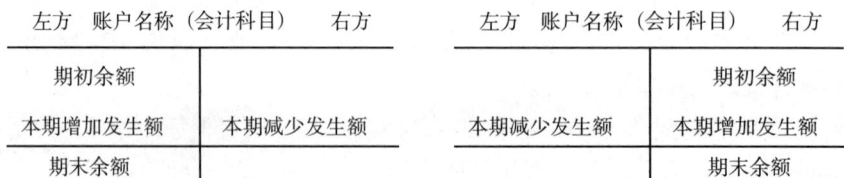

左方　账户名称（会计科目）　右方		左方　账户名称（会计科目）　右方	
期初余额			期初余额
本期增加发生额	本期减少发生额	本期减少发生额	本期增加发生额
期末余额			期末余额

图 3–2　会计账户的结构

也就是说，如果规定在左方记录增加额，就应该在右方记录减少额；反之，如果在右方记录增加额，就应该在左方记录减少额。增加额和减少额相互抵减后的差额就是该会计账户的余额。将本期的期末余额转入下一个会计期间，就成为下期的期初余额。会计账户余额的通用计算公式为：

期初余额+本期增加额–本期减少额=本期期末余额

本期增加额和本期减少额是指在一定会计期间内（月、季或年），会计账户在左右两方分别登记的增加金额合计数和减少金额的合计数，又可以将其称为本期增加发生额和本期减少发生额。本期增加发生额和本期减少发生额相抵后的差额，就是本期期末余额。如果将本期的期末余额转入下一期，就是下一期的期初余额。

在具体会计账户中究竟哪一方记录增加额，哪一方记录减少额，取决于会计账户所记录的经济内容和所采用的记账方法。但无论采用何种记账方法，会计账户的余额一般与记录的增加额在同一方向。

三、会计账户的分类和具体核算内容

会计账户根据会计科目设置，由于数量众多，每个会计账户所核算的内容、性质、用途、结构都不相同。一方面每个会计账户都能够独立地反映特定的经济内容，另一方面所有会计账户之间又彼此关联相互补充，构成一个完整的会计账户体系。

（一）会计账户的分类

为了在会计核算中对会计账户进行正确运用，必须对其进行合理的分类。目前我国的会计账户主要有两种分类方式。

1. 按照所反映的经济内容不同进行分类

按照所反映的经济内容不同进行分类是会计账户最基本的分类方式。由于会计科目按照 《企业会计准则——应用指南》分为资产类、负债类、共同类、所有者权益类、成本类和损益类六大类，会计账户也相应地分为资产类、负债类、共同类、所有者权益类、成本类和损益类六大类。具体会计账户的核算内容详见表3-4。

2. 按照所提供的核算内容的详细程度进行分类

会计科目按照所核算内容的详细程度分为总账科目、二级明细科目和三级明细科目，会计账户也相应地分为总分类账（一级账户）和明细分类账（二级、三级账户）。其中利用总分类账户对经济业务进行核算的，称为总分类核算；利用明细分类账户对经济业务进行核算的，称为明细分类核算。总分类账户统驭明细分类账户；明细分类账户则对总分类账户起着进一步补充说明的作用。总分类账户只能采用货币度量，明细分类核算除了采用货币度量，还可以根据实际管理的需要采用实物度量，如"原材料"、"库存商品"等会计账户。以某针织品生产企业的"库存商品"会计账户为例，表 3-3 表示该总分类账户与其所属明细分类账户。

表 3-3 "原材料"总分类账户和明细分类账户

总分类账户（一级账户）	明细分类账户	
	二级明细分类账户	三级明细分类账户
库存商品	衣着用针织品	针织成衣、针织辅料
	装饰用针织品	室内用品、床上用品、室外用品
	工业用针织品	篷盖布、过滤布、枪炮衣

（二）会计账户的具体核算内容

《企业会计准则——应用指南》中不仅对会计科目的设置、使用进行明确统一规定，还对每个会计科目的核算范围进行明确界定，确保会计核算遵循保持可比性原则。在我国的会计实务中，一般将会计账户视同会计科目。现将本教材中涉及的常用的会计账户及其具体核算内容列示如表3-4所示。

表3-4 企业常用会计账户一览表

序号	编号	会计账户名称	会计账户核算内容
一、资产类			
1	1001	库存现金	存放在企业的纸币、硬币等现金
2	1002	银行存款	企业存入银行和其他金融机构的各种存款
3	1015	其他货币资金	企业货币资金中除了库存现金、银行存款以外的各种资金
4	1121	应收票据	企业因销售商品、提供劳务等而收到的商业汇票，包括商业承兑汇票和银行承兑汇票
5	1122	应收账款	企业因销售商品、提供劳务等经营活动而应向购货单位或接受劳务单位收取的款项
6	1123	预付账款	企业按照合同规定预付给供应单位的款项
7	1231	其他应收款	企业除应收票据、应收账款、预付账款等以外的其他各项应收、暂付款项
8	1402	在途物资	企业采购过程中货款已经支付但尚未验收入库的材料、商品等物资
9	1403	原材料	企业库存的各种材料；包括原料及主要材料、辅助材料、外购半成品、修理用备件、包装材料、燃料等
10	1406	库存商品	企业库存的各种商品，包括库存产成品、外购商品等
11	1601	固定资产	企业持有的使用期限超过一年的房屋、建筑物、机器、机械、运输工具以及其他与生产经营有关的设备、器具、工具等
12	1602	累计折旧	企业固定资产的累计折旧，可反映固定资产的新旧程度
13	1606	固定资产清理	企业由于出售、报废、毁损、对外投资等原因转出的固定资产
14	1901	待处理财产损溢	企业在清查财产过程中查明的盘盈、盘亏和毁损的各种资产
二、负债类			
15	2001	短期借款	企业向银行或其他金融机构借入的期限在一年以下（含一年）的各种借款
16	2201	应付票据	企业因购入材料、商品或接受劳务等经营活动而开出的、需要承兑的商业汇票
17	2202	应付账款	企业因购入材料、商品或接受劳务等经营活动而应该支付的款项
18	2205	预收账款	企业按照合同预收的款项
19	2211	应付职工薪酬	企业根据有关规定应支付职工的各种薪酬，包括工资、奖金、津贴、福利费等
20	2221	应交税费	企业应该缴纳的各种税费
21	2241	其他应付款	企业除了应付票据、应付账款、预付账款、应付职工薪酬、应交税费等以外的其他各种应付、暂收款项

序号	编号	会计账户名称	会计账户核算内容
22	2501	长期借款	企业向银行或其他金融机构借入的期限在一年以上（不含一年）的各种借款
三、共同类（略）			
四、所有者权益类			
23	4001	实收资本	企业接受的投资者投入企业的资本；股份制公司应改为"股本"
24	4002	资本公积	企业接受的投资者投入资本超过其在注册资本或股本中所占份额的部分
25	4101	盈余公积	企业从净利润中按照一定比例提取的部分
26	4103	本年利润	企业当期实现的净利润或发生的亏损
27	4104	利润分配	企业利润的分配（或亏损的弥补）和历年分配（或弥补）后的积存余额
五、成本类			
28	5001	生产成本	企业进行工业性生产所发生的各项生产费用
29	5101	制造费用	企业为生产产品或提供劳务而发生的各项间接费用
六、损益类			
30	6001	主营业务收入	企业确认的销售商品、提供劳务等主营业务产生的收入
31	6051	其他业务收入	企业确认的除了主营业务活动以外的其他经营活动实现的收入
32	6301	营业外收入	企业发生的各项与经营活动无关的收入
33	6401	主营业务成本	企业确认销售商品、提供劳务等主营业务收入时应结转的实际成本
34	6402	其他业务成本	企业确认除主营业务收入以外的其他经营活动收入时应结转的实际成本
35	6403	营业税金及附加	企业经营活动发生的营业税、消费税、城市维护建设税、资源税和教育附加费等相关税费
36	6601	销售费用	企业销售商品、材料和提供劳务过程中所发生的各项费用
37	6602	管理费用	企业为组织和管理企业生产经营所发生的各项费用
38	6603	财务费用	企业为筹集生产经营所需资金而发生的费用
39	6711	营业外支出	企业各项与经营活动无关的支出
40	6801	所得税费用	企业按照税法规定从本期损益中减去的所得税

四、总分类账户与明细分类账户的关系及其平行登记

（一）总分类账户与明细分类账户的关系

企业会计需要为各类信息使用者提供其所需要的多层次的会计信息，不仅要求提供相关经济内容的总括的信息，还要提供有针对性的更加翔实具体的信息。因此，企业要按照实际需要，在总分类账户的基础上，按照一定的原则设置明细分类账。《企业会计准则》对某些总分类账户设置的明细分类账户进行了规定，如对"长期股权投资"就规定了下设"投资成本"、"损益调整"和"所有者权益其

他变动"三个明细账户。

从总分类账户与明细分类账户的关系来看，两者之间是统驭与被统驭的关系，在会计核算中彼此联系，共同发挥作用。一方面，总分类账户是对所属明细分类账户的总括，对所属的明细分类账户起着统驭和控制的作用；另一方面，明细分类账户是对总分类账户的细分，对总分类账户起着补充说明的作用。每个明细分类账户所反映的信息都是总分类账户的组成部分之一。总分类账户是所属明细账户按照货币计量的总和。

例如，某企业的会计账户"应付账款"期初余额为50000元，可以总括地反映出企业该会计期间的应付款项的情况，但是当会计人员需要进行支付时，这样的信息显然不够详细，会计人员需要了解具体的收款企业或单位、需支付款项的具体金额等更加详细的信息。再例如，企业会计账户"库存商品"期末余额为100000元，可以总括反映企业仓库中商品的金额，但是无法提供各类商品的具体金额和数量，因此，有必要对库存商品按照种类进行适当的价值登记和实物数量的登记，从而为营销部门、生产部门等专业部门提供进行经营活动的有效信息。

（二）总分类账户与明细分类账户的平行登记

总分类账户和明细分类账户的核算内容是相同的，只是反映要素增加内容变化的详细程度不同。总分类账户总括明细分类账户，明细分类账户又对总分类账户起到辅助补充的作用，只有将两者相互结合，才能够详细地反映同一核算内容。当经济业务发生后，在对相关会计账户进行登记时，如果所涉及的总分类账户下设有明细分类账户，要同时登记总分类账户和明细分类账户，这种方法称为平行登记。

所谓平行登记，是指对于每一项经济业务，在同一个会计期间内一方面要在总分类账户中进行总括的登记，另一方面要在其所属的明细分类账户中进行详细具体的登记，登记时两者的登记方向相同，金额相等。总分类账户与明细分类账户之间的平行登记可以归纳为以下四点：

1. 登记的依据相同

经济业务发生以后，要根据相同的会计凭证，在登记有关总分类账户的同时登记其所属的明细分类账户，即总分类账户和明细分类账户所反映的经济业务是相同的，只是详细程度不同而已。

2. 登记的会计期间相同

理论上要求在登记总分类账户的同时必须登记所属明细分类账户。但是在会计实务当中，由于明细分类账户是逐日逐笔进行登记的，而总分类账户常常采用定期汇总的方式进行登记，因此，登记总分类账户和明细分类账户的时间可以有先后，但是必须在同一个会计期间（一般是同一个月份）全部登记入账。

3. 登记的方向相同

在记录同一项经济业务时，总分类账户及其所属的明细分类账户记账方向必须一致。即总分类账户登记在表示增加的一方，明细分类账户也应该登记在表示增加的一方；反之，总分类账户登记在表示减少的一方，所属的明细分类账户也应该登记在表示减少的一方。

4. 登记的金额相同

登记总分类账户及其所属的明细分类账户时，总分类账户的金额必须与记入其所属的一个或几个明细账户的金额合计数相等。

【例 3-6】 某日用针织品批发企业 2014 年 2 月采购了一批商品，分别是针织成衣一批，价值 56000 元，床上用品 24000 元。该企业设置了"库存商品"总分类账及其所属明细分类账"库存商品——针织成衣"和"库存商品——床上用品"。

根据该批发企业的总分类账和明细分类账的设置情况，采购的商品总价款 80000 元应记入"库存商品"总分类账的增加方向，同时按照归类在"库存商品——针织成衣"和"库存商品——床上用品"明细分类账的增加方向上分别登记 56000 元和 24000 元，如表 3-5、表 3-6 和表 3-7 所示。

表 3-5 库存商品 总分类账

日期	凭证号数	摘要	增加额	减少额	余额
			80000		

表 3-6 库存商品——针织成衣 明细分类账

日期	凭证号数	摘要	增加额	减少额	余额
			56000		

表 3-7 库存商品——床上用品 明细分类账

日期	凭证号数	摘要	增加额	减少额	余额
			24000		

只有符合上述要求才能使总分类账户的记录和明细分类账户的记录保持一致，即本期发生额一致，期初、期末余额一致。总分类账户和明细分类账户平行

登记所产生的数量关系可用公式表示如下：

总分类账户本期发生额=所属明细分类账户本期发生额合计

总分类账户期末余额=所属明细分类账户期末余额合计

第三节 复式记账法

为了详细核算和监督会计对象，揭示会计对象之间的本质联系，已经设置了会计科目，并根据会计科目开设会计账户，以便连续、系统地反映特定会计主体的经济业务。但会计账户仅仅是记录经济业务的工具，要如何进行记录，才能把经济业务所引起的会计要素增减变化登记在账簿中，以取得所需的会计资料呢？这就需要采用一定的记账方法将会计要素的增减变化登记在会计账簿中。

一、记账方法

记账方法就是利用账簿登记经济业务的规则和方法，即按照一定的记账原则，运用一定的记账符号，遵循一定的记账规则，采用一定的计量单位，利用文字和数字记录的一种专门方法。从会计发展史看，随着经济的发展、人们实践经验的积累和会计理论水平的总结与提高，记账方法逐渐由单式记账法演变为复式记账法。

（一）单式记账法

单式记账法是指对发生的每项经济业务只在一个账户中进行登记的记账方法。单式记账法的记账过程简单，通常是选择某种特定的资产为记账对象，通过单一的账簿记录，反映其增减变动情况。企业资产种类繁多，但其中使用最为方便、变动最频繁、最直观的就是货币，因此，单式记账法最常用的形式就是设置现金账簿，即流水账。例如，开出支票购买材料1500元，只登记"银行存款"减少了1500元，并不对"原材料"的增加进行登记反映。

单式记账法是一种比较简单但反映经济业务较为不完整的记账方法，无法全面、系统地反映经济业务所引起的各项会计要素增减变动情况，无法体现经济业务的来龙去脉。因此，这种记账方法一般适用于经济业务简单或单一的经济个体或家庭。

（二）复式记账法

复式记账法是在单式记账法基础上发展而来的一种比较科学的记账方法，是以会计等式为基础，对每一笔经济业务，都要用相等的金额，在两个或两个以上相互联系的账户中进行记录的记账方法。例如，开出转账支票 1500 元购买原材料一批，这笔业务在记账时不仅记"银行存款"减少 1500 元，同时还要记"原材料"增加 1500 元。所以，在复式记账法下，建立了科学的账户体系，通过对应账户的同时等额记录，反映经济活动的来龙去脉，并能运用账户体系的平衡关系来检查全部会计记录的正确性。

在复式记账法的发展过程中，出现了"借贷记账法"、"增减记账法"和"收付记账法"等不同记账形式。借贷记账法是世界各国普遍采用的一种记账方法，在我国也是应用最广泛的一种记账方法，《企业会计准则》明确规定中国境内的所有企业都应该采用借贷记账法记账。

二、借贷记账法

借贷记账法是以"借"、"贷"二字作为记账符号，对发生的每项经济业务同时在两个或两个以上相互联系的账户中记录会计要素增减变动情况的一种复式记账法。借贷记账法被世界各国公认为是最为科学的记账方法。

借贷记账法起源于 12 世纪末或 13 世纪初的意大利。当时的意大利北部，尤其是沿海城市的商品经济较为发达。随着商品交易的日益频繁，出现了大量以经营货币资金为主要业务的借贷资本家。为适应管理需要，借贷资本家将收取的存款记在贷主（Creditor）名下，表示"欠人"的增加；将放贷出去的款项记在借主（Debtor）名下，表示"人欠"的增加。最初的"借"和"贷"对借贷资本家是有现实意义的。随着意大利和其他西方国家商品经济的发展，人们运用"借"、"贷"所记录的内容不再限于货币资金的增减变化，也用来登记所涉及的其他各项财产物资、成本费用和收入的变化。这样，"借"和"贷"便失去了原本的含义，演变为纯粹的记账符号，借贷记账法也就逐渐形成并运用到各行各业。

1494 年，意大利数学家卢卡·巴其阿勒在其数学专著《算术、几何、比与比例概要》中运用数学原理对借贷记账法进行系统的论述与概括，标志着借贷记账法理论的正式形成，具有划时代的意义，是会计发展史上一个光辉的里程碑。

（一）理论基础

借贷记账法的对象是会计要素的增减变动过程及其结果。这个过程及结果可用会计等式表示，如图 3-3 所示。

其中等式"资产=负债+所有者权益"通常被称为会计恒等式。这一恒等式揭示了三个方面的内容：

1. 各要素之间的数字平衡关系

会计主体拥有一定数量的资产，就必然有相应数量的权益（负债和所有者权益）与之相对应。反之，有一定数量的权益（负债和所有者权益）发生，必然有

```
┌─────────────────────────┐
│ 等式一:                  │
│ 资产=负债+所有者权益      │───────┐
└─────────────────────────┘        │      ┌──────────────────────────────┐
                                    ├─────→│ 等式三:                        │
┌─────────────────────────┐        │      │ 资产=负债+所有者权益+           │
│ 等式二:                  │───────┘      │ (收入−成本费用)                 │
│ 利润=收入−成本费用        │              └──────────────────────────────┘
└─────────────────────────┘                            │
                                                        ↓
┌─────────────────────────┐              ┌──────────────────────────────┐
│ 等式五:                  │              │ 等式四:                        │
│ 资产−负债=所有者权益      │←─────────────│ 资产+成本费用=                  │
└─────────────────────────┘              │ 负债+所有者权益+收入            │
                                         └──────────────────────────────┘
```

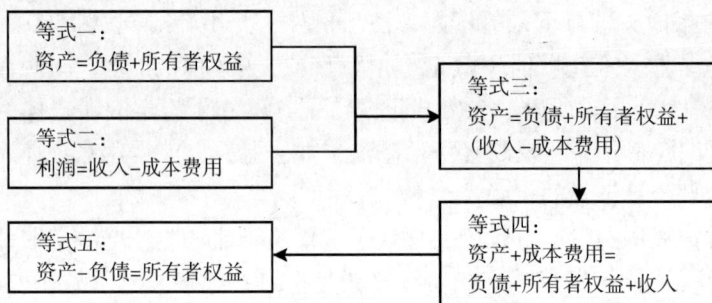

图 3-3　借贷记账法的理论基础

一定数量的资产与之相对应。任何经济业务所引起的会计要素的增减变动，都不会影响该等式的平衡。如果把等式的"左"、"右"两方，用"借"、"贷"两方来替代，则表现为每一次记账的借方和贷方是平衡的；一定时期账户的借方、贷方的金额是平衡的；所有账户的借方、贷方余额的合计数是平衡的。

2. 各会计要素增减变化的相互联系

会计主体发生任何经济业务，都会引起两个或两个以上相关会计项目发生变动。因此，当经济业务发生后，在某一个会计账户中记录的同时，必然要有另一个或两个以上相关联的会计账户进行记录，以便与之相对应。某一会计要素的项目之间发生变化时，在同一会计要素的某一项目发生变化时，同一类会计要素的另一项或几项也随之发生变动，以此维持会计等式的平衡关系。

3. 等式有关因素之间是对立统一的

资产原本在等式的左边，如果需要移到等式右边时，就要以"−"表示，负债和所有者权益也具有同样情况。也就是说，用左边（借方）表示资产类项目增加时，就要用右边（贷方）来记录资产类项目减少。与之相反，用右方（贷方）记录负债和所有者权益增加额时，就需要通过左方（借方）来记录负债和所有者权益的减少额。

这三个方面的内容贯穿于借贷记账法的始终。会计等式对记账方法的要求决定了借贷记账法的账户结构、记账规则、试算平衡的基本理论，因此，会计恒等式是借贷记账法的理论基础。

（二）记账符号和账户结构

1. 记账符号

"借"和"贷"是借贷记账法的标志，是借贷记账法表示会计要素增减的记账符号。只有将记账符号与借贷记账法的账户结构统一起来应用，才能真正反映出它们分别代表的会计对象要素增减变动的内容。

2. 账户结构

在借贷记账法中，每一个账户都分为"借方"和"贷方"，一般规定会计账户的左方为"借方"，右方为"贷方"，如图 3-4 所示。如果在账户的借方记录经济业务，可以称为"借记某科目"；在账户的贷方记录经济业务，则可以称为"贷记某科目"。

借方	账户名称（会计科目）	贷方

图 3-4　借贷记账法账户的基本结构

借贷记账法账户借贷两方必须做相反方向的记录，即对于每一个账户来说，如果规定借方记录增加额，就应该在贷方记录减少额；反之，如果在借方记录减少额，就应该在贷方记录增加额。借贷记账法下账户的借贷方表示的增减方向，因不同账户所反映的经济内容或性质不同而有所不同。由于账户按照其经济内容可以划分为资产类、负债类、所有者权益类、成本类和损益类五大类，因此，借贷记账法下的各类账户各自具有不同的固定结构。

（1）资产类账户。

借贷记账法下的资产类账户的基本结构是：账户的借方登记资产的增加额，贷方登记资产的减少额。在一定会计期间（如年、季、月）内资产类账户的借方或贷方的登记合计数额称为借方发生额或贷方发生额。由于经济业务所引起的资产变化，通常是增加在先，减少在后，因此，资产类账户的期末余额一般是在借方，本期的期末余额转到下一个会计期间，即为下期的期初余额，如图 3-5 所示。

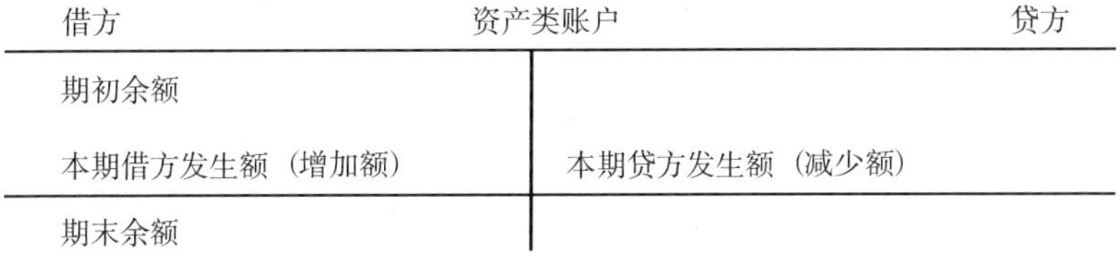

借方	资产类账户	贷方
期初余额		
本期借方发生额（增加额）	本期贷方发生额（减少额）	
期末余额		

图 3-5　资产类账户结构

该账户的发生额和余额之间的关系用公式表示如下：

资产类账户期末余额=借方期初余额+本期借方发生额-本期贷方发生额

（2）负债类和所有者权益类账户。

根据会计恒等式"资产=负债+所有者权益"，负债、所有者权益与资产分别处于会计恒等式的两边，为了保持会计恒等式的平衡，其账户的要素增减变化情况的方向正好与资产类账户相反。借贷记账法下的负债类账户和所有者权益类账户贷方登记负债、所有者权益的增加额，借方登记负债、所有者权益的减少额，期末余额一般在贷方，如图 3-6 所示。

借方	负债类和所有者权益类账户	贷方
	期初余额	
本期借方发生额（减少额）	本期贷方发生额（增加额）	
	期末余额	

图 3-6 负债类和所有者权益类账户结构

此类账户的发生额和余额之间的关系用公式表示如下：

负债及所有者权益类账户期末余额=贷方期初余额+本期贷方发生额−本期借方发生额

（3）成本类账户。

根据会计等式四"资产+成本费用=负债+所有者权益+收入"，成本与资产同处于等式的左方，因此其结构与资产类账户的结构基本相同。只是由于借方记录的成本的增加额一般都要通过贷方转出，所以账户通常没有期末余额。如果因某种特殊情况而有余额，也表现为借方余额，如图 3-7 所示。

借方	成本类账户	贷方
期初余额		
本期借方发生额（增加额）	本期贷方发生额（减少额）	
期末余额		

图 3-7 成本类账户结构

（4）损益类账户。

损益类账户包括各种收益类账户和各种费用、支出类账户两大类。

①收益类账户。

根据会计等式四"资产+成本费用=负债+所有者权益+收入"，收益与资产分处于等式的两边，因此其结构与资产类账户的结构相反。只是由于贷方记录的收益的增加额到了会计期末，都要通过借方转入"本年利润"，所以收益类账户应无期末余额，如图 3-8 所示。

借方	收益类账户	贷方
本期借方发生额（减少额）		本期贷方发生额（增加额）

图 3-8　收益类账户结构

②费用、支出类账户。

根据会计等式四"资产+成本费用=负债+所有者权益+收入"，费用、支出与资产同处于等式的左方，因此其结构与资产类账户的结构基本相同。只是借方记录的成本的增加额应无期末余额，如图 3-9 所示。

借方	费用支出类账户	贷方
本期借方发生额（增加额）		本期贷方发生额（减少额）

图 3-9　费用、支出类账户结构

综上可以看出，"借"、"贷"二字作为记账符号在不同账户中表示的经济含义是不一样的。

"借"字表示资产的增加、费用的增加、负债及所有者权益的减少、收入的转出。

"贷"字表示资产的减少、费用的转出、负债及所有者权益的增加、收入的增加。

可以用丁字账户表示全部账户结构，如图 3-10 所示。

借方	账户名称（会计科目）	贷方
资产增加，费用增加，负债及所有者权益减少，收入转出		资产减少，费用转出，负债及所有者权益增加，收入增加
期末余额：资产类（或费用类）账户余额		期末余额：负债及所有者权益类（或收入类）账户余额

图 3-10　全部账户结构

一般情况下，使用借贷记账法进行会计记录时，某个账户如果有余额，其期末余额的方向一般与登记增加额的方向一致。但是在会计实务中，有时也会出现在不同会计期间，某一个账户出现方向不同的期末余额，这是因为这个账户具有双重账户的性质。双重账户是指既可以反映资产或费用，又可以反映负债、所有者权益或收入的账户。这也是借贷记账法与其他复式记账法有所区别的重要特征。例如，对于一个预收款项和预付款项业务不经常发生的企业，往往会不独立设置"预收账款"和"预付账款"进行该类业务的核算，而是通过"应收账款"和"应付账款"来反映。此时的"预收账款"和"预付账款"就是具有债权和债务双重性质的双重账户。

（三）记账规则

记账规则是进行会计记录和检查账簿登记是否正确的依据和规律。不同的记账方法，具有不同的记账规则。借贷记账法的记账规则是："有借必有贷，借贷必相等"。这一记账规则要求对每项经济业务都要以相等的金额，按照相反的方向，在两个或两个以上的会计账户中进行登记。借贷记账法的记账规则是有一定的理论依据的。借贷记账法的账户结构要求对发生的任何经济业务，都要按借贷相反的方向进行记录，即如果在一个账户中记借方，必然在另一账户中记贷方，就是"有借必有贷"。复式记账要求对发生的任何经济事项，都要等额地在相关账户中进行登记，采用"借"和"贷"作为记账符号时，借贷的金额一定是相等的。

现举例具体说明借贷记账法的记账规则。

【例 3-7】 龙腾公司 2013 年 12 月 31 日资产、负债及所有者权益各账户的期末余额如表 3-8 所示。

表 3-8　龙腾公司部分账户期末余额情况

2013 年 12 月 31 日　　　　　　　　　　　　单位：元

资产类账户	金额	负债及所有者权益类账户	金额
库存现金	1000	短期借款	150000
银行存款	49000	应付账款	100000
应收账款	80000	应付职工薪酬	30000
原材料	220000	应付利润	40000
固定资产	230000	实收资本	180000
		资本公积	80000
总计	580000	总计	580000

从表 3-8 中可以看到，资产 580000（元）=负债 320000（元）+所有者权益 260000（元）。

龙腾公司 2014 年 1 月发生以下经济业务：

（1）龙腾公司1月收到投资者继续投入货币资金100000元，手续已办妥，款项已转入本公司的银行账户。

该项经济业务的发生，一方面收到款项，使公司"银行存款"增加，另一方面需要确认投资人权益，使公司"实收资本"的规模扩大。按照会计账户的经济内容分类，"银行存款"属于资产类账户，"实收资本"属于所有者权益类账户。根据借贷记账法下各类账户的基本结构要求，资产的增加通过账户的借方反映，所有者权益的增加通过账户的贷方反映。最后确定，"银行存款"在借方登记100000元，"实收资本"在贷方登记100000元。该业务属于等式两边资产与所有者权益等额增加业务。这项业务对于龙腾公司来讲，企业资产规模得以扩大，同时所有者权益等额增加。

借方	银行存款	贷方		借方	实收资本	贷方
100000						100000

（2）龙腾公司向新乐公司购买所需原材料，材料款70000元尚未支付。

该项经济业务的发生，一方面购入材料，使公司"原材料"增加，另一方面材料款未付，使公司欠款"应付账款"增加。按照会计账户的经济内容分类，"原材料"属于资产类账户，"应付账款"属于负债类账户。根据借贷记账法下的账户结构要求，资产的增加通过账户的借方反映，负债的增加通过账户的贷方反映。最后确定，"原材料"在借方登记70000元，"应付账款"在贷方登记70000元。该业务属于等式两边资产与负债等额增加业务。

借方	原材料	贷方		借方	应付账款	贷方
70000						70000

（3）龙腾公司通过银行转账偿还于本月到期的短期借款90000元。

该项经济业务的发生，一方面公司的"银行存款"减少90000元，另一方面"短期借款"减少90000元。按照会计账户的经济内容分类，"银行存款"属于资产类账户，"短期借款"属于负债类账户。根据借贷记账法下的账户结构要求，资产的减少通过账户的贷方反映，负债的减少通过账户的借方反映。最后确定，"短期借款"在借方登记90000元，"银行存款"在贷方登记90000元。该业务属于等式两边的资产与负债同时等额减少业务。

借方	银行存款	贷方		借方	短期借款	贷方
		90000		90000		

（4）上级主管部门按法定程序将一台价值 100000 元的设备调出，以抽回国家对龙腾公司的投资。

该项经济业务的发生，一方面使公司的"固定资产"减少 100000 元，另一方面使"实收资本"减少 100000 元。"固定资产"属于公司的资产类账户，"实收资本"属于所有者权益类账户。根据借贷记账法下的账户结构，资产的减少通过账户的贷方反映，所有者权益的减少通过账户的借方反映。最后确定，"实收资本"在借方登记 100000 元，"固定资产"在贷方登记 100000 元。该项业务导致等式两边的资产与所有者权益同时等额减少。

借方	实收资本	贷方		借方	固定资产	贷方
100000						100000

（5）龙腾公司开出转账支票 50000 元，购买一台电子仪器。

该项经济业务的发生，由于购买仪器款已付，一方面使公司的"固定资产"增加 50000 元，另一方面使"银行存款"减少 50000 元。"固定资产"和"银行存款"都属于公司的资产类账户。根据借贷记账法下的账户结构，资产的增加通过账户的借方反映，资产的减少通过账户的贷方反映。最后确定，"固定资产"在借方登记 50000 元，"银行存款"在贷方登记 50000 元。该业务属于等式左边的资产内一增一减业务。

借方	固定资产	贷方		借方	银行存款	贷方
50000						50000

（6）龙腾公司开出一张面值为 70000 元的商业汇票，以抵偿原欠新乐公司的材料款。

该项经济业务的发生，由于商业汇票抵偿原欠材料款，一方面使公司的"应付票据"增加了 70000 元，另一方面使"应付账款"减少了 70000 元。"应付票据"和"应付账款"都属于公司的负债类账户。根据借贷记账法下的账户结构，负债的增加通过账户的贷方反映，负债的减少通过账户的借方反映。最后确定，"应付账款"在借方登记 70000 元，"应付票据"在贷方登记 70000 元。该业务属于等式右边的负债内一增一减业务。

借方	应付账款	贷方
70000		

借方	应付票据	贷方
		70000

（7）龙腾公司按法定程序将资本公积 60000 元转增资本金。

该经济业务的发生，一方面使公司的"实收资本"增加 60000 元，另一方面使"资本公积"减少 60000 元。"资本公积"和"实收资本"都属于所有者权益类账户。根据借贷记账法下的账户结构，所有者权益的增加通过账户的贷方反映，所有者权益的减少通过账户的借方反映。最后确定，"资本公积"在借方登记 60000 元，"实收资本"在贷方登记 60000 元。该业务属于等式右边的所有者权益内一增一减业务。

借方	实收资本	贷方
		60000

借方	资本公积	贷方
60000		

（8）龙腾公司按法定程序将应支付给投资者的利润 30000 元转增资本金。

该经济业务的发生，一方面使公司"实收资本"增加 30000 元，另一方面使"应付利润"减少 30000 元。"实收资本"属于所有者权益类账户，"应付利润"属于负债类账户。根据借贷记账法下的账户结构，所有者权益的增加通过账户的贷方反映，负债的减少通过账户的借方反映。最后确定，"应付利润"在借方登记 30000 元，"实收资本"在贷方登记 30000 元。该业务属于等式右边的所有者权益增加与负债等额减少的业务。

借方	实收资本	贷方
		30000

借方	应付利润	贷方
30000		

（9）龙腾公司承诺代甲公司偿还甲公司前欠乙公司的货款 90000 元，但款项尚未支付。与此同时，办妥相关手续，冲减甲公司在龙腾公司的投资。

该业务的发生，一方面由于龙腾公司已承诺但尚未支付一笔欠款，使公司的"应付账款"增加 90000 元，另一方面由于代甲公司支付此项欠款的同时减少甲公司在本公司的投资，使本公司的"实收资本"减少 90000 元。"实收资本"属于所有者权益类账户，"应付账款"属于负债类账户。根据借贷记账法下的账户结构，负债的增加通过账户的贷方反映，所有者权益的减少通过账户的借方反映。最后确定，"实收资本"在借方登记 90000 元，"应付账款"在贷方登记 90000 元。该业务导致等式右边的负债增加与所有者权益等额减少。

借方	实收资本	贷方		借方	应付账款	贷方
90000						90000

通过以上的经济业务，可以看出无论哪种类型的经济业务，都是以相等的金额同时记入有关账户的借方和另一账户的贷方。这样就可以归纳出借贷记账法的记账规则为"有借必有贷，借贷必相等"。

在实际运用借贷记账法的记账规则登记经济业务时，一般按三个步骤进行：首先，根据发生的经济业务选择适合的会计账户并判断其增加还是减少；其次，根据借贷记账法下的账户结构，确定所涉及的会计账户的性质；最后，决定所涉及会计账户的结构，即各账户应记录借贷方向及其发生金额。凡涉及资产及成本、费用的增加，负债及所有者权益的减少，收入的减少或转出，都应记入涉及会计账户的借方；凡是涉及资产及成本、费用的减少，负债及所有者权益的增加，收入的增加，都应记入所涉及会计账户的贷方。

（四）借贷记账法下的会计分录

在借贷记账法下，通过分析经济业务，运用会计科目和记账符号，采用货币计量单位，确定经济业务对会计主体的影响。会计分录是指标明某项经济业务应借、应贷方向，科目名称和金额的记录，是借贷记账法下对经济业务的最初记录。编制会计分录必须根据经济业务的内容，确定相关账户、借贷方向及其相应的金额。会计分录是账户登记的依据，其编制的正确与否关系到账簿记录乃至会计信息的质量。会计分录有简单会计分录与复合会计分录两种。只涉及两个相关账户的会计分录就是简单会计分录。

【例 3-8】 沿用例 3-7 中的九项经济业务，要求编制其会计分录。

（1）龙腾公司 1 月收到投资者继续投入货币资金 100000 元，手续已办妥，款项已转入本公司的银行账户。

借：银行存款   100000

贷：实收资本   100000

（2）龙腾公司向新乐公司购买所需原材料，材料款 70000 元尚未支付。

借：原材料   70000

    贷：应付账款   70000

（3）龙腾公司通过银行转账偿还于本月到期的短期借款 90000 元。

借：短期借款   90000

    贷：银行存款   90000

（4）上级主管部门按法定程序将一台价值 100000 元的设备调出，以抽回国家对龙腾公司的投资。

借：实收资本   100000

    贷：固定资产   100000

（5）龙腾公司开出转账支票 50000 元，购买一台电子仪器。

借：固定资产   50000

    贷：银行存款   50000

（6）龙腾公司开出一张面值为 70000 元的商业汇票，以抵偿原欠新乐公司的材料款。

借：应付账款   70000

    贷：应付票据   70000

（7）龙腾公司按法定程序将资本公积 60000 元转增资本金。

借：资本公积   60000

    贷：实收资本   60000

（8）龙腾公司按法定程序将应支付给投资者的利润 30000 元转增资本金。

借：应付利润   30000

    贷：实收资本   30000

（9）龙腾公司承诺代甲公司偿还甲公司前欠乙公司的货款 90000 元，但款项尚未支付。与此同时，办妥相关手续，冲减甲公司在龙腾公司的投资。

借：实收资本   90000

    贷：应付账款   90000

凡涉及两个以上账户的会计分录就是复合分录。在实际工作中，不允许将多项经济业务合并编制为复合会计分录，但若是一项经济业务可编制复合会计分录。对复合会计分录举例如下：

【例 3-9】 龙腾公司购买原材料一批，价值 98000 元，其中银行存款支付 50000 元，其余款项尚未支付。

该项经济业务涉及三个账户，分别是资产类账户的"原材料"账户、"银行存款"账户和负债类账户的"应付账款"账户，编制复合会计分录如下：

借：原材料　　　　　　　　　98000

　　贷：银行存款　　　　　　　　　50000

　　　　应付账款　　　　　　　　　48000

在会计实务中，会计人员根据取得的会计资料，利用借贷记账法将各项经济业务内容转化为会计分录，然后逐笔记入有关会计账户。这个根据会计分录将其登入会计账簿的记账步骤称为"过账"。过账以后，一般要在月末（或是期末）进行结账，即结算出各账户的本期发生额合计和期末余额。

（五）试算平衡

企业将日常发生的各类经济业务逐笔记入有关账户，繁琐复杂，在记账时极易发生差错。因此，有必要定期对全部账户的记录进行试算平衡检验，借以验证账户记录是否正确。所谓试算平衡，是指根据会计恒等式"资产=负债+所有者权益"以及借贷记账法的记账规则，通过汇总、检查和验算确定所有账户记录是否正确的过程。其具体的方法是通过"发生额试算平衡"和"余额试算平衡"两个平衡公式来检验账户记录过程是否存在差错。

1. 发生额试算平衡

发生额平衡包括两方面的内容：一是每项业务所涉及的会计账户的借方发生额必须等于贷方发生额；二是在某个会计期间，本期所有账户的借方发生额合计必须等于所有账户的贷方发生额合计。对于每项经济业务而言，其发生额平衡是由借贷记账法的记账规则决定的。而对于某个会计期间，因为本期所有账户的借方发生额合计相当于把复式记账的借方发生额相加，所有账户的贷方发生额合计相当于把复式记账的贷方发生额相加，二者必然相等。发生额试算平衡是根据上面两种发生额平衡关系，来检验本期发生额记录是否正确的方法。

在实际工作中，发生额试算平衡是通过编制发生额试算平衡表进行的。

【例 3-10】 承接例 3-7 编制龙腾公司 2014 年 1 月发生额试算平衡表，如表 3-9 所示：

表 3-9　发生额试算平衡表

单位：元

会计科目	本期发生额	
	借方	贷方
库存现金		
银行存款	100000	140000
应收账款		
原材料	70000	

会计科目	本期发生额	
	借方	贷方
固定资产	50000	100000
短期借款	90000	
应付票据		70000
应付账款	70000	160000
应付职工薪酬		
应付利润	30000	
实收资本	190000	190000
资本公积	60000	
合计	660000	660000

2. 余额试算平衡

余额平衡是指所有账户的借方余额之和与所有账户的贷方余额之和相等。余额试算平衡就是根据此恒等关系，来检验本期记录是否正确的方法。这是由"资产=负债+所有者权益"的恒等关系决定的。按照借贷记账法的账户结构，在某一时点上，有借方余额的账户应是资产类账户，有贷方余额的账户应是负债及所有者权益类账户，需分别合计其金额，即具有相等关系的资产与权益总额。根据余额的具体时间不同，可分为期初余额平衡和期末余额平衡。本期的期末余额平衡，结转到下一期，就成为下一期的期初余额平衡。

在实际工作中，余额试算平衡是通过编制余额试算平衡表进行的。

【例3-11】 承接例3-7编制龙腾公司2014年1月余额试算平衡表，如表3-10所示。

表3-10 余额试算平衡表

单位：元

会计科目	期末余额	
	借方	贷方
库存现金	1000	
银行存款	9000	
应收账款	80000	
原材料	290000	
固定资产	180000	
短期借款		60000
应付票据		70000
应付账款		190000
应付职工薪酬		30000

续表

会计科目	期末余额	
	借方	贷方
应付利润		10000
实收资本		180000
资本公积		20000
合计	560000	560000

在实际工作中也可将发生额及余额试算平衡表合并编制，如表 3-11 所示：

表 3-11 发生额及余额试算平衡表

单位：元

会计科目	期初余额		本期发生额		期末余额	
	借方	贷方	借方	贷方	借方	贷方
库存现金	1000				1000	
银行存款	49000		100000	140000	9000	
应收账款	80000				80000	
原材料	220000		70000		290000	
固定资产	230000		50000	100000	180000	
短期借款		150000	90000			60000
应付票据				70000		70000
应付账款		100000	70000	160000		190000
应付职工薪酬		30000				30000
应付利润		40000	30000			10000
实收资本		180000	190000	190000		180000
资本公积		80000	60000			20000
合计	580000	580000	660000	660000	560000	560000

应该看到，试算平衡表只是通过借贷金额是否平衡来检查账户记录是否正确。如果借贷不平衡，账户记录肯定有错误，应认真查找，直到实现试算平衡为止。但是试算平衡并不能说明账户记录绝对正确，因为有些错误对于借贷双方的平衡并不发生影响。如发生漏记、重记某项经济业务，或是记错账户，颠倒记账方向，或是多个经济业务的错误相互抵消等。

在会计实务中，试算平衡方法主要运用在期末对总分类账户记录的正确性进行检查。

【本章小结】

会计科目是按照经济内容对会计要素的进一步分类；会计账户是根据确定的会计科目设置的在账簿中使用的一种核算工具。会计账户与会计科目之间既有联系又有区别，账户的名称就是会计科目，会计账户有结构，会计科目没有结构。确定会计科目是设置账户的前提。

会计账户按照所反映的经济内容不同，分为资产类、负债类、共同类、所有者权益类、成本类和损益类六大类；按照所提供的核算内容的详细程度分为总分类账（一级账户）和明细分类账（二级、三级账户）。从总分类账户与明细分类账户的关系来看，两者之间是统驭与被统驭的关系，在会计核算中彼此联系、互为补充。登记账簿时，总分类账户与所属明细分类账户遵循平行登记的原则。

复式记账法是在单式记账法基础上发展而来的一种比较科学的记账方法，指以会计等式为基础，对每一笔经济业务，都要用相等的金额，在两个或两个以上相互联系的账户中进行记录的记账方法。目前世界各国普遍采用的复式记账方法是以"借"和"贷"为记账符号的借贷记账法，我国《企业会计准则》明确规定：中国境内的所有企业都应该采用借贷记账法记账。运用借贷记账法，编制会计分录时必须遵循"有借必有贷，借贷必相等"的记账规则。同时为了避免记账过程中的失误，有必要定期对全部账户的记录进行试算平衡检验，借以验证账户记录是否正确。

【复习思考题】

1. 会计要素和会计科目、会计账户是什么关系？

2. 会计科目的设置需要遵循怎样的原则？

3. 总分类账户与明细分类账户如何进行平行登记？

4. 复式记账法与单式记账法相比较，其较为科学之处是什么？

5. 借贷记账法下各个账户的结构如何，如何从资金运用的角度理解各个账户的基本结构？

【练习题】

一、单项选择题

1. 会计科目对（　　　）进行了进一步分类。

A. 会计对象　　　　B. 会计要素　　　　C. 会计账户　　　　D. 经济业务

2. 会计账户的期末如果有余额，一般会在（　　　）方向。

A. 左边　　　　　　B. 右边　　　　　　C. 增加额　　　　　D. 减少额

3. 应按照类别、品种或是规格设置明细分类账户的是（　　　）。

A. 生产成本 　　　 B. 原材料 　　　　 C. 库存现金 　　　 D. 实收资本

4. 下列各项中，负债类账户的期末余额的计算公式应该是（　　　）。

A. 借方期末余额=借方期初余额+借方本期发生额-贷方本期发生额

B. 借方期末余额=借方期初余额+贷方本期发生额-借方本期发生额

C. 贷方期末余额=贷方期初余额+借方本期发生额-贷方本期发生额

D. 贷方期末余额=贷方期初余额+贷方本期发生额-借方本期发生额

5. 在下列业务中，能够通过试算平衡法找出错误的是（　　　）。

A. 借贷金额不等　　B. 漏记一项业务　　C. 借贷方向错误　　D. 科目使用错误

6. 复式记账法的理论基础是（　　　）。

A. 会计要素 　　　 B. 会计恒等式 　　 C. 单式记账法 　　 D. 会计科目

7. 下列属于资产类账户的是（　　　）。

A. 短期借款 　　　 B. 实收资本 　　　 C. 应收账款 　　　　 D. 预收账款

8. 下列属于成本类账户的是（　　　）。

A. 资本公积 　　　 B. 应付利息 　　　 C. 生产成本 　　　 D. 管理费用

9. 经济业务发生后，如采用复式记账法对其记账时，至少应以相等的金额在
（　　　）中进行登记。

A. 一个账户　　　　　　　　　　B. 两个账户

C. 全部账户　　　　　　　　　　D. 两个或两个以上的账户

10. 下列各项中，属于复式记账作用的是（　　　）。

A. 了解经济业务的合理性　　　　B. 了解经济业务的合法性

C. 了解每一项经济业务的来龙去脉　D. 了解经济业务的类型

二、多项选择题

1. 下列各项中，体现会计科目和账户之间区别的有（　　　）。

A. 账户是分类的项目

B. 账户记录经济业务的内容

C. 会计科目提供具体的数据资料

D. 账户具有登记经济业务增减变动的结构

E. 账户提供具体的数据资料

2. 下列各项中，构成会计分录要素的有（　　　）。

A. 会计科目 　　　 B. 记账方向 　　　 C. 金额 　　　　　 D. 对应关系

E. 货币单位

3. 总分类账户和明细分类账户的平行登记，应满足的要求有（　　　）。

A. 原始依据相同　　B. 同期登记　　　 C. 同金额登记 　　 D. 同方向登记

E. 同账簿登记

4. 在借贷记账法下，"借"、"贷"作为记账符号。下列各项中，"借"表示的内容有（　　　）。

A. 收入的转出　　　B. 费用的发生　　　C. 资产的减少　　　D. 成本的转出

E. 负债的增加

5. 构成会计分录的要素有（　　　）。

A. 记账单位　　　　　　　　　B. 涉及的会计科目

C. 记账方向　　　　　　　　　D. 会计要素

E. 金额

三、判断题

1. 会计恒等式是复式记账的基础。　　　　　　　　　　　　　　　（　　　）

2. 会计科目应根据经济业务的特点设置。　　　　　　　　　　　　（　　　）

3. 明细分类账户的名称、核算内容及使用方法通常是统一制定的。

（　　　）

4. 每一个总分类账户都必须设置明细分类账户。　　　　　　　　　（　　　）

5. 为了保证会计核算指标口径一致、数据可比，和总分类账户一样，明细分类账户的名称、核算内容应统一制定。　　　　　　　　　　　　　（　　　）

6. "借"、"贷"二字不仅是作为记账符号，其本身的含义也应考虑，"借"只能表示债权增加，"贷"只能表示债务增加。　　　　　　　　　　（　　　）

7. 借贷记账法下的账户对应关系，就是一个借方账户和另一个贷方账户之间的相互对应关系。　　　　　　　　　　　　　　　　　　　　　　（　　　）

8. 总分类账户和明细分类账户所反映的经济内容相同，只是提供指标的详细程度不同。　　　　　　　　　　　　　　　　　　　　　　　　　（　　　）

9. 在不设置"预收账款"账户的情况下，"应收账款"账户同时反映销售产品的应收款和预收款。　　　　　　　　　　　　　　　　　　　　　（　　　）

10. "本年利润"和"利润分配"从其核算的经济内容分类，均属于所有者权益类账户，因此其结构是相同的。　　　　　　　　　　　　　　　（　　　）

四、业务题

1. 新法公司为一家家具生产企业，2013 年 6 月的经济活动状况如下：

（1）仓库中有木料和油漆一批，其中木料价值 50000 元，油漆价值 21000 元；

（2）货车 8 辆，价值 324000 元；

（3）应付欣荣公司木材款 450000 元；

（4）销售人员王某预支差旅费 3000 元；

（5）生产设备价值 1800000 元；

（6）新城集团和荣发公司分别拥有公司股权 30000000 元和 20000000 元；

（7）尚未到期的银行三年期贷款 15000000 元；

（8）存入市兴业银行存款 18000000 元；

（9）尚未支付的职工本月薪酬 45000 元；

（10）持有龙江发展公司的两年期的债券 100000 元；

（11）保险柜现金 4000 元；

（12）欠交营业税 5600 元。

要求：根据上述资料，确定该公司需要使用的会计账户。

2. 鑫明公司 2014 年 3 月发生如下经济业务：

（1）以银行存款支付应付账款 32000 元；

（2）从银行提取现金 5000 元；

（3）收到投资者投入的固定资产一台，价值 250000 元；

（4）生产车间领用材料一批，价值 8000 元；

（5）购进设备一台，支付购置款 500000 元；

（6）向银行借入三个月期的借款 50000 元，存入银行；

（7）上缴所得税 1800 元；

（8）收到宏发工厂前欠货款 15000 元；

（9）以银行存款支付职工薪酬 45000 元；

（10）购入材料一批，价值 71000 元。

要求：根据以上资料，编制相关经济业务的会计分录，并记入相关 T 形账户中，同时编制发生额试算平衡表。

【案例分析】

L 先生于 2012 年 12 月初注册成立了一家小型贸易公司，其注册资本是 50 万元。由于注册当年业务尚未开展，为了减少开支，L 先生决定自己记账。2013 年仅登记了"银行存款"账户，金额为 50 万元。2013 年，仍然只在"银行存款"账户进行记账，其内容记录如下：支付房租费用 12 万元，支付装修费用 3 万元，购买办公桌椅 1 万元，购买电脑、收银机、空调等设备 3 万元，购买汽车一辆（供自己使用）支付 18 万元，购入商品 80 万元，取得收入 115 万元。L 先生根据"银行存款"账簿记账的结果，认为当年亏损，因此未向税务部门申报缴纳所得税。2014 年 3 月，税务部门认定 L 先生的公司账面混乱，有偷税漏税的嫌疑，要求限期整改并补缴税款和罚金。

思考：

对此事你的看法如何？L 先生的公司是否存在账面混乱的情况？如果有需要怎样进行整改？

附表　企业会计科目及其编号一览表

顺序号	编号	会计科目名称	会计科目适用范围
一、资产类			
1	1001	库存现金	
2	1002	银行存款	
3	1003	存放中央银行款项	银行专用
4	1011	存放同业	银行专用
5	1015	其他货币基金	
6	1021	结算备付金	证券专用
7	1031	存出保证金	金融共用
8	1051	拆出资金	金融共用
9	1101	交易性金融资产	
10	1111	买入返售金融资产	金融共用
11	1121	应收票据	
12	1122	应收账款	
13	1123	预付账款	
14	1131	应收股利	
15	1132	应收利息	
16	1211	应收保护储金	保险专用
17	1221	应收代位追偿款	保险专用
18	1222	应收分保账款	保险专用
19	1223	应收分保未到期责任准备金	保险专用
20	1224	应收分保保险责任准备金	保险专用
21	1231	其他应收款	
22	1241	坏账准备	
23	1251	贴现资产	银行专用
24	1301	贷款	银行和保险共用
25	1302	贷款损失准备	银行和保险共用
26	1311	代理兑付证券	银行和保险共用
27	1321	代理业务资产	
28	1401	材料采购	
29	1402	在途物资	
30	1403	原材料	
31	1404	材料成本差异	
32	1406	库存商品	
33	1407	发出商品	
34	1410	商品进销差价	
35	1411	委托加工物资	
36	1412	包装物及低值易耗品	
37	1421	消耗性生物资产	农业专用
38	1431	周转材料	建造承包商专用

顺序号	编号	会计科目名称	会计科目适用范围
39	1441	贵金属	银行专用
40	1442	抵债资产	金融共用
41	1451	损余物资	保险专用
42	1461	存货跌价准备	
43	1501	待摊费用	
44	1511	独立账户资产	保险专用
45	1521	持有至到期投资	
46	1522	持有至到期投资减值准备	
47	1523	可供出售金融资产	
48	1524	长期股权投资	
49	1525	长期股权投资减值准备	
50	1526	投资性房地产	
51	1531	长期应收款	
52	1541	未实现融资收益	
53	1551	存出资本保证金	保险专用
54	1601	固定资产	
55	1602	累计折旧	
56	1603	固定资产减值准备	
57	1604	在建工程	
58	1605	工程物资	
59	1606	固定资产清理	
60	1611	融资租赁资产	租赁专用
61	1612	未担保余值	租赁专用
62	1621	生产性生物资产	农业专用
63	1622	生产性生物资产累计折旧	农业专用
64	1623	公益性生物资产	农业专用
65	1631	油气资产	石油天然气开采专用
66	1632	累计折耗	石油天然气开采专用
67	1701	无形资产	
68	1702	累计摊销	
69	1703	无形资产减值准备	
70	1711	商誉	
71	1801	长期待摊费用	
72	1811	递延所得资产	
73	1901	待处理财产损溢	
二、负债类			
74	2001	短期借款	

续表

顺序号	编号	会计科目名称	会计科目适用范围
75	2002	存入保证金	金融共用
76	2003	拆入资金	金融共用
77	2004	向中央银行借款	银行专用
78	2011	同业存放	银行专用
79	2012	吸收存款	银行专用
80	2021	贴现负债	银行专用
81	2101	交易性金融负债	
82	2111	卖出回购金融资产款	金融共用
83	2201	应付票据	
84	2202	应付账款	
85	2205	预收账款	
86	2211	应付职工薪酬	
87	2221	应交税费	
88	2231	应付股利	
89	2232	应付利息	
90	2241	其他应付款	
91	2251	应付保户红利	保险专用
92	2261	应付分保账款	保险专用
93	2311	代理买卖证券款	证券专用
94	2312	代理承销证券款	证券和银行共用
95	2313	代理兑付证券款	证券和银行共用
96	2314	代理业务负债	
97	2401	预提费用	
98	2411	预计负债	
99	2501	递延收益	
100	2601	长期借款	
101	2602	长期债券	
102	2701	未到期责任准备金	保险专用
103	2702	保险责任准备金	保险专用
104	2711	保户储金	保险专用
105	2721	独立账户负债	保险专用
106	2801	长期应付款	
107	2802	未确认融资费用	
108	2811	专项应付款	
109	2901	递延所得税负债	
三、共同类			
110	3001	清算资金往来	银行专用
111	3002	外汇买卖	金融共用

顺序号	编号	会计科目名称	会计科目适用范围
112	3101	衍生工具	
113	3201	套期工具	
114	3202	被套期项目	
四、所有者权益类			
115	4001	实收资本	
116	4002	资本公积	
117	4101	盈余公积	
118	4102	一般风险准备	金融共用
119	4103	本年利润	
120	4104	利润分配	
121	4201	库存股	
五、成本类			
122	500	生产成本	
123	5101	制造费用	
124	5201	劳务成本	
125	5301	研发支出	
126	5401	工程施工	建造承包商专用
127	5402	工程结算	建造承包商专用
128	5403	机械作业	建造承包商专用
六、损益类			
129	6001	主营业务收入	
130	6011	利息收入	金融共用
131	6021	手续费收入	金融共用
132	6031	保费收入	保险专用
133	6032	分保费收入	保险专用
134	6041	租赁收入	租赁专用
135	6051	其他业务收入	
136	6061	汇兑损益	金融专用
137	6101	公允价值变动损益	
138	6111	投资收益	
139	6201	摊回保险责任准备金	保险专用
140	6202	摊回赔付支出	保险专用
141	6203	摊回分保费用	保险专用
142	6301	营业外收入	
143	6401	主营业务成本	
144	6402	其他业务支出	
145	6405	营业税金及附加	
146	6411	利息支出	金融共用

续表

顺序号	编号	会计科目名称	会计科目适用范围
147	6421	手续费支出	金融共用
148	6501	提取未到期责任准备金	保险专用
149	6502	提取保险责任准备金	保险专用
150	6511	赔付支出	保险专用
151	6521	保户红利支出	保险专用
152	6531	退保金	保险专用
153	6541	分出保费	保险专用
154	6542	分保费用	
155	6601	销售费用	
156	6602	管理费用	
157	6603	财务费用	
158	6604	勘探费用	
159	6701	资产减值损失	
160	6711	营业外支出	
161	6801	所得税	
162	6901	以前年度损益调整	

注：共同类项目主要是针对少数金融企业或是一般工商企业进行的衍生金融工具交易所特别设置的科目。本教材以一般工业企业为研究对象，一般不涉及此项目。

第四章 工业企业主要经济业务的核算

【学习要点】

● 了解制造企业筹资业务、采购业务、生产业务、销售业务和利润形成及其分配业务；

● 理解材料采购成本、产品制造成本和销售成本计算的基本原则；

● 熟悉并掌握借贷记账法与会计分录的应用；

● 掌握制造企业各项经济业务的基本账户设置和会计处理，掌握材料采购成本、产品制造成本和销售成本计算方法。

【关键概念】

实收资本　长期借款　材料采购成本　生产成本　制造费用　直接材料　直接人工　实地盘存制　永续盘存制　主营业务收入　主营业务成本　营业税金及附加　应交税费　期间费用　财务费用　管理费用　销售费用　营业外收入　营业外支出　营业利润　净利润　所得税　利润分配　投资收益　盈余公积

【开章案例】

2012 年 8 月，证监会对亚星化学信息披露违法违规案、ST 天润以及彩虹精化信息披露违法违规案做出行政处罚决定，并且对为亚星化学 2009 年年报进行审计的正源和信会计师事务所违法违规行为也做出行政处罚决定。

(一) 亚星化学信息披露违法违规案

首先，亚星化学与控股股东潍坊亚星集团有限公司 (简称亚星集团) 之间存在的直接非经营性资金往来未予及时披露，未作账务处理。2009 年 1 月至 2010 年 11 月，亚星化学直接向亚星集团划转资金累计 13 亿余元，亚星集团直接向亚星化学划转资金累计 13 亿余元。

其次，亚星化学与亚星集团之间存在的间接非经营性资金往来未予及时披露，大部分未作账务处理。

最后，亚星化学未及时披露重大担保事项。2010 年 5 月 20 日、7 月 26 日，亚星化学与潍坊银行和平路支行分别签署了两笔保证合同，为亚星集团的两笔均为 2000 万元的贷款提供担保，承担连带保证责任。

依据《证券法》有关规定，证监会决定：责令亚星化学改正，给予警告，并处以 50 万元罚款；对时任董事长陈华森给予警告，并处以 20 万元罚款；对时任董事张福涛、王志峰和汪波给予警告，并分别处以 5 万元罚款；对时任董事周建强、唐文军、刘建平、段晓光、鄢辉、周洋和独立董事韩俊生、王维盛、陈坚给予警告，并分别处以 3 万元罚款。

此外，为亚星化学 2009 年年报进行审计的山东正源和信会计师事务所未履行充分的分析程序，未发现亚星化学少计应付票据金额，形成了错误核查验证结论，同时，正源和信在函证没有收到回函的情况下，未实施有效的替代程序。此外，正源和信对亚星化学 2009 年度财务报表发表不恰当的审计意见。

依据《证券法》有关规定，证监会决定：责令正源和信会计师事务所改正，没收业务收入 35 万元，并处以 35 万元罚款；对两名签字注册会计师刘守堂、贺业政给予警告，并分别处以 3 万元罚款。

（二）ST 天润未及时披露募集资金还贷案

经查，ST 天润存在多项信息披露违法违规行为：首先，使用募集资金归还银行借款未及时披露，公告内容存在虚假记载。2010 年 10 月 9 日，ST 天润将 8850 万元募集资金用于归还子公司天润农资公司欠银行到期借款，直到 2010 年 11 月 30 日 ST 天润才公告此事项，属于未按规定及时披露重大事项。其次，ST 天润未经批准擅自改变募集资金用途。最后，ST 天润重大仲裁事项未及时披露。

ST 天润于 2010 年 10 月 9 日用募集资金 8850 万元归还银行借款，未及时披露的行为直接负责的主管人员为时任董事长赖淦锋、时任总经理彭朝辉；ST 天润 2010 年 11 月 30 日公告称募集资金被银行强制划拨的虚假记载行为直接负责的主管人员为赖淦锋，其他直接责任人员为时任董事会秘书罗林雄；ST 天润对重大仲裁事项未及时披露的行为直接负责的主管人员为赖淦锋、彭朝辉，其他直接责任人员为罗林雄；ST 天润未履行规定的审批程序，擅自改变募集资金用途的行为直接负责的主管人员为赖淦锋、彭朝辉，其他直接责任人员为时任财务总监戴浪涛。

依据《证券法》有关规定，证监会决定：责令 ST 天润改正违法行为，给予警告，并处以 30 万元罚款；对时任董事长赖淦锋、时任总经理彭朝辉给予警告，并分别处以 10 万元罚款；对时任财务总监戴浪涛、时任董事会秘书罗林雄给予警告，并分别处以 3 万元罚款。

（三）彩虹精化未及时披露重大事件案

经查，彩虹精化存在两项信息披露违法违规行为：

首先，未及时披露可能给彩虹精化带来巨额利润的合同事项。2010 年 11 月

23 日，彩虹精化与深圳绿世界生物降解材料有限公司（简称深圳绿世界）签订合作经营协议书，约定共同出资成立深圳市彩虹绿世界生物降解材料有限公司（简称彩虹绿世界），并口头约定深圳绿世界保证彩虹绿世界销售净利润不低于10%。2010 年 12 月 12 日，深圳绿世界与嘉星国际有限责任公司（简称嘉星国际）签订了两份《产品销售协议》，销售金额共计 19.2 亿元。上述《产品销售协议》可能给彩虹精化间接创造净利润 7155 万余元，接近彩虹精化 2009 年度净利润的 2 倍。

其次，未及时披露彩虹绿世界与深圳绿世界商谈变更合同主体事项。

对上述两项违法行为直接负责的主管人员为董事长陈永弟，监事郭健、王明章和副总经理刘科为其他直接责任人员，董事兼董秘李化春为披露信息有虚假记载行为的其他直接责任人员。

依据《证券法》有关规定，证监会决定：对彩虹精化给予警告，并处以 30 万元罚款；对陈永弟给予警告，并处以 20 万元罚款；对李化春给予警告，并处以 10 万元罚款；对郭健、王明章给予警告，并分别处以 5 万元罚款；对刘科给予警告，并处以 3 万元罚款。

（资料来源：《中国证券报》，2012-8-9.）

思考：

1. 如实反映企业的经济业务对于会计信息的使用者具有怎样的意义？
2. 作为企业财务人员如何在日常业务处理过程中如实地反映经济业务？
3. 进行业务处理应该遵循怎样的原则？

第一节　工业企业及其主要业务概述

企业是一种以营利为目的的经济组织。市场竞争中"优胜劣汰"的规律决定了企业必须有效利用其控制的有限的经济资源，使其获得的经济利益大于其发生的成本，取得必要的利润，这是企业生存与发展的必要物质基础。企业通过有效组织和管理经营活动，力争创造更多的盈利，一方面提升企业的经营业绩，壮大企业实力，为自身的可持续发展提供坚实的物质基础；另一方面提供就业岗位，影响和带动企业所在地区的经济发展，增加国家财税收入，承担企业应承担的社会责任。

一、一般企业与特殊企业

一般企业是指以从事产品生产和销售，或是从事商品销售以及提供劳务为主要经营活动的企业，包括从事产品生产和销售的工业企业（也称为制造企业）、从事商品流通与销售的商业企业以及以提供劳务为主要经营内容的服务性企业。除了一般企业以外，那些按照企业性质管理的某些特殊行业的企业被称为特殊企业，如商业银行、保险公司、证券公司等。

不同行业的企业其经营活动具有自身的特点。如特殊行业中的商业银行，其经营活动主要是开展存贷款业务，为企业和个人提供相关的金融服务；保险公司主要办理保险业务。在各类企业的经济活动中，工业企业的经济活动最具有代表性。工业企业以产品生产和销售为基本经营活动内容，与商业企业、服务性企业或是金融企业相比较，其业务活动内容更加复杂，发生的业务更为丰富多样。因此，本教材以工业企业为研究对象。

二、工业企业主要业务

企业必须拥有一定数量的经营资金，作为从事经营活动的物质基础，才能够独立地进行生产经营活动，实行独立核算，以收抵支，自负盈亏。企业的这些资金都是从一定的来源渠道取得的，并在经营活动中被具体运用，表现为不同的占用形态。随着经营活动的进行，资金的占用形态不断转化，周而复始，形成资金循环与周转。按照工业企业资金占用的不同形态，将其主要业务分为以下五个组成部分。

（一）资金筹集业务

任何一个经济实体，其存在和发展的首要条件是拥有一定数量的资金。企业筹集资金，为企业组织生产经营活动提供必要的物质基础，它是保证企业经营活动正常开展不可或缺的一项活动。企业筹集资金无外乎两种渠道：一是企业所有者对企业的资本性投资，形成企业的资本（或股本）；二是向银行等金融机构举债借款，形成企业的各类借款，或是通过发行企业债券的方式筹集资金，形成企业的应付债券。此外，在经营过程中，企业还会因结算关系占用其他企业或个人的部分资金。但企业的应付账款和应付票据通常发生在企业的经营活动中，不属于筹资活动中的业务活动，因此与企业筹资活动无关。

（二）供应采购业务

供应采购业务为产品的生产进行必要的物质准备，主要包括两方面的经济业务：一是购建厂房、建筑物、机器、设备、交通工具等固定资产；二是采购生产经营所需要的各种材料。企业需要不断地采用各种结算手段获得各种生产原料，建立生产储备，结算各项采购费用等。通过供应采购业务，企业的资金由货币形式转化为材料物资的储备资金形式。

（三）产品生产业务

工业企业从投入材料进行生产开始，到产品完工入库为止的全部过程被称为产品生产过程。产品的生产业务是工业企业生产经营活动的核心环节，同时又是各种费用的发生过程。通过产品生产业务，生产者利用劳动手段对劳动对象进行加工，制造出社会所需产品。它包括两个环节：一是归集发生在产品制造过程的生产成本与制造费用，二是分配产品制造费用至加工产品的生产成本。伴随着生产活动的进行，工业企业为了生产产品，要消耗各种材料，发生固定资产的磨损，需要支付职工薪酬和其他费用。产品生产过程所发生的这些物资消耗，叫做生产费用。企业的生产费用，都要直接归集或按照一定的原则分配到一定种类的产品上，形成各种产品成本。处在生产过程的某个阶段未最后完工的产品，称为在产品或在制品。随着产品完工入库，企业的在产品便转化为产成品。通过产品生产活动，企业的材料物资的储备资金及有关货币资金首先转化为生产资金形式，然后再由生产资金转化为产品资金形式。

（四）产品销售业务

产品销售是企业生产经营过程的最后阶段。企业在对外销售产品、提供劳务以及提供他人使用本企业资产等日常经营活动中必然会形成企业的收入。企业在获取一定的收入之前，首先要为生产产品、提供劳务或取得企业资产付出一定的代价，在销售过程中需要按照国家有关规定缴纳各种税金，承担销售过程中发生的各种销售费用等。通过销售活动，企业一方面按照外部企业的需求提供其所需的产品、劳务或是让渡资产使用权利；另一方面按照合同或协议向购买单位收取款项，使企业在生产经营过程中发生的各项耗费得到补偿，并获得利润。因此，销售业务不仅包括产品销售收入的确认和核算，还包括为实现收入而发生的各项成本、税金及相关费用等的确定和核算。确认销售收入、结转销售成本、归集和分配销售费用、计算销售税金、确定销售成果是销售业务主要的核算内容。销售业务使企业的资金从产品资金形式转化为货币资金形式，又回到了生产经营过程的起点，使生产经营完成了一次循环。企业的资金从货币资金形式开始，顺次经过供应、生产、销售三个阶段，分别转化为在产品资金、产成品资金，最后又回到货币资金形式。这种周而复始的资金循环，会计上称为"资金周转"。

（五）利润形成及其分配业务

企业通过销售业务取得产品销售收入，扣除应补偿的生产经营过程的相关费用后就形成了企业的利润总额。当企业是盈利时，按照我国企业所得税法的规定，企业应按利润总额的一定比例向国家上缴企业所得税。所得税后利润即为企业的净利润。企业应依据我国公司法、企业会计准则和会计制度等的要求，按照法定的程序将净利润在企业与投资者之间分配，一部分留归企业形成盈余公积，为企业未来扩大生产和发展职工集体福利事业提供资金支持，一部分向企业的所有者进行分配。企业在向股东分配净利润时，往往会留下一部分未实际进行分配，就形成了未分配利润。

会计应反映企业能够用货币表示的一切经济活动。工业企业必须根据企业各项经济业务的具体内容，运用复式记账原理，设置和运用不同的账户，对企业的各项业务进行核算和记录。本章将以经济活动最为复杂又最具代表性的工业企业为例，系统地说明如何运用和设置账户，运用复式记账原理来处理企业日常发生的经济业务。

第二节 筹资业务的核算

一、筹资业务的内容

企业的筹资业务即企业筹集经营资金的活动，是企业从事经济活动的首要环节。它是企业获得经营资金，保证经营活动正常进行的必要活动，也是企业开展经营活动、投资活动的前提。现代企业获得经营资金主要有两条途径：一是通过发行股票或是接受直接投资等方式吸引投资者向企业投入资本，具体包括投资者投入的资本金，以及资本公积、盈余公积和未分配利润等；二是通过借款或是发行企业债券等举债的方式吸引社会投资，具体包括向金融机构借入的款项、企业发行债券所得的款项以及往来结算过程中形成的应付未付的款项等。

投资者投入的资本是企业所有者权益的最重要组成部分，是保证企业生产经营正常运行的必要条件。投资者投入资本后，可以通过参与企业经营利润的分配等方式取得投资回报，分享企业经营的利润，同时在企业亏损时承担企业经营存在的风险。国家、企业法人和个人都可以是企业的投资者。投资者投入的资本形式多样，既可以是现金、银行存款等货币资金，也可以是原材料、机器、设备、房屋、建筑物等实物资产，还可以是专利技术、商标权、土地使用权等无形资产。企业既可以接受投资者的直接投资，也可以经由资本市场通过发行股票的形式接受投资者的间接投资。

投资者向企业投入的资本，形成企业的永久性资本，在一般情况下无须偿还，但可以依法转让。企业对实际收到的资本金，依法享有经营使用权。因各种原因使企业投资者的出资额超出注册资本应享有的份额，超出的部分，形成企业的资本公积。因此，对所有者投资的核算应包括两个方面：一是体现投入资本的形式和途径，即反映所有者对企业实际投资的形式和金额；二是反映投资业务所产生的所有者享有的权益，包括实收资本和资本公积。

企业仅使用投资者投入的资本，通常无法满足企业开展经营活动的需要，在自有资金无法满足经营需要时，会考虑利用债务利息的抵税作用，发挥债务筹资的财务杠杆作用，通常的做法是选择从金融机构借贷款项，或是通过资本市场公开发行债券借入资金，弥补投资者投入资金的缺口。这类向投资者以外的其他企业或个人所募集的款项就是企业的负债，其方式多样，偿还期限可长可短，但通常采用货币资金的形式，企业必须在事先约定的期限按照既定的方式还本付息。因此，对企业负债的核算应包括两个方面：一是体现负债形成的形式和来源，即反映负债的偿还期限、本金和利息；二是反映债务筹资所产生的债权人的权利。

二、筹资业务的账户设置

投资者投入资本和企业向债权人借入的资金，性质与形式不同，核算的方法也有所不同，需要设置相应的会计账户对其分别进行核算。

（一）资金筹集业务涉及的资产类账户

为了总括地核算和监督企业所获得的经济资源的情况，按照企业资产的不同形式与内容，企业在会计核算中应当设置以下账户：

（1）"库存现金"，用以核算企业的库存现金。该账户借方登记库存现金的收入（增加）金额；贷方登记库存现金的支出（减少）金额；期末有借方余额，反映企业实际持有的库存现金金额。

（2）"银行存款"，用以核算企业存入银行或其他金融机构的各种款项。该账户借方登记存款的存入（增加）金额；贷方登记存款的支取（减少）金额；期末有借方余额，反映企业存放在银行或其他金融机构的款项的实际金额。

（3）"固定资产"，用以核算企业所持有或控制的房屋、建筑物、机器、设备等固定资产的增减变化情况。该账户借方登记固定资产取得时的成本，即固定资产的历史成本；贷方登记出售、报废、毁损或者盘亏等各种原因所导致的固定资产减少的原值；期末有借方余额，反映企业期末固定资产的原值。为了便于固定资产的日常管理，"固定资产"账户可按照固定资产的类别和用途的不同设置明细账户，进行明细核算。

（4）"无形资产"，用以核算企业持有的专利权、专有技术、商标权、土地使用权等无形资产的成本。该账户借方登记企业取得无形资产的成本；贷方登记企业进行处置的无形资产的成本；期末有借方余额，反映企业期末实际拥有的无形资产的成本。为了便于无形资产的日常管理，"无形资产"账户可按照无形资产项目设置明细账户，进行明细核算。

（二）资金筹集业务涉及的所有者权益类账户

为了反映企业所有者权益不同的来源和形成，有必要对所有者权益分类设置不同的会计账户。

（1）"实收资本"，用以核算企业实际收到的投资者投入的资本。该账户贷方登记企业收到投资者投入企业的资本的增加金额；借方登记按照规定程序批准后减少和实际返还投资者的资本金额；期末有贷方余额，反映企业期末投资者投资的实有金额。该账户应按不同的投资者设置明细账户，进行明细核算。由于股份有限公司的注册资本被分为等额股份，投资者按照其投资拥有一定的股份，因此并不采用"实收资本"账户，而是使用"股本"账户，并按投资者设置明细账户。

需要注意的是，企业收到投资者的投资，应按其在注册资本或股本中所占份额在"实收资本"或是"股本"账户中进行登记。企业经由生产经营过程所取得的收入和利得、所发生的费用和损失，不得直接增加或是减少"实收资本"或"股本"。

为了方便举例进行说明，本教材中采用"实收资本"账户，用于核算投资者投入的资本。

（2）"资本公积"，用以核算企业资本公积的增减变化情况和结余情况。该账户贷方登记企业因资本溢价或其他原因而增加的资本公积金额；借方登记按法定程序将资本公积转增资本或其他原因导致的资本公积减少金额；期末有贷方余额，反映企业期末资本公积结余金额。所谓的资本溢价，在股份有限公司中，表现为由于发行股票发生溢价，企业实际收到资本超出股票面值的差额。

（三）资金筹集业务涉及的负债类账户

为了总括地核算和监督债权人投入的债务资金及其变动情况的内容，企业在会计核算中应当设置不同的会计账户。

（1）"短期借款"，用以核算企业向银行或其他金融机构借入的期限在一年或一年以下的各种借款。该账户贷方登记借入资金的实际金额；借方登记偿还的实际金额；期末如有余额，为贷方余额，反映企业尚未偿还的短期借款的本金。为了便于债务管理，该账户可按债权人、借款种类和币种设置相应的明细账，进行明细核算。

（2）"长期借款"，用以核算企业向银行或其他金融机构借入的期限在一年以上（不含一年）的各项借款。该账户贷方登记企业借入的长期借款的金额；借方登记企业已经偿还的实际金额；期末如有余额，为贷方余额，反映企业尚未偿还的长期借款。为了便于债务管理，该账户可按债权人设置相应的明细账，进行明细核算。

（3）"应付债券"，用以核算企业为筹集长期资金而按照规定程序对外发行的债券的本金和利息。该账户贷方登记企业发行债券收到的款项以及按期计提的债券利息的金额；借方登记实际偿还的债券本息的金额；期末如有余额，为贷方余额，反映企业尚未偿还的债券本息。

（4）"应付利息"，用于核算企业借入款项而按约定应支付的利息。该账户贷方登记按照合同约定利率计算的应付但尚未支付的利息；借方反映企业实际支付的利息；期末如有余额，为贷方余额，反映企业应付但尚未支付的利息。

（四）资金筹集业务涉及的损益类账户

"财务费用"，属于损益类账户，在资金筹集过程中用以核算企业为筹集资金而发生的费用，包括利息支出以及相关的手续费等。该账户借方登记实际发生的财务费用金额；贷方登记企业发生的应冲减财务费用的利息收入；到了期末将账户余额转入"本年利润"账户，和企业经营取得的收入进行配比；结转后该账户没有余额。

三、筹资业务的账务处理

（一）投资者投入资本的账务处理

投资者投入资本的账务处理主要涉及企业取得投资时资本与相关资产增加的会计核算，其主要业务如图 4-1 所示。

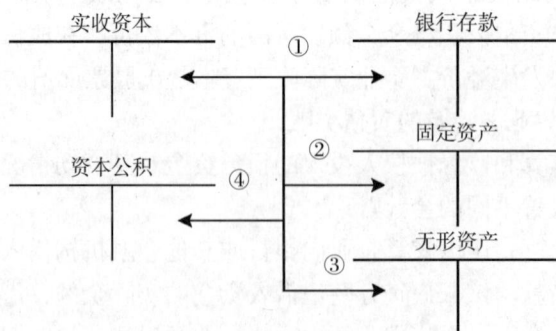

图 4-1 投资者投入资本的核算

图 4-1 说明：①企业接受投资者投入银行存款；②企业接受投资者投入固定资产；③企业接受投资者投入无形资产；④企业因资本溢价而产生资本公积。

【例 4-1】 2013 年 6 月 1 日，弦歌公司收到华辉集团投入货币资本 20 万元，款项存入银行。

通过这项经济业务，企业接受投资者货币资金投资，涉及两个相关账户，分别是"实收资本"和"银行存款"。一方面，投资者投入资本，应确认所有者权益增加，根据"实收资本"账户的结构特点，应登记在贷方；另一方面，企业收到款项存入银行，应确认资产增加，根据"银行存款"账户的结构特点，应登记在借方。这项经济业务编制的会计分录如下：

借：银行存款　　　　　　　　　200000
　　贷：实收资本——华辉　　　　　　　　200000

【例 4-2】 2013 年 6 月 10 日，弦歌公司收到紫山集团投入设备一台，双方协议确认的价值为 40 万元，产品专利权一项，协议确认价值为 30 万元。

通过这项经济业务，企业接受投资者以设备和产品专利权进行投资，其中设备属于"固定资产"账户核算的内容，产品专利权属于"无形资产"账户核算的内容。因此，该业务涉及的相关账户分别是"实收资本"、"固定资产"、"无形资产"。一方面，投资者投入资本，应确认所有者权益增加，根据"实收资本"账户的结构特点，应登记在贷方；另一方面，企业收到设备、专利权，应确认企业资产发生增加，根据"固定资产"和"无形资产"账户的结构特点，应按资产的确认价值分别记入其账户的借方。这项经济业务编制的会计分录如下：

借：固定资产——设备　　　　　400000
　　无形资产——产品专利权　　　300000
　　贷：实收资本——紫山　　　　　　　　700000

【例 4-3】 2013 年 6 月 11 日，弦歌公司接受华辉集团追加投资 58 万元，款项存入银行。双方协议确认，华辉集团公司按投资比例应享有的所有者权益为 50 万元，其余应作资本溢价处理。

通过这项经济业务，企业接受投资者货币资金投资，按协议确认的投资份额小于实际投资金额，差额按资本溢价进行处理。因此，该业务涉及的相关账户分别是"实收资本"、"资本公积"和"银行存款"。一方面，投资者追加投资，应确认其所有者权益增加 58 万元，按照"实收资本"和"资本公积"账户的结构特点，其中按华辉集团公司享有的投资份额确认的 50 万元应记入"实收资本"账户的贷方，而剩余的 8 万元为资本溢价部分，应记入"资本公积"账户的贷方；另一方面，款项存入银行，使企业的资产增加，应记入"银行存款"账户的借方。这项经济业务编制的会计分录如下：

借：银行存款　　　　　　　　　580000
　　贷：实收资本——华辉　　　　　　　　500000

资本公积   80000

【例 4-4】　2013 年 6 月 21 日，弦歌公司收到腾飞公司投入的机器设备三台，每台设备确认的价值为 36 万元。合同约定腾飞公司拥有的所有者权益为 100 万元。

通过该项经济业务，企业接受了实物投资，按照合同约定确定的投资者的投资份额小于实物资产的价值总额，差额按资本溢价进行处理。因此，该项业务涉及"固定资产"、"实收资本"和"资本公积"三个账户。一方面，企业接受投资，企业所有者权益增加 108 万元，按照"实收资本"和"资本公积"账户的结构特点，其中按合同约定确认腾飞公司的投资份额 100 万元应记入"实收资本"账户的贷方，超出的 8 万元确认为资本溢价，记入"资本公积"账户的贷方；另一方面，企业固定资产增加 108 万元，按照"固定资产"账户的结构特点，应记入"固定资产"账户的借方。该项业务编制的会计分录如下：

借：固定资产   1080000

贷：实收资本——腾飞   1000000

资本公积   80000

（二）债权人投入资本的账务处理

企业向债权人借入资本的过程即债权人投入资本的过程，其账务处理主要涉及本金的借入与归还，利息计算及其支付等的会计核算，其主要业务如图 4-2 所示。

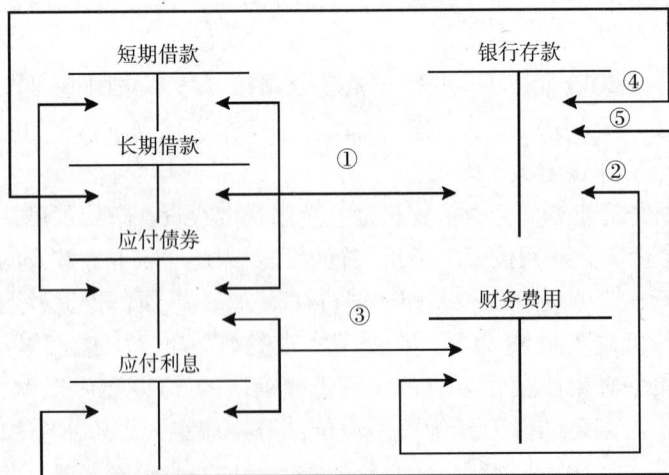

图 4-2　债权人投入资本的核算

图 4-2 说明：①企业向债权人借入资金；②企业支付借款利息或手续费；③企业计提借款利息；④企业归还债权人资金；⑤企业支付应付未付的利息。

【例4-5】 2013年6月1日，弦歌公司向银行申请取得6个月生产周转借款120万元，年利率为6%。银行通知款项已划转入企业存款账户。

通过该项经济业务，企业未来需要偿还的债务增加，同时可使用的短期货币资金增加。该业务涉及"短期借款"和"银行存款"两个账户。一方面，银行提供短期款项，使负债增加，根据"短期借款"账户的结构特点，应按照借款金额记入其贷方；另一方面，款项转存银行，使企业货币资产增加，根据"银行存款"账户的结构特点，应记入其借方。这项经济业务编制的会计分录如下：

借：银行存款　　　　　　　　1200000
　　贷：短期借款　　　　　　　　1200000

【例4-6】 2013年6月14日，弦歌公司为构建新的生产线向银行借入一笔3年期借款900万元，年利率为3%，到期一次还本付息。款项已转入银行存款账户。

通过该经济业务，该业务未来需要偿还的债务增加，同时可使用的长期货币资金增加。该业务涉及"长期借款"和"银行存款"两个账户。一方面，银行提供3年期的设备贷款，使负债增加，根据"长期借款"账户的结构特点，记入其贷方；另一方面，借款转存银行，使企业资产增加，根据"银行存款"账户的结构特点，记入其借方。这项经济业务编制的会计分录如下：

借：银行存款　　　　　　　　9000000
　　贷：长期借款　　　　　　　　9000000

【例4-7】 2013年6月30日，弦歌公司对上述生产周转借款按月计提利息费用，计算本月应负担的利息支出为6000元。

这项经济业务是企业期末按照权责发生制原则进行短期借款利息的计提业务，涉及"财务费用"和"应付利息"两个账户。一方面，应计入本月费用但尚未支付的利息，使企业负债增加，根据"应付利息"账户的结构特点，记入其贷方；另一方面，计提的利息按照权责发生制应计入本月的财务费用，根据"财务费用"账户的结构特点，记入其借方。这项经济业务编制的会计分录如下：

借：财务费用　　　　　　　　6000
　　贷：应付利息　　　　　　　　6000

【例4-8】 2013年6月30日，弦歌公司按面值发行3年期的债券100万元，票面利率为8%，到期一次性还本付息，款项已转入银行存款账户。

通过该项经济业务，企业未来需要按照约定还本付息，承担偿还债券的责任，同时获得3年的货币资金的使用权。该业务涉及"应付债券"和"银行存款"两个账户。一方面，通过发行债券筹集长期使用的资金，导致负债增加，根据"应付债券"账户的结构特点，应按面值记入其贷方；另一方面，债券的发行款项已转存银行，企业货币资产增加，根据"银行存款"账户的结构特点，应按照实际收到款项记入其借方。这项经济业务编制的会计分录如下：

借：银行存款   1000000

贷：应付债券   1000000

第三节　采购业务的核算

工业企业从不同途径筹集到各种资金后，就可以将其投入到企业正常的生产经营活动中去，发挥资金应有的作用，通过资金在企业内部的循环与周转，为企业带来经济利益，实现资金增值。资金在企业经营过程的不同阶段，其运动的方式和表现的形态不同，因而核算的内容也就不同。一般将工业企业的经营过程划分为采购过程、生产过程和销售过程。其中采购过程是为生产产品做准备的过程。

一、采购业务的内容

工业企业采购业务主要包括两方面的内容：一是购建厂房、建筑物、机器、设备等固定资产；二是采购生产经营所需要的各种材料，作为生产储备。在采购过程中，企业支付货币资金，获得用于生产经营所需的固定资产和材料物资，实现货币资金运动形态由货币资金转化为固定资金和储备资金。厂房、建筑物、机器、设备等固定资产可以在较长时期内反复使用，不必经常重复购置，具有稳定的实物形态，因此，企业投入用于购置固定资产的资金称为固定资金。材料物资在生产过程中通常是一次性被消耗，无法反复进行使用，需要在一定时期内不断反复采购，以满足企业产品生产的需要，因此，企业投入用于反复采购材料物资的资金称为储备资金。企业日常的采购业务实际上是以材料物资的采购业务为主。

材料物资采购过程通常是指从材料物资采购开始到其验收入库为止的整个过程。在这一过程中，企业应按规定与供货方办理结算手续，支付所购材料物资的买价，支付采购过程中发生的运输费、装卸费、包装费、保险费、运输过程中的合理损耗、材料物资入库前的整理挑拣费用、各项税金和其他费用等，获得所需的材料物资以备生产使用。

企业开展生产经营活动，需要有经营用劳动资料，通常是指房屋、建筑物、机器、运输工具以及其他与生产经营有关的设备、器具、工具等。当企业为生产商品、提供劳务、出租或经营管理而持有的有形资产使用寿命超过一年或是超过一个会计年度时，被界定为固定资产。

由于企业取得固定资产的渠道较为多样，不同的渠道取得的固定资产，其价值构成的具体内容可能不同，因而，固定资产取得时的入账价值应根据具体情况和涉及的具体内容分别确定。固定资产应以取得时实际成本计价，构成固定资产取得时实际成本的具体内容包括买价、运输费、保险费、包装费、安装成本及相关税金等。因此，固定资产的购建业务核算主要包括两方面：一是获得固定资产，根据具体取得的方式不同合理核算固定资产的购建成本，并进行固定资产的验收与安装调试工作，满足生产经营的需要；二是及时与固定资产供应企业或提供相关服务的企业办理款项结算业务。

二、采购业务的账户设置

（一）采购业务涉及的资产类账户

（1）"原材料"，用来核算企业库存的各种材料（包括原料及主要材料、辅助材料、外购半成品、修理用备件、包装材料、燃料等）的采购成本。该账户借方登记验收入库而增加的材料成本；贷方登记因领用等原因而减少的材料成本；期末有借方余额，反映企业库存材料的采购成本。在会计实务中，为了便于管理与安排生产、采购，"原材料"账户应按照材料的类别、品种和规格或是材料的保管地点（仓库）等进行明细核算。

（2）"在途物资"，用来核算企业在途材料的买价和相关的采购费用。在途材料是指企业购入尚在途中或虽已运达但尚未验收入库的购入材料的采购成本。该账户借方核算新增的在途材料成本；贷方核算因验收入库而转入"原材料"账户的在途材料成本；期末如有贷方余额，则表示尚未到达或尚未验收入库的在途材料的实际采购成本。"在途物资"账户可按照在途物资的不同种类进行明细核算。

（3）"固定资产"，用来核算企业持有固定资产的原价。该账户借方登记企业因购入或通过其他方式取得达到可使用状态的固定资产价值；贷方登记因处置而减少的固定资产价值；期末有借方余额，反映企业固定资产的账面原价。为了便于管理和使用，"固定资产"账户应当按照固定资产类别和项目进行明细核算。

（4）"在建工程"，用于核算企业购入但需要安装后才能使用的固定资产或是企业自行建造但尚未竣工投入使用的固定资产。该账户借方登记购入但需要安装后才能使用的固定资产或是企业自行建造但尚未竣工投入使用的固定资产的购建成本；贷方登记达到可使用状态交付使用的在建工程的转出成本；期末如有余额在借方，反映企业在建工程的购建成本。为了便于进行成本核算，该账户应当按照在建工程的类别和项目进行明细核算。

（5）"预付账款"，用于核算企业因购入材料物资而预先支付给供应企业的款项。该账户借方登记企业购入材料物资之前向供应企业预付以及之后补付的款项；贷方登记实际收到材料物资时应确认支付的货款或是供应企业退回的多预付的款项；期末如有借方余额，反映企业预付的款项，如有贷方余额，则反映企业尚未补付的款项。在会计实务中，如果工业企业日常预付款项的业务不经常发生，企业往往不专门设置该账户，而是借用"应付账款"账户进行登记。为了反映企业与不同供应企业之间的结算关系，"预付账款"账户可按照供应企业进行明细核算。

会计实务中，采购业务的核算还会涉及"库存现金"、"银行存款"等资产类账户，由于这些账户已在之前的章节详细介绍了，此处就不再一一说明。

（二）采购业务涉及的负债类账户

（1）"应付账款"，用于核算企业因购买材料、商品和接受劳务供应等经营活动应支付但尚未实际支付的款项。该账户贷方登记因购货而增加的负债金额；借方登记因偿还款项而减少的负债金额；期末如有余额在贷方，反映企业尚未偿付的款项。为了便于债务的管理，及时掌握企业应付款项的实际情况，"应付账款"应当按照不同的债权人进行明细核算。

（2）"应付票据"，用于核算企业购买材料、商品和接受劳务供应等经营活动而开出的承兑的商业汇票。商业汇票按照承兑人的不同分为银行承兑汇票和商业承兑汇票两种。该账户贷方登记开出的承兑的商业汇票的金额；借方登记企业实际进行兑现的商业汇票的金额；期末如有余额在贷方，反映企业尚未到期的商业汇票的票面金额。在会计实务中，工业企业通常会设置"应付票据备查簿"，对企业所开出的每一份商业汇票进行详细登记，包括商业汇票的种类、号数、出票日期、到期日、票面余额、交易合同号、收款人姓名或单位名称、付款日期和金额等信息。当应付票据到期兑现时，应当在备查簿内逐笔注销。

（3）"应交税费"，属于负债类科目，用于核算企业按照税法规定计算应交纳的各种税费。这里的税费包括增值税、消费税、营业税、所得税、资源税、土地增值税、城市维护建设税、教育费附加等。该账户贷方登记新增应交而未交的税费；借方登记企业实际支付的税费；期末如有贷方余额，反映企业应交但尚未交纳的税费；期末如为借方余额，反映企业多交或尚未抵扣的税费，可留待下期进行抵减。为了便于核算，"应交税费"应当按照应交的不同税种设置明细账户，进行明细核算。

三、采购业务的账务处理

（一）采购材料物资的账务处理

材料物资采购业务的账务处理主要包括两方面：一是取得材料物资，合理核算材料物资采购成本并进行材料物资的验收与入库整理，满足生产领用的需要；二是及时与材料物资供应企业或提供相关服务的企业办理款项结算业务。企业办理款项结算的，按照获得材料物资的时间与支付款项的时间先后关系，有预付、现付和赊购三种方式，通常涉及的账户有"预付账款"、"银行存款"或"库存现金"、"应付账款"或"应付票据"等账户。材料物资的采购业务如图4-3所示。

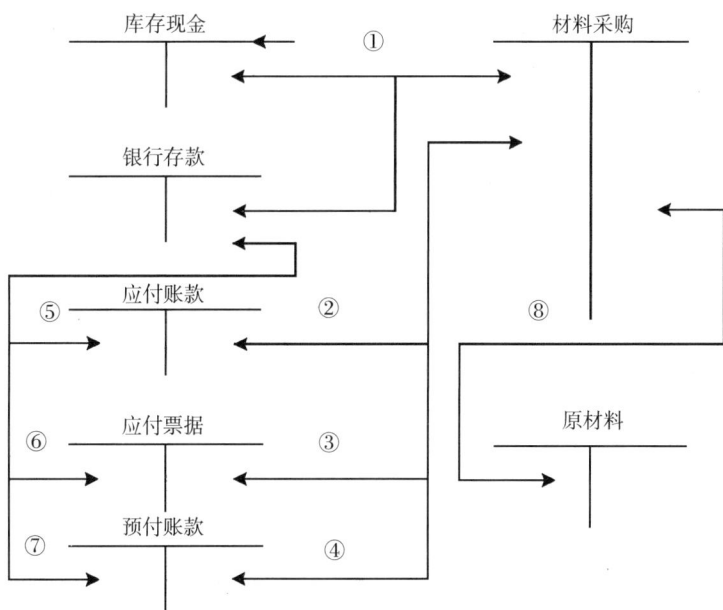

图4-3 材料物资采购业务的核算

图4-3说明：①支付货币资金购入材料物资；②采用赊购方式购入材料物资；③采用商业汇票购入材料物资；④采用预付款项购入材料物资；⑤偿付前欠的货款；⑥偿付到期的商业汇票；⑦预付货款；⑧材料物资验收入库，结转相关成本。

工业企业为采购材料物资所发生的支出构成材料物资的实际采购成本，一般由买价、相关税费、运输费、装卸费、保险费以及其他费用构成。

【例4-9】 2013年6月3日，弦歌公司从兴业公司采购甲材料1000千克，每千克 100 元，增值税税率 17%，货款、税款均尚未支付。

通过该项经济业务，企业购入材料一批，账款未付，涉及"在途物资"、"应交税费"、"应付账款"三个账户。一方面，企业已购进材料，取得其所有权，应按材料的采购成本登记资产的增加，根据"在途物资"账户的结构特点，应登记在借方，按购进材料需支付的增值税税金登记负债的减少，根据"应交税费"账户的结构特点，应登记在借方，金额为 17000 元（100000×17%）；另一方面，货款和税款均尚未支付，为企业负债的增加，根据"应付账款"账户的结构特点，应登记在贷方，金额为 117000 元（100000+100000×17%）。这项经济业务编制的会计分录如下：

    借：在途物资——甲材料   100000
        应交税费——应交增值税（进项税额）   17000
        贷：应付账款——兴业   117000

【例 4-10】 2013 年 6 月 8 日，弦歌公司从永盛公司购入甲、乙两种材料，货款、运费、增值税税款均以银行存款支付。购入甲材料 750 千克，每千克 100 元，购入乙材料 450 千克，每千克 100 元；购入两种材料的运杂费为 2400 元，其中甲材料负担 1800 元，乙材料负担 600 元；增值税进项税额 20400 元（运费抵扣部分进项税此处暂不考虑），材料尚未验收入库。

通过该项经济业务，企业采购材料并支付有关税费，涉及"在途物资"、"应交税费"、"银行存款"三个账户。一方面，企业购进材料，其可使用的材料增加，根据"在途物资"账户的结构特点，应登记在借方，金额为 122400 元（750×100+450×100+2400），其中"在途物资——甲材料"借方应登记 76800 元（750×100+1800），"在途物资——乙材料"借方应登记 45600 元（450×100+600），同时因购买材料所支付的增值税进项税额 20400 元，根据"应交税费"账户的结构特点，应登记在借方；另一方面，企业采用银行存款支付，"银行存款"账户减少 142800 元，根据其账户结构特点，应登记在贷方。会计分录如下：

    借：在途物资——甲材料   76800
            ——乙材料   45600
        应交税费——应交增值税（进项税额）   20400
        贷：银行存款   142800

【例 4-11】 2013 年 6 月 12 日，根据合同规定，向蓝天公司以银行存款 32000 元提前预付购买乙材料款。

通过该项经济业务，企业预付款购入材料，涉及"预付账款"和"银行存款"两个账户。一方面，预付账款增加 32000 元，根据"预付账款"账户的结构特点，应登记在借方；另一方面，银行存款减少 32000 元，根据"银行存款"账户的结构特点，应登记在贷方。会计分录如下：

借：预付账款——蓝天　　　　　　　　　　32000

　贷：银行存款　　　　　　　　　　　　　32000

【例 4–12】　2013 年 6 月 18 日，公司从蓝天公司购买的 150 千克乙材料已到，每千克 200 元，增值税进项税额 5100 元，尚未验收入库，余款未付。

通过该项经济业务，企业预付货款购入的材料已收到，并确定了实际应付的款项金额，涉及"在途物资"、"应交税费"和"预付账款"三个账户。一方面，材料采购成本增加 30000 元（150×200），应记入"在途物资"账户，根据其结构特点，应登记在借方，因购买材料所支付的增值税进项税额 5100 元，根据"应交税费"账户的结构特点，应登记在借方；另一方面，购买乙材料的款项原已预付给蓝天公司，根据"预付账款"账户的结构特点，应登记在贷方。会计分录如下：

借：在途物资——乙材料　　　　　　　　　30000

　应交税费——应交增值税（进项税额）　5100

　贷：预付账款——蓝天　　　　　　　　　35100

需要注意的是，由于该购买材料的业务采用了预付款方式，此时按照实际应结算的金额登记"预付账款——蓝天"的贷方，造成了该账户有贷方余额，可理解为"预付账款"账户具有债权债务双重性质。

【例 4–13】　2013 年 6 月 20 日，公司从兴隆公司购买乙材料 700 千克，每千克 190 元，增值税进项税款 22610 元，货款采用商业承兑汇票结算，材料尚未办理入库手续。

通过该项经济业务，企业用应付票据的形式购入材料，涉及"在途物资"、"应交税费"和"应付票据"三个账户。一方面，材料的采购成本增加 133000 元，根据"在途物资"账户的结构特点，登记在借方，购买材料所支付的增值税进项税额 22610 元，根据"应交税费"账户的结构特点，应登记在借方；另一方面，企业开出商业承兑汇票使得企业负债增加 155610 元，根据"应付票据"账户的结构特点，应登记在贷方。会计分录如下：

借：在途物资——乙材料　　　　　　　　　133000

　应交税费——应交增值税（进项税额）　22610

　贷：应付票据——兴隆　　　　　　　　　155610

【例 4–14】　2013 年 6 月 21 日，公司结清了兴业公司的货款 117000 元和蓝天公司的余款 3100 元，款项通过银行支付。

通过该项经济业务，企业偿付了所欠兴业公司和蓝天公司的货款，涉及"应付账款"、"预付账款"和"银行存款"三个账户。一方面，使银行存款减少，根据"银行存款"账户的结构特点，应登记在贷方；另一方面，企业的债务减少，根据"应付账款"账户和"预付账款"账户的结构特点，应登记在借方。会计分录如下：

借：应付账款——兴业　　　　　　　117000
　　预付账款——蓝天　　　　　　　　3100
　　贷：银行存款　　　　　　　　　　　120100

【例 4-15】　上述材料全部验收入库，计算并结转材料的实际成本。

已验收入库材料的实际总成本=100000+76800+45600+30000+133000=385400（元）

通过该项经济业务，企业结转在途材料进入库存状态，涉及"在途物资"和"原材料"两个账户。一方面，使库存材料增加385400元，根据"原材料"账户的结构特点，应登记在借方；另一方面，结转材料采购成本385400元，根据"在途物资"账户的结构特点，应登记在贷方。会计分录如下：

借：原材料——甲材料　　　　　　　176800
　　　　　——乙材料　　　　　　　208600
　　贷：在途物资——甲材料　　　　　　　176800
　　　　　　　　——乙材料　　　　　　　208600

【例 4-16】　2013 年 6 月 23 日，企业向宏兴公司购入甲材料 100 千克，每千克 200 元，共计 20000 元，增值税进项税额 3400 元，运费 1000 元。货款及运杂费通过银行支付。

通过这项经济业务，企业购入材料，支付了相关的款项，涉及"在途物资"、"应交税费"和"银行存款"三个账户。一方面，要反映材料采购成本的增加，包括买价和运杂费，应登记在"在途物资"账户的借方，同时计算应缴纳的增值税进项税额 3400 元（运费抵扣部分进项税此处暂不考虑），应登记在"应交税费"账户的借方；另一方面，还要反映银行存款的减少，登记在"银行存款"账户的贷方。编制会计分录如下：

借：在途物资——甲材料　　　　　　　21000
　　应交税费——应交增值税（进项税额）　3400
　　贷：银行存款　　　　　　　　　　　24400

【例 4-17】　2013 年 6 月 25 日，企业向蓝环公司购入丙材料 100 千克，每千克 100 元，计 10000 元；购入丁材料 200 千克，每千克 60 元，计 12000 元，增值税进项税额 3740 元。对方垫付运杂费 1500 元，货款及运杂费尚未支付。

通过这项经济业务，企业购入材料，相关的款项尚未支付，涉及"在途物资"、"应交税费"和"应付账款"三个账户。一方面，要反映材料采购成本的增加，包括买价和运杂费，应登记在 "在途物资" 账户的借方，同时应缴纳的增值税进项税额 3740 元（运费抵扣部分进项税此处暂不考虑），应登记在"应交税费"账户的借方；另一方面，还要反映企业债务的增加，应登记在"应付账款"账户的贷方。

企业向同一企业同时购入两种或两种以上的材料所发生的运费、装卸费等各项采购费用，如在发生时不能区分各种材料应负担的费用额，则应采用一定的分配方法，按一定的分配标准在所采购的各种材料之间进行有效分配。一般情况下，当材料性质差别不大，采用的计量单位一致时，按材料重量标准进行分配；当材料的计量单位不一致时，则按材料的买价标准进行费用的分配。通常工业企业会根据企业的实际情况确定分配的标准。

采购费用分配率=实际发生的采购费用÷材料的重量或买价

某种材料应分摊的采购费用=该材料的重量或买价×采购费用分配率

对于该例题中所发生的经济业务，首先将共同发生的运杂费 1500 元在丙、丁两种材料间进行分配，然后再编制会计分录。

假定本例运杂费按照材料的重量进行分配，具体计算过程如下：

运杂费分配率=1500÷（100+200）=5（元/千克）

丙材料应分摊的运杂费=100×5=500（元）

丁材料应分摊的运杂费=200×5=1000（元）

丙材料的采购成本=10000+500=10500（元）

丁材料的采购成本=12000+1000=13000（元）

会计分录如下：

借：在途物资——丙材料   10500

     ——丁材料   13000

  应交税费——应交增值税（进项税额） 3740

   贷：应付账款——蓝环公司   27240

【例 4-18】 2013 年 6 月 30 日，企业用银行存款归还所欠蓝环公司货款。

通过这项经济业务，企业用银行存款偿还了蓝环公司的债务，涉及"应付账款"和"银行存款"两个账户。一方面，企业的银行存款减少 27240 元，应登记在 "银行存款" 账户的贷方；另一方面，应付账款减少 27240 元，应登记在"应付账款"账户的借方。会计分录如下：

借：应付账款——蓝环公司   27240

  贷：银行存款   27240

（二）购建固定资产的账务处理

固定资产应以取得时实际成本计价。构成固定资产取得时实际成本的具体内容包括买价、运输费、保险费、包装费、安装调试费用及相关税费等。工业企业取得固定资产的渠道不同，其价值构成的具体内容可能也会有所不同。

固定资产取得时的入账价值应根据具体情况和涉及的具体内容分别确定。工业企业通过购置，取得不需要建造安装即可投入使用的固定资产，如购买汽车，按购置过程中实际支付的买价、包装费、运杂费以及交纳的有关税费等（不包括增值税），作为固定资产的入账价值；通过自行建造取得的固定资产，按照建造该项固定资产达到预定可使用状态前所发生的一切合理的、必要的支出作为其入账价值。除此之外，企业还可以通过其他途径，如接受投资取得固定资产，接受抵债取得固定资产，接受捐赠等，其入账价值就不一一进行介绍。

固定资产购建业务的账务处理主要包括两方面：一是取得固定资产，合理核算固定资产购建过程中的各项成本；二是及时与固定资产供应企业或提供相关服务的企业办理款项结算业务。企业办理款项结算的，按照获得固定资产的时间与支付款项的时间先后关系，有预付、现付和赊购三种方式，通常涉及的账户有"预付账款"、"银行存款"或"库存现金"、"应付账款"或"应付票据"等账户。固定资产的采购业务如图 4-4 所示。

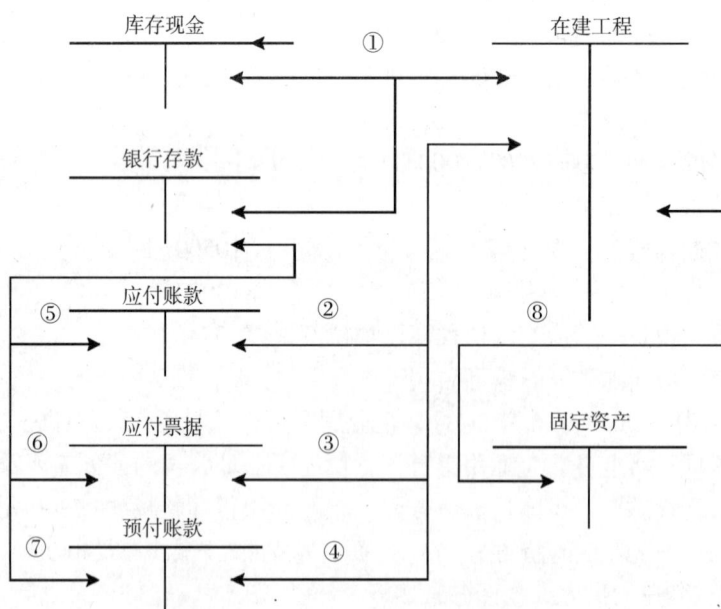

图 4-4　固定资产购建业务的核算

图 4-4 说明：①支付货币资金购入固定资产或支付相关的费用；②采用赊购方式购入固定资产或支付相关的费用；③采用商业汇票购入固定资产或支付相关

的费用；④采用预付款项购入固定资产或支付相关的费用；⑤偿付前欠的货款或相关费用；⑥偿付到期的商业汇票；⑦预付货款或相关费用；⑧在建工程验收投入使用，结转相关成本计入固定资产。

【例 4-19】 2013 年 6 月 6 日，明光公司购置不需要安装的机器设备一台，买价 80000 元，增值税进项税额 13600 元，运输费 1500 元，装卸费 500 元，全部款项用银行存款支付，设备已交付使用。

根据该项经济业务，企业外购机器设备，涉及"固定资产"、"应交税费"和"银行存款"三个账户。一方面，企业固定资产增加 82000 元（80000+1500+500），根据"固定资产"账户的结构特点，应按购入实际成本登记在借方，可以抵扣的增值税进项税额增加 13600 元，根据"应交税费"账户的结构特点，应登记在借方；另一方面，银行存款减少 95600 元（80000+13600+1500+500），根据"银行存款"账户的结构特点，应登记在贷方。会计分录如下：

借：固定资产 82000
　　应交税费——应交增值税（进项税额） 13600
　　贷：银行存款 95600

【例 4-20】 2013 年 6 月 8 日，明光公司购入需要安装的机器设备一台，买价 50000 元，增值税进项税额 8500 元，均以存款支付；另以银行存款支付运输费 1200 元，安装过程中发生人工工资 7200 元，待下月支付。

通过该项经济业务，企业购入需要安装调试的机器设备，涉及"在建工程"、"应交税费"、"银行存款"和"应付职工薪酬"四个账户。一方面，在建工程支出增加 58400 元（50000+1200+7200），根据"在建工程"账户的结构特点，应登记在借方，可以抵扣的增值税进项税额 8500 元，根据"应交税费"账户的结构特点，应登记在借方；另一方面，企业银行存款减少 59700 元（50000+8500+1200），根据"银行存款"账户的结构特点，应登记在贷方；应付人工工资增加 7200 元，根据"应付职工薪酬"账户的结构特点，应登记在贷方。会计分录如下：

借：在建工程 58400
　　应交税费——应交增值税（进项税额） 8500
　　贷：银行存款 59700
　　　应付职工薪酬 7200

【例 4-21】 2013 年 6 月 28 日，上述所购设备安装完毕，经验收合格交付使用。结转固定资产的成本。

通过这项经济业务，企业在建工程投入使用，涉及"在建工程"和"固定资产"两个账户。购入的设备安装投入使用，结转"在建工程"账户到"固定资产"账户，根据"在建工程"账户的结构特点，应从贷方转出，根据"固定资产"账户的结构特点，应转入其借方。会计分录如下：

借：固定资产   58400
 贷：在建工程   58400

第四节　生产业务的核算

一、生产业务的内容

工业企业从投入材料组织生产开始，到产品完工验收入库的整个过程称为生产过程。产品的生产业务既是工业企业生产经营活动的核心业务环节，也是消耗各种材料、发生固定资产损耗、支付职工薪酬和产生其他相关费用的过程。

对处在生产过程某一阶段，尚未最后完工的产品，称为在产品。随着产品完工验收入库，企业的在产品便转化为产成品。产品生产过程所发生的那些能够用货币形式表现的各种费用，叫做生产费用。企业的生产费用，不论发生在何处，都要归集、分配到一定数量的某种产品，构成该产品的产品成本，即产品的生产成本或制造成本。此外，在生产过程中，除了与产品生产相关的生产费用外，还存在着一些与生产无关的物资消耗和人员费用，这部分耗费应作为管理费用，直接与当期的销售收入相匹配，计入当期损益。同时生产业务的发生还会产生企业与其他企业、内部职能部门、企业职工的结算关系。产品生产业务的核算，主要涉及材料的领用、薪酬的确认与支付、生产费用的摊销与分配、生产设备等固定资产的折旧、完工产品的成本核算与验收入库以及有关的结算业务。

工业企业在生产过程中发生的各项耗费按其经济用途和与产品成本的关系，又可分为生产成本和期间费用两大类。

（一）生产成本

生产成本也称为制造成本，是指工业企业为生产产品或提供劳务而发生的、计入产品成本的费用，按照其计入产品成本的方式又可分为直接费用和间接费用。

1. 直接费用

直接费用是指工业企业在生产产品或提供劳务过程中所发生的直接材料、直接人工和其他直接费用。直接材料是指在生产产品或提供劳务过程中所消耗的，直接用于产品生产，能够构成产品实体的原料、主要材料、外购半成品及有助于产品形成的辅助材料。直接人工是指在生产产品或提供劳务过程中，直接参加生产的工人薪酬，包括工资、职工福利费、养老保险、失业保险、医疗保险、生育保险、工伤保险、住房公积金、工会经费、职工教育经费等。其他直接费用是指企业发生的除直接材料费用和直接人工费用以外的，与生产产品或提供劳务有直接关系的费用，如专门生产某种产品的专用机器设备的折旧等。

2. 间接费用

间接费用是指工业企业在生产产品或提供劳务过程中所发生的，不能直接计入产品生产成本，但又应由产品生产成本负担的有关费用。主要是指工业企业各个生产单位（如分厂、生产车间）为组织和管理产品生产而发生的各项耗费，包括生产单位发生的管理人员的薪酬、机器设备的折旧费与修理费、水电费、机物料消耗、劳动保护费以及其他费用。这些间接费用通常与产品生产间接相关，但是在发生当时又无法直接计入产品生产成本，也无法通过简便合理的分配方法计入产品生产成本。

间接费用在生产过程中按照一定方式进行归集，到了会计期末或是生产终了时，应当按照一定程序和方法进行分配，计入相关产品的生产成本，最终转化为产品成本的一部分。

（二）期间费用

期间费用是指工业企业在生产经营过程中发生的，无法计入产品成本，而是直接计入当期损益的各种费用。虽然期间费用与产品的生产没有联系，不能计入产品成本，但它的发生与企业在一定时期实现的收入相关，根据收入与费用的配比原则的要求，必须计入当期损益。期间费用主要包括管理费用、财务费用和销售费用。

1. 管理费用

管理费用是指工业企业为组织和管理生产经营所发生的各项费用，包括筹建期间内发生的开办费、董事会和行政管理部门职工薪酬、行政办公费、差旅费、物料消耗、工会经费等行政管理部门发生的或者应由工业企业统一负担的费用。该账户的借方核算一定期间内工业企业发生的各种管理费用；贷方核算期末结转入"本年利润"账户的管理费用；期末结转后该账户无余额。为了对工业企业各项管理费用进行有效的核算与监督，该账户可按费用项目设置明细账，进行明细核算。

2. 财务费用

财务费用是指工业企业为筹集和使用生产经营所需资金而发生的费用，包括企业借贷货币资金所发生的利息支出（收入）、汇兑损益以及相关的手续费、企业发生的现金折扣或收到的现金折扣等。该账户的借方核算一定期间内工业企业发生的各种财务费用；贷方核算一定期间内工业企业应冲减财务费用的利息收入、汇兑损益、现金折扣以及期末结转入"本年利润"账户的财务费用；期末结转后该账户无余额。为了便于工业企业对各项财务费用进行有效核算与监督，该账户可按费用项目设置明细账，进行明细核算。

3. 销售费用

销售费用是指工业企业在销售商品过程中发生的各项费用，包括销售过程中发生的销售费用，如销售产品过程中由工业企业承担的运输费、装卸费、包装费、保险费、展览费和广告费等。工业企业如设置有专门的销售机构，则该专设销售机构的各项经费，如职工薪酬、人员差旅费、机构的办公费、固定资产的折旧费与修理费以及其他与销售相关的经费等，不再计入管理费用，而是计入销售费用。

（三）生产费用与产品成本

生产费用与产品成本是两个既相互联系又有所区别的概念。生产费用与一定生产期间相联系，通常是按照会计期间进行归集；产品成本则是与一定数量、一定种类的产品相联系，是对象化了的生产费用。由于工业企业进行生产时为了提高生产效率和财产物资的使用率，通常采用流水线生产的形式，这就意味着工业企业的产品生产，从投入生产到完工入库，可能会跨越不同的会计期间，因此产品的成本可能会包含不同会计期间所发生的生产费用。

生产业务的核算实际上是生产过程中生产费用的发生、归集和分配的核算。

二、生产业务的账户设置

（一）生产业务涉及的成本类账户

为了归集产品生产过程中的各项成本费用，按照其与产品生产的关系进行有效的区分，企业在会计核算时设置如下账户：

（1）"生产成本"账户，用于核算工业企业进行工业性生产发生的各项生产费用，包括生产产品、提供劳务、自制材料、自制工具等。该账户借方登记生产产品所发生的直接材料成本、直接人工费用以及从"制造费用"账户转入的间接费用；贷方登记已完工产品入库时应承担的实际生产成本；期末如有余额在借方，表示期末尚未完工产品（即在产品）的实际成本。为了区分不同成本核算对象的成本，该账户可按成本核算对象（如产品种类）设置明细分类账户，进行明细分类核算。

（2）"制造费用"账户，用于核算企业生产车间为生产产品和提供劳务而发生的各项间接费用。这些间接费用是车间生产多种产品或提供多项劳务发生的共同费用，在发生时无法直接计入某一种产品或某一项劳务的成本，必须在期末按照一定的分配方法计入相关的产品或劳务的成本，主要包括车间范围内的管理人员的薪酬、固定资产折旧费与修理费、办公费、水电费、物料消耗等。该账户借方登记生产车间发生的间接费用；期末将本会计期间所发生的制造费用按受益产品进行有效分配，由贷方转出，转入相应的"生产成本"账户的借方；经分配结转后一般无余额。为了区分不同车间的费用开支，"制造费用"可按不同的生产车间设置明细账，还可以在账户内按费用项目设置专项栏目，进行明细分类核算，方便企业对不同成本构成项目的核算与控制。

（二）生产业务涉及的资产类账户

（1）"库存商品"账户，用于核算工业企业库存的各种商品的实际成本。该账户借方登记完工并验收入库的产成品的生产成本；贷方登记企业由于销售或其他原因而发出的产成品的生产成本；期末有余额在借方，表示尚未销售的库存产成品的实际成本。企业通过该账户对库存的产成品的收入、发出和结存情况进行管理。为了更有效地满足管理与监督的要求，企业通常可按库存商品的种类、品种和规格设置明细账户，进行明细核算。

（2）"累计折旧"账户，用于反映工业企业在生产经营过程中所使用的固定资产的价值转移状况，即固定资产折旧额的提取和注销情况。该账户是"固定资产"账户的备抵账户，账户的结构特点与"固定资产"账户正好相反，即其贷方登记逐期（一般是按月）计提的固定资产损耗的价值，即在企业生产经营过程中逐期转移计入相关成本费用的价值；借方登记因出售、毁损、报废等原因减少固定资产时应注销的该项固定资产累计折旧额；期末余额在贷方，表示企业现有固定资产已提取的累计折旧额。由于"累计折旧"账户是"固定资产"账户的备抵账户，因此，企业固定资产的净值为"固定资产"账户的借方余额减去"累计折旧"贷方余额的差额。

（三）生产业务涉及的负债类账户

"应付职工薪酬"账户，用于核算工业企业按照规定或约定应支付给企业职工的各种薪酬，包括工资、津贴、职工福利费、社会保险费、住房公积金、辞退福利、工会经费和职工教育经费、非货币性福利等。该账户贷方登记应向职工支付的薪酬金额，借方登记实际支付的薪酬金额。期末如有贷方余额，表示应付但尚未支付的薪酬金额，如有借方余额，表示多支付的薪酬金额。

（四）生产业务涉及的损益类账户

"管理费用"账户，用于核算工业企业为了组织和管理生产经营活动而发生的各种耗费，如企业行政管理部门人员的薪酬、固定资产计提的折旧与维修费、行政办公经费、水电费、业务招待费等。该账户借方登记企业管理部门为组织和管理生产所发生的一切费用；贷方登记期末结转入"本年利润"账户的管理费用；期末无余额。

当然工业企业在生产过程中，用于核算生产业务的会计账户不限于上述的几个账户，有些会计账户在之前的章节中已介绍过，此处就不再一一列举。

三、生产业务的账务处理

工业企业的生产业务主要涉及在生产经营过程中消耗的材料物资、应支付的职工薪酬、固定资产折旧等的归集与分配，制造费用的归集与分配，产品生产成本的核算以及完工产品的成本结转。生产业务的核算如图4-5所示。

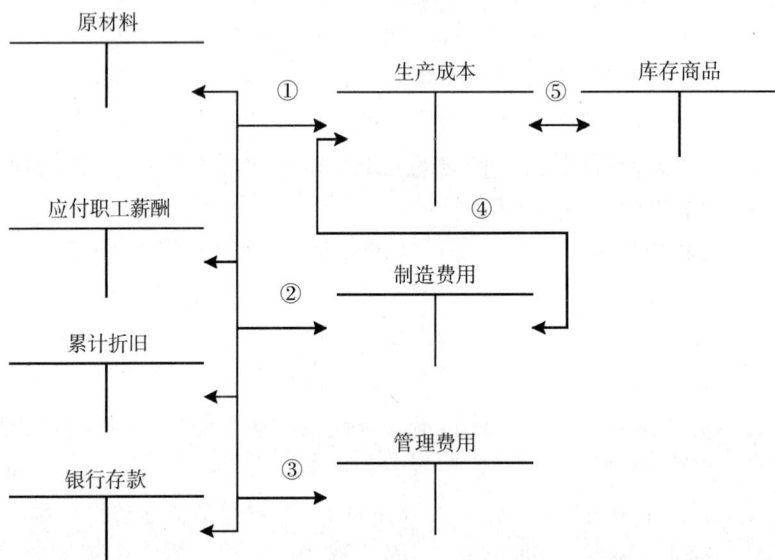

图 4-5　生产业务的核算

图4-5说明：①归集生产产品发生的直接生产成本；②归集生产车间发生的间接生产成本；③归集企业管理部门所发生的各种耗费；④分配制造费用；⑤产品完工验收入库，结转产品成本。

（一）材料费用的归集与分配

工业企业通过采购过程采购进行生产制造所需要的各种原材料，经验收入库，就形成了生产业务的物资储备，在生产产品、提供劳务或是其他原因领用原材料时，就形成了材料费用。原材料是构成产品实体的重要组成部分，对材料费用的归集与分配的核算是生产过程核算中的一项重要内容。

工业企业采购材料，经验收，办理入库手续，形成生产的物资储备，并向会计部门移交相关入库凭证。生产部门领取材料时，填制领料单，向仓库办理领料手续，领取所需材料。仓库发出材料后，要将领料凭证传递到会计部门。为了方便核算，简化登记，会计部门将领料单进行汇总，统一编制"发出材料汇总表"，据以将本会计期间发生的材料费用按材料用途进行分配，分别计入生产费用和其他有关费用。

在会计实务中，在确定材料费用时，应根据领料凭证区分领用部门和用途，按照确定的结果将发出材料的成本分别记入"生产成本"、"制造费用"或"管理费用"等账户及其有关明细账。对于直接用于某种产品生产的材料费用，应直接记入该产品"生产成本"明细账；对于由几种产品共同耗用、应由这些产品共同负担的材料费用，应在发生时先记入"制造费用"账户进行归集，在生产结束时再选择适当的分配标准在各种产品之间进行分配，最后方能记入各产品"生产成本"明细账；对于为创造生产条件等需要而间接消耗的各种材料费用，应先在"制造费用"账户中进行归集，然后再同其他间接费用一起分配计入有关产品成本中。

【例4-22】 2013年6月30日，弦歌公司的仓库根据当月领料凭证，汇总编制本月材料领用汇总表，如表4-1所示。

表4-1 材料领用汇总表

用途\种类	甲材料			乙材料			丙材料			合计金额（元）
	数量（千克）	单价（元/千克）	金额（元）	数量（千克）	单价（元/千克）	金额（元）	数量（千克）	单价（元/千克）	金额（元）	
制造产品领用										
A产品	1280	100	128000				100	65	6500	134500
B产品				400	205	82000				82000
生产车间领用				4	205	820	2	65	130	950
管理部门领用							1	65	65	65
合计	1280	—	128000	404	—	82820	103	—	6695	217515

通过该项业务，企业领用材料用于生产经营，涉及"原材料"、"生产成本"、"制造费用"和"管理费用"四个账户。由材料领用汇总表可知，本月原材料发出合计217515元，根据涉及账户的结构特点和材料实际用途，一方面，使企业库存材料减少，应登记"原材料"账户的贷方；另一方面，使生产费用增加217515元，其中直接用于生产A产品的134500元、用于生产B产品的82000

元，应直接登记在"生产成本——A 产品"与"生产成本——B 产品"账户的借方，生产车间一般耗用 950 元，应登记在"制造费用"账户的借方，行政部门领用 65 元，应登记在"管理费用"账户的借方。会计分录如下：

借：生产成本——A 产品　　　　　　　134500
　　　　　　——B 产品　　　　　　　　82000
　　制造费用　　　　　　　　　　　　　　950
　　管理费用　　　　　　　　　　　　　　　65
　　贷：原材料　　　　　　　　　　　217515

（二）人工费用的归集与分配

职工为企业提供服务，企业应向职工支付一定的薪酬。所谓职工薪酬，是指企业为获得职工提供的服务而给予各种形式的报酬以及其他相关支出。职工薪酬包括职工工资、奖金、津贴和补贴，职工福利费，医疗保险费、养老保险费、失业保险费、工伤保险费和生育保险费等社会保险费，住房公积金，工会经费和职工教育经费，非货币性福利，因解除劳动关系而给予职工的补偿以及其他与获得职工提供的服务相关的支出。

职工薪酬作为企业的一项支出，在实际发生时根据职工提供服务的受益对象不同，分别进行处理，形成企业的费用或计入有关资产的成本：应由生产产品、提供劳务负担的职工薪酬，计入产品成本或劳务成本；应由在建工程、无形资产负担的职工薪酬，计入建造固定资产或无形资产成本；其他的职工薪酬计入当期损益。

在对企业职工的薪酬进行核算时，应根据工资结算汇总表或企业按月编制的"职工薪酬分配表"的内容登记有关的总分类账户和明细分类账户，进行相关的账务处理。生产工人的薪酬属于直接费用，可直接记入"生产成本"有关明细账户；生产工人以外的其他生产管理人员的薪酬则属于间接费用，应记入"制造费用"账户，在生产结束时再选择适当的分配标准在各种产品之间进行分配，最后方能记入有关产品的"生产成本"明细账。根据企业应承担的职工薪酬的具体内容，可以在"应付职工薪酬"账户下设置明细账户进行核算。

【例 4-23】　2013 年 6 月 10 日，弦歌公司开出转账支票支付企业职工的薪酬 97200 元。

通过该项经济业务，企业开具支票支付职工薪酬，涉及"银行存款"、"应付职工薪酬"两个账户。一方面，开具转账支票，银行存款减少，应登记在"银行存款"账户的贷方；另一方面，应付给职工的工资薪酬减少，应登记在"应付职工薪酬"账户的借方。会计分录如下：

借：应付职工薪酬——工资　　　　　　97200
　　贷：银行存款　　　　　　　　　　97200

【例 4-24】 2013 年 6 月 30 日，弦歌公司对本月的职工薪酬按用途分配，如表 4-2 所示。

表 4-2　6 月份职工薪酬分配表

用途	金额（元）
生产工人工资：	
A 产品	29600
B 产品	26200
生产车间管理人员工资	17600
行政管理人员工资	25200
合计	98600

通过该项经济业务，企业将职工薪酬进行分配，涉及"生产成本"、"制造费用"、"管理费用"和"应付职工薪酬"四个账户。一方面，企业经营过程中的生产费用增加，根据相关账户的结构特点，按照职工提供服务的受益对象不同，生产费用中生产工人的薪酬是直接费用，按照产品的不同种类，应分别登记在"生产成本——A 产品"和"生产成本——B 产品"明细账户的借方，生产车间管理人员薪酬是间接费用，应登记在"制造费用"账户的借方，行政管理人员薪酬不构成产品成本，应登记在"管理费用"账户的借方；另一方面，应付企业职工薪酬增加，根据"应付职工薪酬"账户的结构特点，应登记在贷方。会计分录如下：

借：生产成本——A 产品　　　　　　　29600
　　　　　　——B 产品　　　　　　　26200
　　制造费用　　　　　　　　　　　　17600
　　管理费用　　　　　　　　　　　　25200
　　贷：应付职工薪酬——工资　　　　　　　98600

【例 4-25】 企业分配社会保险费 14790 元。其中 A 产品生产工人 4440 元，B 产品生产工人 3930 元，生产车间管理人员 2640 元，行政管理人员 3780 元。

根据该项经济业务，企业分配社会保险费，涉及"生产成本"、"制造费用"、"管理费用"和"应付职工薪酬"四个账户。一方面，生产费用增加，根据相关账户的结构特点，按照职工提供服务的受益对象不同，生产工人的社会保险费是直接费用，应分别登记在"生产成本——A 产品"和"生产成本——B 产品"明细账户的借方，生产车间管理人员的社会保险费归属于间接费用，应登记在"制造费用"账户的借方，行政管理人员的社会保险费归属于期间费用，应登记在"管理费用"账户的借方；另一方面，企业应为职工支付社会保险费 14790 元，是企业的债务，根据相关账户的结构特点，应登记在"应付职工薪酬——社会保险费"账户的贷方。会计分录如下：

借：生产成本——A 产品　　　　　　　　　　4440
　　　　　——B 产品　　　　　　　　　　　3930
　　制造费用　　　　　　　　　　　　　　　2640
　　管理费用　　　　　　　　　　　　　　　3780
　　贷：应付职工薪酬——社会保险费　　　　　　　14790

（三）制造费用的归集与分配

制造费用是工业企业为了生产产品和提供劳务而发生的各种间接费用，其主要内容是工业企业的生产车间为组织和管理生产活动以及为生产活动服务而发生的费用，如车间管理人员的薪酬，车间生产使用的照明费、取暖费、运输费、劳动保护费等。在生产多种产品的企业里，尤其是生产多种产品的生产车间发生制造费用时，一般无法直接判定其应归属的成本核算对象，因而就无法直接计入所生产的产品成本中，必须将上述各种费用按照发生的不同空间范围在"制造费用"账户中进行归集、汇总，然后选用一定的标准（如生产工人工资、产品的生产工时等），在各种产品之间进行合理的分配，以便于准确地确定各种产品应承担的制造费用。归集制造费用，要按照权责发生制原则的要求，正确地处理跨期间的各种费用，使其分摊于应归属的会计期间。

【例 4-26】 2013 年 6 月 1 日，弦歌公司租用用于生产车间生产使用的设备一台，租期 6 个月，预付租金 24000 元，款项以转账支票付讫。

通过该项经济业务，企业预付租金，涉及"预付账款"和"银行存款"两个账户。一方面，预付租金增加，根据"预付账款"账户的结构特点，应登记在借方；另一方面，银行存款减少，根据"银行存款"账户的结构特点，应登记在贷方。会计分录如下：

借：预付账款　　　　　　　　　　　　　　24000
　　贷：银行存款　　　　　　　　　　　　　　24000

【例 4-27】 2013 年 6 月 18 日，弦歌公司以银行存款支付生产车间办公费 2480 元，水电费 2000 元。

通过该项经济业务，企业支付相关费用，涉及"制造费用"和"银行存款"两个账户。一方面，生产车间的费用增加，根据"制造费用"账户的结构特点，应登记在借方；另一方面，银行存款减少，根据"银行存款"账户的结构特点，应登记在贷方。会计分录如下：

借：制造费用　　　　　　　　　　　　　　4480
　　贷：银行存款　　　　　　　　　　　　　　4480

【例 4-28】 2013 年 6 月 19 日，弦歌公司车间管理人员王晓光外出参加培训，预借差旅费 5000 元，以现金支票付讫。

通过这项经济业务，个人向企业预支款项，涉及"银行存款"和"其他应收款"两个账户。一方面，以现金支票方式支付借支款，存款减少，根据"银行存款"账户的结构特点，应登记在贷方；另一方面，借支差旅费用，按照权责发生制核算原则，费用尚未形成，而是企业的一项应收暂付债权，根据"其他应收款"账户的结构特点，应登记在借方。会计分录如下：

借：其他应收款——王晓光　　　　　　5000
　　贷：银行存款　　　　　　　　　　　　5000

【例 4-29】 2013 年 6 月 21 日，弦歌公司购买生产车间办公用品 1500 元，款项尚未支付。

通过该项经济业务，企业赊购车间使用办公用品，涉及"制造费用"和"应付账款"两个账户。一方面，生产车间耗用增加，根据"制造费用"账户的结构特点，应登记在借方；另一方面，企业负债增加，根据"应付账款"账户的结构特点，应登记在贷方。会计分录如下：

借：制造费用　　　　　　　　　　　1500
　　贷：应付账款　　　　　　　　　　　1500

【例 4-30】 2013 年 6 月 26 日，王晓光出差回到公司报销差旅费，合计 4800 元，交回现金 200 元。

通过这项经济业务，企业冲抵个人预支差旅费并收回余款，涉及"其他应收款"、"制造费用"和"库存现金"三个账户。一方面，企业报销差旅费和收到现金，根据相关账户的结构特点，应登记在"制造费用"和"库存现金"的借方；另一方面，需结转个人预支款项，根据"其他应收款"账户的结构特点，应登记在贷方。会计分录如下：

借：制造费用　　　　　　　　　　　4800
　　库存现金　　　　　　　　　　　　200
　　贷：其他应收款——王晓光　　　　　5000

【例 4-31】 2013 年 6 月 30 日，弦歌公司计算应由本月负担的设备租金。

通过该项经济业务，按照权责发生制核算原则，确定本月车间生产应承担的设备租金，涉及"制造费用"和"预付账款"两个账户。一方面，使生产车间当期的设备租金费用增加 4000 元（48000/12），根据"制造费用"账户的结构特点，应登记在借方；另一方面，预付账款减少，根据"预付账款"账户的结构特点，应登记在贷方。会计分录如下：

借：制造费用　　　　　　　　　　　4000

贷：预付账款 4000

【例 4-32】 2013 年 6 月 30 日，计提本月固定资产的折旧费用，其中生产车间的折旧 8400 元，行政管理部门的折旧 4200 元。

固定资产因在使用过程中逐渐损耗而转移到产品中的那部分价值称为固定资产折旧。固定资产折旧应根据固定资产的使用部门和使用用途的不同，分别计入有关成本、费用项目，称为固定资产折旧费。固定资产折旧逐月按照一定方法进行计提。

通过该项经济业务，企业固定资产的损耗转化为相应的成本费用，涉及"制造费用"、"管理费用"和"累计折旧"三个账户。一方面，经营过程中的成本费用增加，根据"制造费用"和"管理费用"账户的结构特点，应登记在借方；另一方面，固定资产发生损耗，根据"累计折旧"账户的结构特点，应登记在贷方。会计分录如下：

借：制造费用 8400

管理费用 4200

贷：累计折旧 12600

【例 4-33】 2013 年 6 月 30 日，弦歌公司本月发生的制造费用总额为 44370 元，按照生产车间人工费用的比例进行分配。

制造费用属于间接费用，到期末需要按照一定的分配标准在各种产品之间进行合理的分配。工业企业可供选择的分配标准有按产品生产工时、生产工人薪酬、产品产量、耗用原材料的数量或成本、机器设备运转台时等。在会计处理时，应从"制造费用"账户的贷方转入"生产成本"账户及其相关明细账户的借方。

弦歌公司要求按照产品的人工费用的比例作为分配标准进行分配。

由例 4-24 和例 4-25 可得：

A 产品人工费用=29600+4440=34040（元）

B 产品人工费用=26200+3930=30130（元）

因此，按照 1.13∶1 的分配标准分配制造费用计入 A 产品和 B 产品的生产成本。

通过该项经济业务，将制造费用分配计入产品成本，涉及"制造费用"和"生产成本"两个账户。一方面，使生产费用增加 44370 元，其中 A 产品成本和 B 产品成本分别增加了 23539 元和 20831 元，根据"生产成本"账户的结构特点，应登记在"生产成本——A 产品"和"生产成本——B 产品"明细账户的借方；另一方面，结转制造费用，根据"制造费用"账户的结构特点，结转应登记在贷方。会计分录如下：

借：生产成本——A 产品 23539

——B产品	20831
贷：制造费用	44370

（四）完工产品生产成本的计算与结转

在会计期末，将本期所发生的制造费用按照一定标准分配，计入相关的各种产品成本之后，就完成了制造产品所发生的直接材料、直接人工费用、其他直接支出和制造费用统一归集到"生产成本"账户的借方，便于在此基础上进行产品成本的核算。成本计算是会计核算的主要内容之一。进行产品生产成本的计算就是将工业企业生产过程中，为制造产品或提供劳务所发生的各种费用按照所生产产品的品种、类别或是提供劳务的种类等进行归集和分配，以便计算各种产品或各项劳务的总成本和单位成本。计算产品生产成本不仅是为库存商品提供计价的依据，而且是确定工业企业各会计期间盈亏的需要。

工业企业通过设置产品的生产成本明细账，归集应计入各种产品的生产费用。到了期末，如果某种产品全部完工，该种产品生产成本明细账所归集的费用总额，就是该种完工产品的总成本，用完工产品总成本除以该种产品的完工总产量即可计算出该种产品的单位成本；如果某种产品全部未完工，该种产品生产成本明细账所归集的费用总额就是该种产品在产品的总成本；如果某种产品一部分完工，一部分未完工，则归集到该种产品成本明细账中的费用总额要采取适当的分配方法在完工产品和在产品之间进行分配，方能计算出完工产品的总成本和单位成本。成本计算过程中，完工产品和在产品之间的生产费用分配是一个既重要又复杂的问题。

【例4-34】 2013年6月30日，结转本月完工入库A、B产品的生产成本。A产品完工560件，B产品完工546件。

通过这项经济业务，结转入库产品的生产成本，涉及"生产成本"及其明细账户和"库存商品"及其明细账户。一方面，产品验收入库，库存商品增加，根据"库存商品"账户的结构特点，应登记在"库存商品"账户的借方；另一方面，生产过程结束，须计算结转其生产成本，根据"生产成本"账户的结构特点，应登记在贷方。且由例4-22、例4-24、例4-25和例4-33可知：

A产品生产成本=134500+29600+4440+23539=192079（元）
B产品生产成本=82000+26200+3930+20831=132961（元）

会计分录如下：

借：库存商品——A产品	192079
——B产品	132961
贷：生产成本——A产品	192079
——B产品	132961

第五节　销售业务的核算

一、销售业务的内容

　　工业企业经由生产业务生产出的产品，其目的主要是用于销售。销售过程是工业企业生产经营过程的最后阶段，也是资金周转最重要的过程。如果工业企业生产出来的产品无法顺利售出，则产品价值就无法实现，工业企业的再生产过程也就无法进行下去。在销售过程中，工业企业需要按照合同约定，按照购买方的要求交付产品或提供劳务或是转让资产使用权，通过各种结算方式收取款项，实现产品的价值和形成销售收入。产品销售收入是工业企业取得的收入的主要组成部分，是工业企业的主营业务收入。工业企业除了销售产品，还可以通过销售材料、半成品或是对外提供劳务或是让渡资产使用权等取得收入，这部分收入是工业企业的其他业务收入。工业企业为取得一定的销售收入，必须付出相应数量的产品或发生一定的耗费。与此同时，还会发生其他的相关费用，如销售税金、销售运杂费、广告费、销售机构的办公费等。这些耗费与销售业务相关，构成销售费用，需要通过本期的销售收入得到补偿。此外，企业取得销售收入，还必须按照国家税法的规定计算并缴纳营业税金及附加。销售过程的主要经济业务是发出产品并支付包装、运输、广告等费用，结算销售货款，计算销售税金。

　　因此，企业销售过程业务的核算包括三方面的内容：确认和计量销售收入、与客户结算款项以及计算和结转销售成本。在销售过程中，工业企业按照购销双方约定的价格向购买单位办理价款结算，并进行收入的确认。收入的实现，必然会形成经济利益的流入，不是带来资产的增加就是发生负债的减少。在权责发生制原则下，收入实现并不意味着货款的收到。货款的结算一般有三种情况：一是销售时直接收取货款；二是销售时未收到货款，待以后再收取；三是先收取部分或全部货款，后提供产品或提供劳务。同时，企业为取得一定的销售收入，要付出相应的产品、提供相关的劳务或是转让相关资产使用权，必然会发生各种耗费。不论是生产耗费，还是销售耗费，都应由销售收入弥补，在确认收入实现的同时，必须确认与实现收入配比的成本费用。

二、销售业务的账户设置

为了核算销售收入、销售成本以及其他销售费用，工业企业应设置相关的账户。

（一）与销售业务相关的损益类账户

为了总括地核算和监督企业主营业务收入和其他业务收入的实现以及结转相关的成本费用，企业在会计核算中应当设置以下账户：

（1）"主营业务收入"账户，用以核算工业企业在销售商品、提供劳务或是让渡资产使用权等日常活动中所产生的收入。该账户的贷方登记的是企业销售商品或提供劳务所实现的收入，按照实际收到或是应收的金额入账；借方登记销售退回或是销售折让所产生的应冲减本期销售收入的金额，以及到了期末结转到"本年利润"账户的主营业务收入的金额；期末结转后该账户无余额。在会计实务中，为了更好地核算各种主营业务收入的情况，应按主营业务的种类设置明细账，进行明细核算。

（2）"其他业务收入"账户，用以核算工业企业除主营业务收入以外的其他销售或其他业务的收入，包括出售材料、出租固定资产等取得的收入。该账户的贷方登记其他业务收入实现的金额；借方登记期末结转到"本年利润"账户的其他业务收入的金额；期末结转后该账户无余额。在会计实务中，为了更好地核算各种其他业务收入的情况，应按其他业务的种类设置明细账，进行明细核算。

（3）"主营业务成本"账户，用以核算工业企业因销售商品、提供劳务或让渡资产使用权等日常活动而发生的实际成本。该账户借方登记一定时期内已经销售商品、提供劳务等主营业务的实际成本；贷方登记在本期间内发生的应转回销售成本的销售退回及期末转入"本年利润"账户的主营业务成本；期末结转后应无余额。为了能够核算各种主营业务的成本，该账户应按主营业务的种类设置明细账，进行明细核算。

（4）"其他业务成本"账户，用以核算工业企业除主营业务成本以外的其他销售或其他业务所发生的成本，包括出售材料的成本、出租固定资产的折旧额等。该账户借方登记发生的其他业务成本；贷方登记期末结转入"本年利润"账户的其他业务成本的金额；期末结转后应无余额。为了能够核算各种其他业务的成本，该账户应按其他业务的种类设置明细账，进行明细核算。

（5）"销售费用"账户，用以核算企业销售过程中发生的各项费用，包括销售运输费、装卸费、包装费、保险费、展览费和广告费，以及为销售本企业商品而专设的销售机构的各项费用，如职工薪酬、办公费、业务费等。该账户借方登记一定时期内发生的销售费用；贷方登记期末应结转入"本年利润"账户的销售费用；期末结转后应无余额。为了能够核算各种销售费用，该账户应按费用的种类设置明细账，进行明细核算。

（6）"营业税金及附加"账户，用以核算工业企业在日常经营活动中，按照税法相关规定应承担的各种税金及附加，包括营业税、消费税、城市维护建设税、资源税和教育费附加等。该账户借方登记按照税法相关规定计算的应由工业企业承担的营业税金及附加；期末结转后应无余额。

（二）销售业务涉及的资产类与负债类账户

（1）"应收账款"账户，属资产类账户，用以核算工业企业因销售商品、提供劳务或让渡资产使用权等产生的，应向购货企业或接受劳务企业收取的款项。该账户借方登记发生的应收但尚未收取的款项；贷方登记已经收回的应收款项、转作商业汇票或其他方式进行结算的应收款项以及已结转坏账损失的款项；期末如有余额，一般在借方，反映工业企业到某个特定时点尚未收回的应收账款。为了方便核算和监督与其他企业的款项往来情况，该账户应按不同的收款企业设置明细账，进行明细核算。特别需要注意的是，在不单独设置"预收账款"账户的企业，预收的账款也在该账户核算，此时期末可能出现贷方余额，则反映的是工业企业预收的账款大于应收账款的部分。在期末编制相关财务报表时应将应收账款与预收账款进行必要的区分。

（2）"坏账准备"账户，"应收账款"账户的备抵账户，用以核算企业提取的坏账准备金。该账户贷方登记按照一定标准提取的坏账准备金；借方登记实际发生的坏账损失以及按规定应转销的坏账准备金；期末如有余额，在贷方，表示已经提取但尚未冲销的坏账准备。该账户不设置明细账户。

（3）"应收票据"账户，属资产类账户，用以核算工业企业因销售商品、提供劳务或是让渡资产使用权等而收到的商业汇票。所谓的商业汇票，包括银行承兑汇票和商业承兑汇票两种。该账户的借方核算的是企业因销售商品、提供劳务或是让渡资产使用权等而收到的商业汇票的金额；贷方核算商业汇票到期收回的金额或是将尚未到期的商业汇票向银行贴现的金额；期末余额在借方，表示工业企业持有的尚未到期的商业汇票的金额。

该账户可按不同的承兑企业设置明细账，进行明细核算。在会计实务中，工业企业会设置"应收票据备查簿"，对应收票据的具体内容逐一进行登记，如登记汇票的种类、号数和出票日期、票面金额、交易合同标号、付款人、承兑人、背书人的姓名或企业名称、票据的到期日、背书转让日、贴现日、贴现率和贴现净额、收款日期和收回金额、退票情况等信息。商业汇票到期结清或退票，应在备查簿中及时进行注销。

（4）"预收账款"账户，属负债类账户，用以核算企业按照合同规定向对方企业预先收取的款项。该账户贷方登记向对方企业预收的款项和收到的补付的款项；借方登记销售收入实现时，所实现的收入和应交增值税销项税额以及退回多付的款项；期末如有余额在贷方，反映工业企业预收的款项的余额，如果有期末余额在借方，反映企业应由对方企业补付的款项。在会计实务中，预收账款情况不多的企业，通常不单独设置"预收账款"账户，直接将预收的款项登记在"应收账款"账户的贷方。该账户可按对方企业设置明细账，进行明细核算。

（5）"应交税费"账户，属于负债类账户，用于核算工业企业按照税法等相关规定计算应缴或代为缴纳的而实际上尚未缴纳的各种税费，包括增值税、消费税、营业税、所得税等各种税金以及各种收费。该账户借方登记按照税法等相关规定应缴或是应代为缴纳但尚未缴纳的各种税费；贷方登记企业实际缴纳的税费，以及按照相关规定可以抵扣或退回的各项税费；期末如有余额在借方，反映企业尚未缴纳的各种税费的金额，如在贷方，则反映企业多交或尚未抵扣的各种税费。在会计实务中，为了加强企业各种税费的核算，企业通常会按照应交税费的项目设置明细账户，进行明细核算。

三、销售业务的账务处理

（一）主营业务核算的账务处理

工业企业的主营业务账务处理主要涉及主营业务收入的确认与结算，主营业务成本的结转以及相关税费的核算，其主要业务如图4-6所示。

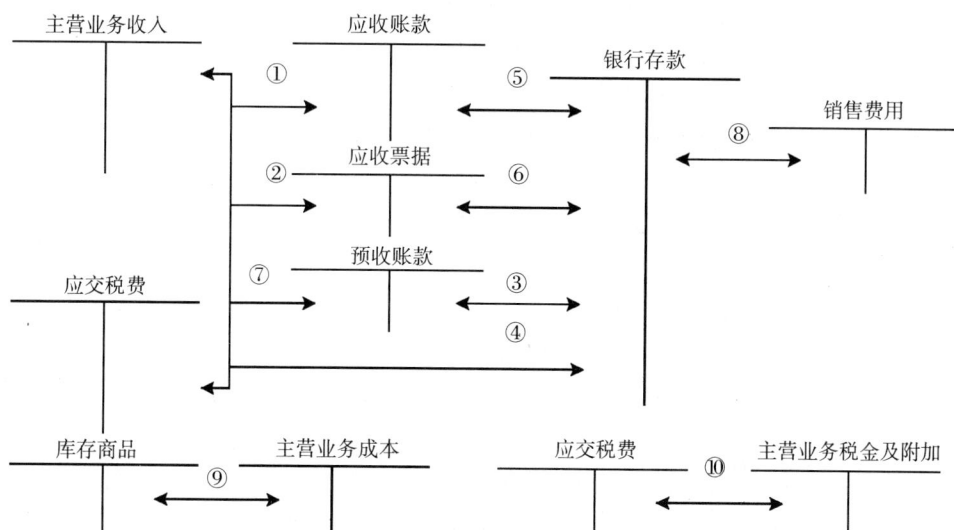

图4-6 主营业务核算

图 4-6 说明：①以赊销的结算方式实现销售；②以商业汇票的结算方式实现销售；③预收款项存入银行；④实现销售时收到价税款，存入银行；⑤收回赊销款项；⑥商业汇票到期兑现；⑦履行预收款项时的义务，实现销售；⑧支付销售过程所发生的费用；⑨期末结转销售成本；⑩计提销售过程中的税费。

【例 4-35】 2013 年 6 月 2 日，弦歌公司销售 A 产品 250 件，每件售价 420 元，增值税销项税额 17850 元，价税款已存入银行。

根据该项经济业务，企业实现主营业务收入，需代为缴纳增值税销项税额，款项已收到，涉及到"主营业务收入"、"应交税费——应交增值税（销项税额）"和"银行存款"三个账户。一方面，由销售产品的数量和售价确定收入为 105000 元，根据"主营业务收入"账户的结构特点应登记在贷方，应交增值税增加 17850 元，根据"应交税费——应交增值税（销项税额）"账户的结构特点，应登记在贷方；另一方面，价税款 122850 元（105000+17850）存入银行，根据"银行存款"账户的结构特点，应登记在借方。会计分录如下：

借：银行存款   122850
    贷：主营业务收入   105000
        应交税费——应交增值税（销项税额）   17850

【例 4-36】 2013 年 6 月 4 日，弦歌公司向达文公司销售 B 产品 90 件，每件售价 300 元，增值税销项税额 4590 元，价税款尚未收到。

通过该项经济业务，企业实现主营业务收入，需代为缴纳增值税销项税额，款项尚未收到，涉及"主营业务收入"、"应交税费——应交增值税（销项税额）"和"应收账款"三个账户。一方面，由销售产品的数量和售价确定收入为 27000 元，根据"主营业务收入"账户的结构特点应登记在在贷方，应交增值税增加 4590 元，根据"应交税费——应交增值税（销项税额）"账户的结构特点，应登记在贷方；另一方面，价税款 31590 元（27000+4590）尚未收到，形成债权，根据"应收账款"账户的结构特点，应登记在借方。会计分录如下：

借：应收账款——达文   31590
    贷：主营业务收入   27000
        应交税费——应交增值税（销项税额）   4590

【例 4-37】 2013 年 6 月 6 日，弦歌公司预收光大公司购买 A 产品货款 49140 元。

通过该项经济业务，企业银行存款增加并有未来向光大公司交付商品的责任，涉及"预收账款"和"银行存款"两个账户。一方面，存款增加，根据"银行存款"账户的结构特点，应登记在借方；另一方面，企业负债增加，根据"预收账款"账户的结构特点，应登记在贷方。会计分录如下：

借：银行存款   49140

    贷：预收账款——光大   49140

【例 4-38】 2013 年 6 月 6 日，弦歌公司收到应收光明公司欠款 153600 元。款项已存入银行。

通过该项经济业务，企业银行存款增加，债权减少，涉及"银行存款"和"应收账款"两个账户。一方面，存款增加，根据"银行存款"账户的结构特点，应登记在借方；另一方面，企业债权减少，根据"应收账款"账户的结构特点，应登记在贷方。会计分录如下：

借：银行存款   153600

    贷：应收账款——光明   153600

【例 4-39】 2013 年 6 月 24 日，弦歌公司销售 A 产品 600 件，每件售价 420 元，增值税销项税额 42840 元，收到购货单位恒大公司开出的商业承兑汇票一张，金额为 294840 元。

通过该项经济业务，企业实现主营业务收入，需代为缴纳增值税销项税额，款项尚未收到，涉及"主营业务收入"、"应交税费——应交增值税（销项税额）"和"应收票据"三个账户。一方面，由销售产品的数量和售价确定收入为 252000 元，根据"主营业务收入"账户的结构特点应登记在贷方，应交增值税增加 42840 元，根据"应交税费——应交增值税（销项税额）"账户的结构特点，应登记在贷方；另一方面，价税款 294840 元（252000+42840）未收到，取得票据一张，形成债权，根据"应收票据"账户的结构特点，应登记在借方。会计分录如下：

借：应收票据——恒大   294840

    贷：主营业务收入   252000

      应交税费——应交增值税（销项税额）   42840

【例 4-40】 2013 年 6 月 26 日，根据合同规定，向光大公司发出 A 产品 100 件，每件售价 420 元，增值税销项税额 7140 元。

通过该项经济业务，企业实现主营业务收入，需代为缴纳增值税销项税额，款项已经预收，涉及"主营业务收入"、"应交税费——应交增值税（销项税额）"和"预收账款"三个账户。一方面，由销售产品的数量和售价确定收入为 42000 元，根据"主营业务收入"账户的结构特点应登记在贷方，应交增值税增加 7140 元，根据"应交税费——应交增值税（销项税额）"账户的结构特点，应登记在贷方；另一方面，价税款 49140 元（42000+7140）已经预收，债务履行，应冲减预收款，根据"预收账款"账户的结构特点，应登记在借方。会计分录如下：

借：预收账款——光大　　　　　　　　　　　　　49140
　　贷：主营业务收入　　　　　　　　　　　　　42000
　　　　应交税费——应交增值税（销项税额）　　7140

【例 4-41】　2013 年 6 月 28 日，弦歌公司向东明公司销售 B 产品 530 件，每件售价 350 元，增值税销项税额 31535 元，价税款尚未收到。

通过该项经济业务，企业实现主营业务收入，需代为缴纳增值税销项税额，款项尚未收到，涉及"主营业务收入"、"应交税费——应交增值税（销项税额）"和"应收账款"三个账户。一方面，由销售产品的数量和售价确定收入为185500 元，根据"主营业务收入"账户的结构特点应登记在贷方，应交增值税增加 31535 元，根据"应交税费——应交增值税（销项税额）"账户的结构特点，应登记在贷方；另一方面，价税款 217035 元（185500+31535）未收到，形成债权，根据"应收账款"账户的结构特点，应登记在借方。会计分录如下：

借：应收账款——东明　　　　　　　　　　　　217035
　　贷：主营业务收入　　　　　　　　　　　　185500
　　　　应交税费——应交增值税（销项税额）　31535

【例 4-42】　月末计算并结转已售 A、B 产品成本。本期销售 A 产品 950 件，销售的 B 产品 620 件。由例 4-34，计算得出 A 产品单位生产成本为 343 元，B 产品单位生产成本为 243.5 元。

通过该项经济业务，将已销售产品的成本结转为业务成本，涉及"库存商品"和"主营业务成本"两个账户。一方面，营业成本增加，根据"主营业务成本"账户的结构特点，应登记在借方；另一方面，库存商品减少，根据"库存商品"账户的结构特点，应登记在贷方。会计分录如下：

借：主营业务成本　　　　　　　　　　　　　　476820
　　贷：库存商品——A 产品　　　　　　　　　325850
　　　　　　　　——B 产品　　　　　　　　　150970

（二）其他业务核算的账务处理

采购材料、组织生产和销售产品是工业企业的主营业务活动。除此以外，工业企业可能还会发生一些其他经营活动，取得其他业务收入和发生其他业务成本。其他业务核算，涉及其他业务收入和其他业务成本的确认。

【例 4-43】　2013 年 6 月 16 日，弦歌公司出售甲材料，价款 5400 元，增值税销项税额 918 元，款项存入银行。

通过该项经济业务，企业出售材料取得收入，涉及"其他业务收入"、"应交税费——应交增值税（销项税额）"和"银行存款"三个账户。一方面，存款增加，根据"银行存款"账户的结构特点，应登记在借方；另一方面，销售材料使企业收入增加，根据"其他业务收入"账户的结构特点，应登记在贷方，应交增值税增加918元，根据"应交税费——应交增值税（销项税额）"账户的结构特点，应登记在贷方。会计分录如下：

借：银行存款 6318

贷：其他业务收入 5400

应交税费——应交增值税（销项税额） 918

【例4-44】 结转例4-43已售材料成本5100元。

通过该项经济业务，企业库存材料减少，其他业务成本增加，涉及"原材料"和"其他业务成本"两个账户。一方面，库存材料减少，根据"原材料"账户的结构特点，应登记在贷方；另一方面，企业的其他业务成本增加，根据"其他业务成本"账户的结构特点，应登记在借方。会计分录如下：

借：其他业务成本 5100

贷：原材料——甲材料 5100

【例4-45】 2013年6月1日，弦歌公司将仓库租借给新城公司，租期1个月，租金价款3000元，款项存入银行。

通过该项经济业务，企业让渡固定资产使用权获得货币资金，涉及"其他业务收入"和"银行存款"两个账户。一方面，货币资金增加，根据"银行存款"账户的结构特点，应登记在借方；另一方面，其他业务收入增加，根据"其他业务收入"账户的结构特点，应登记在贷方。会计分录如下：

借：银行存款 3000

贷：其他业务收入 3000

【例4-46】 该出租仓库的折旧为每月1500元。

通过该项经济业务，企业固定资产发生损耗，其他业务成本增加，涉及"累计折旧"和"其他业务成本"两个账户。一方面，固定资产发生损耗，折旧增加，根据"累计折旧"账户的结构特点，应登记在贷方；另一方面，企业的其他业务成本增加，根据"其他业务成本"账户的结构特点，应登记在借方。会计分录如下：

借：其他业务成本 1500

贷：累计折旧 1500

（三）销售业务中其他税费的账务处理

销售业务中其他税费的账务处理主要涉及销售费用的确认与支付，营业税金及附加的确认。

【例4-47】 2013年6月12日，弦歌公司用银行存款支付企业产品的广告费13000元。

通过该项经济业务，企业银行存款减少，销售过程的费用增加，涉及"银行存款"和"销售费用"两个账户。一方面，企业支付银行存款，根据"银行存款"账户的结构特点，应登记在贷方；另一方面，广告费增加，根据"销售费用"账户的结构特点，应登记在借方。会计分录如下：

借：销售费用　　　　　　　　　　　　　13000
　　贷：银行存款　　　　　　　　　　　　　　　13000

【例 4-48】　弦歌企业为销售商品，分别以现金支付产品运费 850 元，以银行存款支付了 1500 元。

通过该项经济业务，企业支付销售过程的运费，涉及"销售费用"、"库存现金"和"银行存款"三个账户。一方面，销售费用增加，根据"销售费用"账户的结构特点，应登记在借方；另一方面，货币资金减少，根据"库存现金"和"银行存款"账户的结构特点，应登记在贷方。会计分录如下：

借：销售费用　　　　　　　　　　　　　2350
　　贷：库存现金　　　　　　　　　　　　　850
　　　　银行存款　　　　　　　　　　　　　1500

【例 4-49】　弦歌企业计提销售部门当期固定资产折旧 1000 元。

通过该项经济业务，企业计提销售部门使用的固定资产折旧，涉及"累计折旧"和"销售费用"两个账户。一方面，固定资产损耗增加，根据"累计折旧"账户的结构特点，应登记在贷方；另一方面，销售部门的费用增加，根据"销售费用"账户的结构特点，应登记在借方。会计分录如下：

借：销售费用　　　　　　　　　　　　　1000
　　贷：累计折旧　　　　　　　　　　　　　1000

【例 4-50】　弦歌公司按照税法相关规定计算，本月应交的城市维护建设税及教育费附加为 2000 元，消费税 2500 元。

通过该项经济业务，企业的经营业务应负担的税金及附加费增加，涉及"营业税金及附加"和"应交税费"两个账户。一方面，企业营业费用增加，根据"营业税金及附加"账户的结构特点，应登记在借方；另一方面，未来上交税费的义务增加，根据"应交税费"账户的结构特点，应登记在贷方。会计分录如下：

借：营业税金及附加　　　　　　　　　　　　4500
　　贷：应交税费——应交城市维护建设税及教育费附加　　2000
　　　　　　　　　——应交消费税　　　　　　　　　　　2500

第六节　利润形成及其分配业务的核算

一、利润形成及其分配业务的内容

利润是指企业在一定会计期间的经营成果，是企业一定会计期间的全部收入与全部支出相抵后的余额。当收入大于支出时，其差额表现为盈利；反之，当收入小于支出时，其差额为亏损。利润分配直接关系到企业与投资者之间的物质利益关系，关系到各方投资者的权益能否得到保障。因此，利润形成及其分配业务的核算应包括利润形成业务和利润分配业务两个部分。

（一）利润形成业务

企业的利润，就其形成来看，既有通过开展生产经营活动而获得的，也有通过投资活动而获得的，还包括那些与生产经营活动无直接关系的事项所引起的营业外收入与营业外支出。当企业利润形成后，需按照国家相关税法的规定缴纳企业所得税，这部分税费是企业无法规避的支出，也应当从利润中进行扣除，从而引起企业可供分配的利润总额的减少。因此，工业企业可供分配的净利润的形成可以简略地用下列计算公式来表示：

营业收入 = 主营业务收入 + 其他业务收入

营业成本 = 主营业务成本 + 其他业务成本

营业利润 = 营业收入 – 营业成本 – 营业税金及附加 – 管理费用 – 销售费用 – 财务费用 + 投资收益

利润总额 = 营业利润 + 营业外收入 – 营业外支出

净利润 = 利润总额 – 所得税费用

（二）利润分配业务

从理论上说，企业的净利润属于企业投资者（股东）投入资本的增值部分，应归属于企业的全部投资者（股东）。但是考虑到企业长远发展的需要，企业实现的净利润不一定全部在当期分配给投资者（股东）。通常情况会以投资报酬的形式分配给投资者（股东）一部分，其余留存在企业内部，用于企业的生产经营活动。因此，企业确定实现净利润后，应当按有关规定进行分配。根据我国有关法律法规的规定，企业当年实现的净利润，首先应弥补以往年度尚未弥补的亏损，然后按下列顺序进行分配：

（1）提取法定盈余公积，按照《公司法》规定应按照本年度实现净利润的

10%的比例提取；

（2）支付优先股股利，即企业按照利润分配方案分配给优先股股东的现金股利；

（3）提取任意盈余公积金，一般按照股东大会决议提取；

（4）向企业所有者或企业股东分配利润，一般按照股东大会决议执行。

二、利润形成及其分配业务的账户设置

为了总括地核算和监督企业利润的形成情况以及企业净利润的分配情况，除了前述的收入和费用类账户外，还应设置"投资收益"、"营业外收入"、"营业外支出"、"所得税费用"、"本年利润"、"利润分配"等账户。

（一）利润形成及其分配业务涉及的损益类账户

（1）"投资收益"账户，用以核算工业企业对外投资取得的收益或发生的损失。该账户的贷方登记企业进行对外投资确认的收益；借方登记企业进行对外投资所发生的损失；期末如有贷方余额，反映企业在一定时期内对外投资有收益，应结转到"本年利润"账户的贷方；期末如有借方余额，则反映企业在一定时期内对外投资发生损失，应结转到"本年利润"账户的借方；该账户结转后无余额。在会计实务中，该账户应按不同的投资种类设置明细账，进行明细核算。

（2）"营业外收入"账户，用以核算企业发生的与日常生产经营无直接关系的各项利得，包括盘盈利得、捐赠利得等。该账户的贷方登记获得的各项利得；借方登记期末结转到"本年利润"账户的各项利得；期末结转后无余额。由于营业外收入的项目差别比较大，为了便于核算与监督，在会计实务中，该账户应按营业外收入的不同项目设置明细账，进行明细核算。

（3）"营业外支出"账户，用以核算工业企业发生的与其日常生产经营无直接关系的各项支出，包括公益性捐赠支出、盘亏损失、罚款支出、非常损失等。该账户的借方登记发生的营业外支出；贷方登记期末结转到"本年利润"账户的营业外支出；结转后该账户期末无余额。由于营业外支出的项目差别比较大，为了便于核算与监督，在会计实务中，该账户应按营业外支出项目设置明细账，进行明细核算。

（4）"所得税费用"账户，用以核算工业企业按照税法有关规定核算的应从当期利润中进行扣减的所得税费用。该账户的借方登记当期确认的所得税费用；贷方登记期末结转到"本年利润"账户的所得税费用；结转后该账户期末无余额。

（二）利润形成及其分配业务涉及的所有者权益类账户

为了总括地核算和监督企业净利润的分配情况，工业企业除了前述设置的所

有者权益类账户以外，按照利润核算与分配的需要设置如下所有者权益类账户。

（1）"本年利润"账户，用以核算企业当期实现的净利润或发生的净亏损。该账户的贷方登记由"主营业务收入"、"其他业务收入"、"投资收益"、"营业外收入"账户的期末贷方余额结转而来的金额；借方登记由"主营业务成本"、"营业税金及附加"、"其他业务成本"、"销售费用"、"管理费用"、"财务费用"、"投资收益"、"营业外支出"、"所得税费用"账户的期末借方余额结转而来的金额；期末如有贷方余额，反映企业当期实现的净利润，如有借方余额，反映企业当期发生的净亏损；年度终了，将该账户的期末余额全部转入"利润分配"账户，结转后该账户无余额。

（2）"利润分配"账户，用以核算工业企业利润的分配或亏损的弥补。该账户的借方登记年末从"本年利润"账户借方转入的年度净亏损，以及按照规定提取的盈余公积、分配的利润或股利等；贷方登记从"本年利润"账户贷方转入的年度净利润，以及弥补以往年度亏损的金额；期末如有借方余额，表示历年积存未弥补的亏损，如有贷方余额，则表示历年累积的未分配利润。由于利润分配有不同的内容，为了核算和监督各个项目的情况，该账户应按利润分配的内容设置明细账户，进行明细核算。

（3）"盈余公积"账户，用以核算工业企业按规定从净利润中提取的盈余公积以及盈余公积的使用情况。该账户的贷方登记按规定提取的盈余公积；借方登记盈余公积的使用情况，如弥补以往年度的亏损或按规定转增资本；该账户期末如有余额在贷方，反映工业企业提取的盈余公积的结余。由于盈余公积的各个项目提取的方法和程序不同，该账户应当分别设置"法定盈余公积"、"任意盈余公积"等明细账户，进行明细核算。

（三）利润形成及其分配业务涉及的负债类账户

"应付股利"账户，用以核算工业企业经董事会或股东大会，或类似权力机构决议确定分配的现金股利或利润。该账户的贷方登记工业企业根据经审议批准通过的利润分配方案所确定的应支付的现金股利或利润；借方登记实际向投资者兑现的现金股利或利润；期末如有余额在贷方，反映企业未来需要兑现的现金股利或利润。为了便于核算与管理，该账户可按投资者设置明细账户，进行明细核算。

三、利润形成及其分配业务的账务处理

（一）利润形成业务的账务处理

利润形成业务主要涉及期间费用、营业外收支的核算以及各种收入、费用账户的结转，其主要业务如图 4-7 所示。

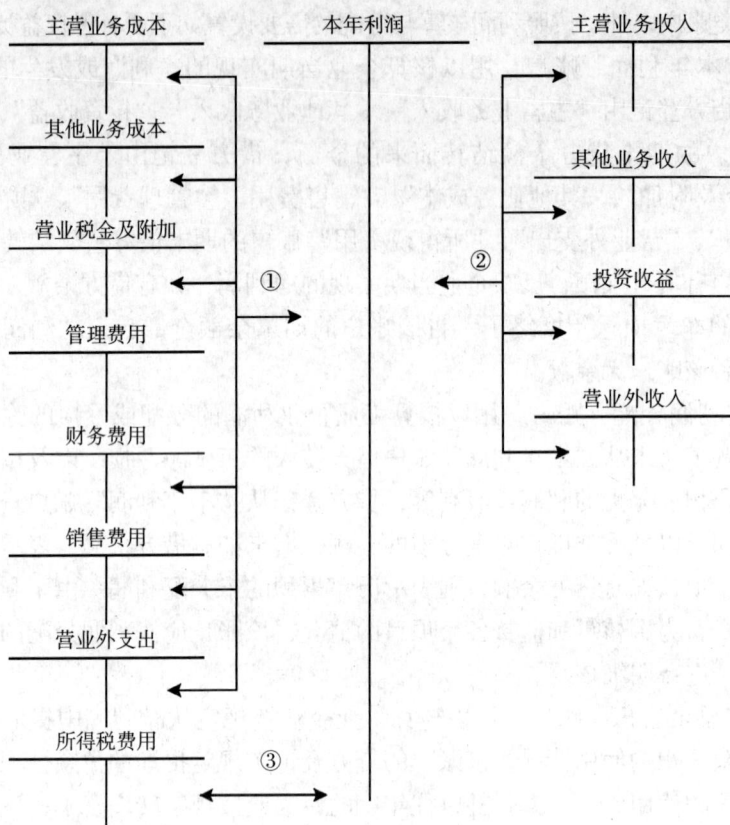

图 4-7 利润形成业务核算

图 4-7 说明：①结转主营业务成本、其他业务成本、营业税金及附加、管理费用、财务费用、销售费用、营业外支出等账户；②结转主营业务收入、其他业务收入、投资收益、营业外收入等账户；③结转所得税费用。

需要注意的是，如果"投资收益"账户为借方余额，为投资亏损，应结转入"本年利润"账户的借方。

【例 4-51】 2013 年 6 月 15 日，弦歌公司用银行存款支付业务招待费 15000 元。

通过该项经济业务，企业支付招待费，涉及"银行存款"和"管理费用"两个账户。一方面，企业管理费用增加，根据"管理费用"账户的结构特点，应登记在借方；另一方面，银行存款减少，根据"银行存款"账户的结构特点，应登记在贷方。会计分录如下：

借：管理费用   15000

贷：银行存款   15000

【例 4–52】 2013 年 6 月 21 日，弦歌公司以银行存款支付税款的滞纳金 1300 元和行政违规罚款 3000 元。

通过这项经济业务，企业支付相关的与正常经营活动无关的款项，涉及"银行存款"和"营业外支出"两个账户。一方面，支付的滞纳金和罚款，不属于正常的经营业务，作为营业外支出进行处理，根据"营业外支出"账户的结构特点，应登记在借方；另一方面，银行存款减少，根据"银行存款"账户的结构特点，应登记在贷方。会计分录如下：

借：营业外支出   4300
  贷：银行存款   4300

【例 4–53】 2013 年 6 月 22 日，弦歌公司用银行存款支付公益性捐赠 5000 元。

通过该项经济业务，企业支付公益性捐赠，涉及"银行存款"和"营业外支出"两个账户。一方面，公益性捐赠增加，根据"营业外支出"账户的结构特点，应登记在借方；另一方面，企业的银行存款减少，根据"银行存款"账户的结构特点，应登记在贷方。会计分录如下：

借：营业外支出   5000
  贷：银行存款   5000

【例 4–54】 2013 年 6 月 26 日，弦歌公司接受捐赠 20000 元，款项存入银行。

通过该项经济业务，企业获得货币捐赠，涉及"银行存款"和"营业外收入"两个账户。一方面，货币资金增加，根据"银行存款"账户的结构特点，应登记在借方；另一方面，接受捐赠，根据"营业外收入"账户的结构特点，应登记在贷方。会计分录如下：

借：银行存款   20000
  贷：营业外收入   20000

【例 4–55】 2013 年 6 月 27 日，弦歌公司根据被投资企业清源公司的利润分配情况，确认应收取的分配利润为 60000 元。

通过该项经济业务，企业确认投资收益，涉及"投资收益"和"应收股利"两个账户。一方面，企业投资获得收益，根据"投资收益"账户的结构特点，应登记在贷方；另一方面，该利润尚未实际收到，根据"应收股利"账户的结构特点，应登记在借方。会计分录如下：

借：应收股利——清源   60000
  贷：投资收益   60000

【例 4–56】 2013 年 6 月 30 日，弦歌公司将本月各收入类账户余额结转入"本年利润"账户。

通过该项经济业务，将企业本月的收入类账户的贷方余额结转入"本年利润"，根据弦歌公司本月的收入情况，涉及"主营业务收入"、"其他业务收入"、"投资收益"和"营业外收入"账户等收入类账户和"本年利润"。一方面，将各类收入余额转出，根据收入类账户的结构特点，应登记在借方；另一方面，各类收入结转入"本年利润"，根据"本年利润"账户的结构特点，应登记在贷方。会计分录如下：

  借：主营业务收入   611500

    其他业务收入   8400

    投资收益   60000

    营业外收入   20000

    贷：本年利润   699900

【例 4-57】 2013 年 6 月 30 日，弦歌公司将本月各费用类账户余额转入"本年利润"账户。

通过该项经济业务，将企业本月的费用类账户的借方余额结转入"本年利润"账户，涉及"主营业务成本"、"其他业务成本"、"营业税金及附加"、"管理费用"、"销售费用"、"财务费用"、"营业外支出"等费用类账户和"本年利润"。一方面，将各类费用账户余额转出，根据费用类账户的结构特点，应登记在贷方；另一方面，各类费用结转入"本年利润"，根据"本年利润"账户的结构特点，应登记在借方。会计分录如下：

  借：本年利润   567815

    贷：主管业务成本   476820

      营业税金及附加   4500

      其他业务成本   6600

      销售费用   16350

      管理费用   48245

      财务费用   6000

      营业外支出   9300

【例 4-58】 弦歌公司适用的企业所得税税率为 25%，计算本月所得税费用。

根据税法规定：

应纳所得税额 = 应纳税所得额 × 适用税率

由"本年利润"账户可知，本月企业有利润 132085 元，应纳所得税 33021.25 元。通过该项经济业务，企业形成所得税缴纳义务，涉及"所得税费用"和"应交税费"两个账户。一方面，企业费用增加，根据"所得税费用"账户的结构特点，应登记在借方；另一方面，企业纳税义务形成，根据"应交税

费——应交所得税"账户的结构特点,应登记在贷方。会计分录如下:

  借:所得税费用   33021.25

   贷:应交税费——应交所得税   33021.25

【例 4-59】 结转所得税费用。

通过该项经济业务,企业费用增加,可分配利润减少,涉及"所得税费用"和"本年利润"两个账户。一方面,所得税费用转出,根据"所得税费用"账户的结构特点,应登记在贷方;另一方面,利润减少,根据"本年利润"账户的结构特点,应登记在借方。会计分录如下:

  借:本年利润   33021.25

   贷:所得税费用   33021.25

(二)利润分配业务的账务处理

会计期末,工业企业将本期所形成的利润扣除所得税费用后的净利润,按照一定的分配程序进行利润分配,其业务核算如图 4-8 所示。

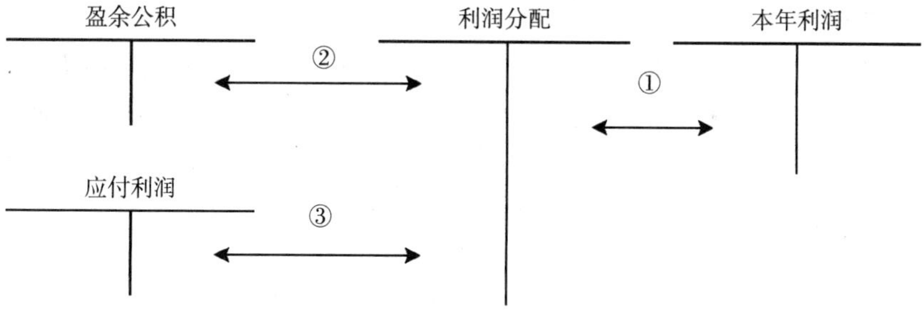

图 4-8 利润分配业务核算

图 4-8 说明:①结转本年净利润到"利润分配";②提取盈余公积(法定盈余公积和任意盈余公积);③登记应付利润或应付股利。

【例 4-60】 将"本年利润"账户余额结转到"利润分配"账户。

通过该项经济业务,企业将净利润结转,涉及"利润分配"和"本年利润"两个账户。一方面,结转利润,根据"本年利润"账户的结构特点,应登记在借方;另一方面,企业可分配利润增加,根据"利润分配"账户的结构特点,应登记在贷方。会计分录如下:

  借:本年利润   99063.75

   贷:利润分配   99063.75

【例 4-61】 弦歌公司按照净利润的 10% 计提法定盈余公积 9906.37 元,按 5% 计提任意盈余公积 4953.18 元。

通过该项经济业务，企业对净利润进行分配，增加盈余公积，涉及"利润分配"和"盈余公积"两个账户。一方面，净利润减少，根据"利润分配"账户的结构特点，应登记在借方；另一方面，盈余公积增加，根据"盈余公积"账户的结构特点，应登记在贷方。会计分录如下：

借：利润分配   14895.55

    贷：盈余公积   14895.55

【例 4-62】 弦歌公司按已批准的分配方案，向投资者分配现金 20000 元。

通过该项经济业务，企业分配利润，涉及"利润分配"和"应付利润"两个账户。一方面，进行利润分配，根据"利润分配"账户的结构特点，应登记在借方；另一方面，分配的利润在尚未实际支付之前，形成企业的负债，根据"应付利润"账户的结构特点，应登记在贷方。会计分录如下：

借：利润分配   20000

    贷：应付利润   20000

【本章小结】

本章主要阐述了借贷记账法在企业的具体应用，以经济活动最为复杂又最具代表性的工业企业为例，系统地说明如何运用和设置账户，运用复式记账原理来处理企业日常发生的经济业务，反映工业企业能够用货币表示的一切经济活动。

工业企业的经济活动一般包括筹资、采购、生产、销售、利润形成与分配五种业务。工业企业筹资有两种方式：一是接受投资者直接投资或是通过发行股票等方式获得投资者投入的资本；二是通过债权人直接借入（如从金融机构获得借款）或是通过发行债券等方式获得资金。工业企业采购过程主要包括两方面的经济业务：一是购建厂房、建筑物、机器、设备等固定资产；二是采购生产经营所需要的各种材料，作为生产储备。固定资产和各种材料的成本的核算和款项的结算是采购业务账务处理的重点。产品的生产业务是工业企业生产经营活动的核心业务环节，工业企业在生产过程中发生的各项耗费按其经济用途和与产品成本的关系，又可分为生产成本和期间费用两大类。生产成本包括生产产品的直接材料、直接人工和制造费用等。期间费用是企业经营过程中不构成产品成本，但与企业经营相关的费用，包括管理费用、销售费用和财务费用。工业企业通过销售过程实现产品的价值，完成资金的循环。销售业务会计核算的主要内容是销售收入的确认与计量、销售成本的计算与结转、销售款项的结算。利润是工业企业在一定会计期间的经营成果，其分配直接关系到企业与投资者之间的物质利益关系。会计期末，将这一会计期间企业发生的所有收入与费用结转入本年利润，核算净利润，并按照一定顺序依次进行利润的分配。

【复习思考题】

1. 投资人投资资本与债权人借入资金如何进行账务处理，有何不同？

2. 材料采购和固定资产购置中的相关资产入账价值如何确定？

3. 工业企业产品生产成本如何构成？"生产成本"账户与"制造费用"账户的关系如何？

4. 销售产品有哪些不同的结算方式，其账务处理有何差别？

5. 企业利润如何确定？净利润如何进行分配？

【练习题】

一、单项选择题

1. 下列项目中，属于营业外收入的是（　　　　）。

A. 销售产品的收入　　　　　　　B. 销售材料的收入

C. 收取的罚款收入　　　　　　　D. 出租固定资产的收入

2. 下列项目中，不属于产品制造成本构成要素的是（　　　　）。

A. 生产工人的工资　　　　　　　B. 制造产品耗用材料

C. 生产用固定资产　　　　　　　D. 厂部管理人员工资

3. 企业预提借款费用时应贷记的账户是（　　　　）。

A. 待摊费用　　　B. 预提费用　　　C. 短期借款　　　D. 银行存款

4. 下列项目中，不属于销售费用的是（　　　　）。

A. 产品包装费　　　　　　　　　B. 购进材料运杂费

C. 销售产品运杂费　　　　　　　D. 广告费

5. 通过"累计折旧"对"固定资产"的调整，可以反映的内容是（　　　　）。

A. 固定资产原始价值　　　　　　B. 固定资产折旧额

C. 固定资产净值　　　　　　　　D. 固定资产增加价值

6. 下列账户中，不属于期间账户的是（　　　　）。

A. 所得税费用　　　B. 本年利润　　　C. 管理费用　　　D. 营业税金及附加

7. 当管理部门领用材料时，该项材料应确认为（　　　　）。

A. 资产　　　　　B. 负债　　　　　C. 费用　　　　　D. 收入

8. 下列各项中，作为实现收入入账金额计量依据的是（　　　　）。

A. 销售商品的售价　　　　　　　B. 销售商品的进价

C. 销售产品的成本　　　　　　　D. 销售产品的制造费用

9. 企业期末结转已销售产品的生产成本，对此核算应进行的会计处理是（　　　　）。

A. 借记"营业收入"　　　　　　　B. 借记"本年利润"

C. 借记"营业成本"　　　　　　　D. 借记"库存商品"

10. 下列各项中，反映营业外支出的特点的是（　　　）。

A. 为实现营业收入而产生的耗费

B. 为进行产品生产而产生的耗费

C. 与企业营业收入相联系的耗费

D. 与企业营业没有直接联系的耗费

11. 每期计提固定资产的折旧时，应贷记的账户是（　　　）。

A. "固定资产"　　B. "累计折旧"　　C. "管理费用"　　D. "生产成本"

12. 企业预收货款时应贷记的账户是（　　　）。

A. "主营业务收入"　　　　　　　B. "预收账款"

C. "银行存款"　　　　　　　　　D. "主营业务成本"

二、多项选择题

1. 企业购进材料与结算可能出现的情况有（　　　）。

A. 直接付款　　　B. 应付货款　　　C. 应收货款　　　D. 预付货款

E. 预收货款

2. 下列各项中，构成材料采购成本组成要素的有（　　　）。

A. 支付材料款　　　　　　　　　B. 发生的各项采购费用

C. 各项保管费用　　　　　　　　D. 生产中的消耗

E. 采购材料的资金利息

3. 下列各项中，构成管理费用核算内容的有（　　　）。

A. 管理部门使用固定资产的折旧费　B. 管理部门发生的办公费用

C. 销售费用　　　　　　　　　　D. 材料采购费用

E. 行政人员工资

4. 固定资产取得成本确认、计量依据的原则有（　　　）。

A. 谨慎性　　　　　　　　　　　B. 划分收益性支出与资本性支出

C. 实际成本　　　　　　　　　　D. 重要性

E. 权责发生制

5. 下列各项中，属于期间账户的有（　　　）。

A. 营业收入　　B. 管理费用　　C. 生产成本　　D. 营业成本

E. 销售费用

6. 下列各项中，属于营业外收入的项目有（　　　）。

A. 固定资产盘盈　　　　　　　　B. 出售材料收入

C. 收取的罚款　　　　　　　　　D. 财产盘亏

E. 支付的罚款

三、判断题

1. 由于"累计折旧"账户贷方记录增加，借方记录减少，所以属于负债类账户。 （　　）

2. 固定资产的价值随其损耗逐渐、部分地转移到制造成本和期间费用中，故"固定资产"账户应反映固定资产的实际价值。 （　　）

3. 企业预付的房屋租金，应从预提费用中开支。 （　　）

4. 生产领用材料的价值应全部转移到新产品的价值中去。 （　　）

5. 所得税是一种费用。 （　　）

6. 期间费用账户是专门用于归集企业在经营过程中各项收入的账户。 （　　）

7. 本期生产的产品全部销售，可直接结转生产成本，即借记"营业成本"，贷记"生产成本"。 （　　）

8. 行政管理部门为了管理企业的生产经营活动而发生的薪资、材料消耗、固定资产损耗等，均应计入"生产成本"，由产品成本负担，通过产品的销售得到补偿。 （　　）

9. 在确认收入的同时，也必须确认资产增加或是负债减少。 （　　）

10. 企业经营成果可能表现为亏损。 （　　）

四、业务题

【资料一】 立达集团 2013 年 6 月发生有关的经济业务如下：

1. 以银行存款 17500 元缴纳所得税；

2. 开出转账支票 20000 元，支付应分出的利润；

3. 投资者追加投资 100000 元，存入银行；

4. 向银行借款 200000 元，存入银行；

5. 收到出租包装物押金 50000 元，存入银行；

6. 以银行借款 50000 元直接偿还前欠的购买材料款；

7. 以银行存款 100000 元偿还到期的借款；

8. 采购材料一批，应付货款为 72000 元；

9. 以现金支付上述材料的搬运费 200 元，并结转材料的采购成本；

10. 以银行存款预付购买材料款 30000 元；

11. 以银行存款支付前述应付的材料货款 72000 元；

12. 采购材料一批，以银行存款支付材料款 46000 元；

13. 采购预付货款的材料，共计 57000 元，冲销原预付货款 30000 元，不足部分以银行存款支付；

14. 以银行存款支付上述材料的运杂费 1000 元，并结转材料采购成本；

15. 领用材料一批，其中生产产品耗用 135000 元，企业管理部门一般耗用 3000 元；

16. 从银行提取现金 80000 元，以备发工资；

17. 以现金 80000 元支付职工工资；

18. 登记本月应付工资，其中生产工人工资 65000 元，厂部管理人员工资 15000 元；

19. 以银行存款支付行政管理部门水电费 5600 元；

20. 以现金支付管理部门的零星支出 1200 元；

21. 以银行存款预付应由下一季度管理费用承担的材料仓库租金 4800 元；

22. 某职工预借差旅费 1000 元现金；

23. 摊销本月应摊销的厂部材料仓库租金 1600 元；

24. 预提本月银行借款的利息 6000 元；

25. 以银行存款支付修理费 30000 元（该企业采用按月预提固定资产修理费办法）；

26. 计提固定资产折旧，应由产品制造成本负担的折旧费为 24000 元，应由管理费用负担的折旧费为 20000 元；

27. 职工报销差旅费 880 元，余款退回；

28. 期末，结转完工产品的制造成本共计 200000 元；

29. 销售产品一批，货款 78000 元尚未收到；

30. 预收货款 50000 元存入银行；

31. 销售产品 96000 元，货款存入银行；

32. 以银行存款支付销售产品的包装费及搬运费 1200 元；

33. 以现金支付销售产品的广告费 1000 元；

34. 前欠销货款 78000 元收回存入银行；

35. 销售预收货款的产品一批 120000 元，冲销原预收货款 50000 元，同时收到不足部分的货款存入银行；

36. 结转已销售产品制造成本 200000 元；

37. 登记应交销售税金 29400 元；

38. 以银行存款支付出租包装物的押金 6000 元；

39. 以现金支付罚款 3500 元；

40. 由于对方机构撤销，无法退回某单位的存入保证金 2000 元，经批准转为营业外收入；

41. 根据上述资料结转本期利润；

42. 按规定计算应上缴所得税 5000 元；

43. 按规定计算应分出利润 5000 元；

44. 将 6000 元利润作为公积金。

要求： 根据相关经济业务编制会计分录。

【资料二】 某工业企业 2013 年发生有关经济业务如下：

1. 2013 年 1 月 1 日企业成立，收到投资者投入的货币资金 2000000 元存入银行；投入的设备价值 8000000 元，投入的材料价值 2000000 元。

2. 向银行借款 5000000 元，存入银行。

3. 采购材料一批，应付货款为 200000 元；同时以现金支付上述材料的搬运费 1200 元，后材料运达验收入库，结转材料采购成本。

4. 以银行存款预付材料款 50000 元。采购预付货款的材料共计 80000 元。冲销原预付货款 50000 元，不足部分以银行存款支付；同时以银行存款支付材料的运杂费 1000 元，材料验收入库结转材料采购成本。

5. 采购材料一批，以银行存款支付材料款 100000 元，材料未到。

6. 以银行存款支付前述应付货款 200000 元。

7. 领用材料一批，其中生产产品耗用 700000 元，管理部门一般耗用 20000 元。

8. 从银行提取现金 300000 元，发放工资。

9. 结转本年应付工资，其中生产工人工资 240000 元，厂部管理人员工资 60000 元。

10. 以银行存款支付行政管理部门水电费 8000 元，以现金支付管理部门的零星支出 5000 元。

11. 以银行存款预付应由下年管理费用承担的材料仓库租金 144000 元；同时摊销本年的仓库租金 12000 元。

12. 某职工预借差旅费 1000 元现金，后该职工出差回来，报销差旅费 880 元，余款退回。

13. 12 月末结算第四季度应付的利息 25000 元，10 月、11 月已预提银行存款利息 16000 元。

14. 以银行存款支付修理费 50000 元（该企业采用按月预提固定资产修理费办法，已经预提 44000 元）。

15. 集体固定资产折旧，应由产品制造成本承担的折旧费为 56000 元，应由管理费用承担的折旧费为 14000 元。

16. 期末本年投入的产品全部完工，结转完工产品的制造成本。

17. 销售产品一批，货款 1508000 元尚未收到，同时以银行存款支付销售产品的包装费及搬运费 1200 元。后收到该销货款 1508000 元和包装费 1200 元等存入银行。

18. 销售产品 202000 元，货款存入银行。

19. 预收货款 30000 元存入银行。后销售预收货款的产品一批 150000 元，冲销原预收货款 30000 元，同时收到不足部分货款存入银行。

20. 以现金支付销售产品的广告费 10000 元，推销费 20000 元。

21. 结转已销售产品的制造成本 900000 元。

22. 按销售收入的 6%计算应交销售税金。

23. 收到出租包装物的押金 8000 元存入银行。以现金支付 1000 元罚款。

24. 由于对方企业撤销，无法退回该单位的预付货款 1000 元，经批准转为营业外收入。

25. 根据上述资料结转本期利润。

26. 按实现利润总额的 30%计算应交所得税。

27. 按净利润的 10%计算应提的公积金。

28. 按规定计算应分出的利润 125000 元。

要求： 根据上述资料，编制相关会计分录。

第五章　会计凭证

【学习要点】

● 了解会计凭证的类别；

● 理解会计凭证在会计核算中的作用；

● 熟悉会计凭证传递与保管的要求；

● 掌握原始凭证和记账凭证的填制与审核的方法。

【关键概念】

会计凭证　原始凭证　记账凭证　　收款凭证　付款凭证　转账凭证

【开章案例】

当你通过校园卡向学校的指定账户汇入学费时，你会从自动柜员机上获得一张客户凭条；当你将该客户凭条提交给学校财务部门时，就可获得由财政部门统一监制的专门的收款收据；当你到餐厅用餐时，按照消费记录支付餐费时，会取得由餐饮企业提供的餐费发票；当你乘坐火车或飞机等交通工具时，在预先支付费用时，会获得交通运输企业提供的车票或机票……

这些单据形式各异，来自各行各业，但都清晰地注明了相关的经济主体经济往来发生的时间、事由、涉及的金额及其经办人员等诸多信息，真实有效地反映不同经济主体之间的资金往来情况，体现在经济交易过程中不同经济主体享有的权利或承担的义务。

思考：

1. 会计核算的对象是会计主体之间的资金流动，以什么作为核算的依据？

2. 会计主体通过各类经济活动形成的各类原始凭证应如何审核和填制？

3. 如何根据不同的原始凭证编制记账凭证？审核应注意哪些问题？

4. 会计凭证如何进行有效的传递与保管？

第一节　会计凭证概述

会计循环由会计凭证、会计账簿和财务报表三个基本环节构成。其中会计凭证的填制和审核是整个会计循环的起点和基础。会计凭证是否真实、可靠直接影响和决定着会计信息质量。

一、会计凭证的概念

会计凭证是登记账簿的依据，是按照一定格式进行编制，用以记录经济业务、明确经济责任的书面证明。会计凭证是在经济业务发生或完成时产生的最原始的文字说明。任何企业、事业和行政单位，每发生一笔经济业务，都必须由执行或完成该项经济业务的有关人员取得或填制会计凭证，并在相应的凭证上签名或盖章，表明对凭证上所记载的内容承担责任。例如，购销商品、材料的经济业务，销货方开出发票，购买方取得发票；款项结算业务发生，由收款方开出收据，付款方收到收据；物资管理部门接收商品、材料入库需要登记收货单；发出商品要提供发货单；生产车间领用材料，需要提供领料单。这些发票、收据、收货单、发货单、领料单都是会计凭证。

二、会计凭证的作用

会计管理工作要求会计核算提供真实的会计资料，强调记录的经济业务必须有根有据。所有会计凭证应根据经济业务的实际情况进行如实填制，经过财会部门严格审核，只有审核无误的会计凭证才能作为经济业务发生或完成的证明，才能作为登记账簿的依据。

填制和审核会计凭证是会计核算方法之一，也是会计核算工作的基础。填制和审核会计凭证在经济管理中具有重要作用。

(一) 进行会计核算的原始、客观的依据

任何经济业务发生都必须按照规定的程序或要求及时取得或填制相关的会计凭证，如实地反映经济业务发生或完成情况。会计凭证上明确地记载了经济业务发生的时间和内容，为会计核算提供了原始凭据，克服了经办人员对业务处理的主观随意性，确保会计核算的客观性与真实性，从而可靠地保障会计信息的质量。通过会计凭证，可以确实有效地了解每一项经济业务的发生或完成情况，为进行会计分析和进行审计提供原始资料和证据。

（二）发挥会计日常的监督职能

无论是财产物资的收支，还是各类债权债务的结算，不同主体之间或是主体不同部门之间的经济业务，都会形成各类的会计凭证。经济业务是否合法、合理、合规，是否客观真实，直接关系到会计信息的质量，因此在登记账簿之前必须经过财会部门审核。在日常管理过程中，通过审核会计凭证，及时检查所发生的经济业务是否遵守有关政策法规，是否符合财务计划和预算的规定，有无存在铺张浪费和违纪行为，促进相关的部门和经办人员在日常业务处理过程中遵守相关法律法规的要求，建立健全各项规章制度，确保财产的安全与完整，有效地发挥会计的监督作用。

（三）明确岗位责任，加强内部管理

会计凭证不仅明确记录了经济业务的内容、相关单位名称、发生的时间，而且需要有关经办人员在凭证上签名或盖章。这有利于明确各经办部门及相关人员所应承担的经济责任，促使其严格地按照有关的规章制度，在其职权范围内各负其责。如果发现问题，应根据会计凭证上的相关信息追究责任。同时通过会计凭证的审核，能够及时发现管理上的不足之处和各项制度漏洞。

三、会计凭证的种类

由于不同会计主体业务性质不同，管理要求各异，会计凭证必然是种类繁多，格式及其内容千差万别的。即使是同一个会计主体，其经济业务也是纷繁复杂，必须根据不同的业务类型，采用不同的格式、内容、性质的会计凭证，才能如实地反映出经济业务的实质。因此，为了正确地使用和填制会计凭证，有必要对会计凭证进行分类。

按照编制程序和用途的不同，会计凭证分为原始凭证和记账凭证两大类。原始凭证是进行会计核算的原始的书面资料，是据以登记账簿的重要依据。如购货发票、委托银行结算凭证、发货单、领料单等。记账凭证是据以登记账簿的会计凭证，是登记会计账簿的直接依据。如付款凭证、收款凭证和转账凭证等。

第二节　原始凭证

一、原始凭证及其基本内容

原始凭证是记录或证明经济业务发生、执行或完成情况，由相关人员取得或填制的，明确有关经济责任的最初的书面证明文件，是进行会计核算的原始的书面资料。原始凭证的主要作用在于及时、准确、完整地反映某一项经济业务的本来面貌。

需要注意的是，并非所有的书面文件都是原始凭证。一般而言，在会计核算过程中，能够证明某项经济业务已经发生、执行或完成情况的书面资料都可以作为原始凭证，如会计主体有关的购货发票、委托银行结算凭证、货物收据、收料单、发料单等；无法证明经济业务已经发生、执行或完成情况的书面资料不能作为原始凭证，如设备申购单、生产计划、销售合同、银行对账单等。

经济业务纷繁复杂，反映其具体内容的原始凭证形式各异。虽然不同的原始凭证反映经济业务的内容和性质不同，但无论哪一种原始凭证，都应该说明有关经济业务的执行和完成情况，都应该明确有关经办人员和经办单位的经济责任。因此，尽管名称和格式不同，但各种原始凭证应该具备相同的基本内容。原始凭证必须具备以下基本内容：原始凭证的名称；填制原始凭证的日期和凭证编号；接受凭证的单位名称；经济业务内容及其金额；填制原始凭证的单位名称和填制人姓名；经办人员的签名或盖章。

原始凭证不仅要满足会计工作的需要，有时还要满足其他管理工作的需要。因此，在有些原始凭证上，除具备上述内容外，还应具备其他一些项目，如与业务有关的经济合同、结算方式、费用预算等，以更加完整、清晰地反映经济业务。

在实际工作中，允许不同会计主体自行设计印制适合本单位需要的各种原始凭证，以满足其会计核算和管理的实际需要。但是对于在一个地区范围内经常发生的大量的同类经济业务，则由各主管部门统一设计与印制原始凭证，便于加强对相关经济业务的监督与日常管理。如由商业银行统一印制的银行汇票、转账支票和现金支票等，由铁路部门统一印制的火车票，由税务部门统一印制的有税务登记的发票，由财政部门统一印制的收款收据等。

二、原始凭证的分类

纷繁复杂的经济业务导致原始凭证的品种繁多，为了更好地使用原始凭证，必须按照一定标准对原始凭证进行分类。原始凭证按照不同的分类标准，可以属于不同的种类。原始凭证一般按照取得来源、填制的手续和方法两种标准进行分类。

（一）按其取得来源的不同分类

原始凭证按照取得来源的不同，可以分为外来原始凭证和自制原始凭证。

1. 外来原始凭证

外来原始凭证是业务经办人员在与外部单位或个人发生经济往来时，从外部单位或个人取得的原始凭证，如购货时从销货单位取得的增值税专用发票、职工出差取得的铁路运输部门的车船票、由银行转来的结算凭证和对外支付款项时取得的收据等都是外来原始凭证。如图 5–1 增值税专用发票、图 5–2 银行汇票、图5–3 银行支票等均是外来凭证。

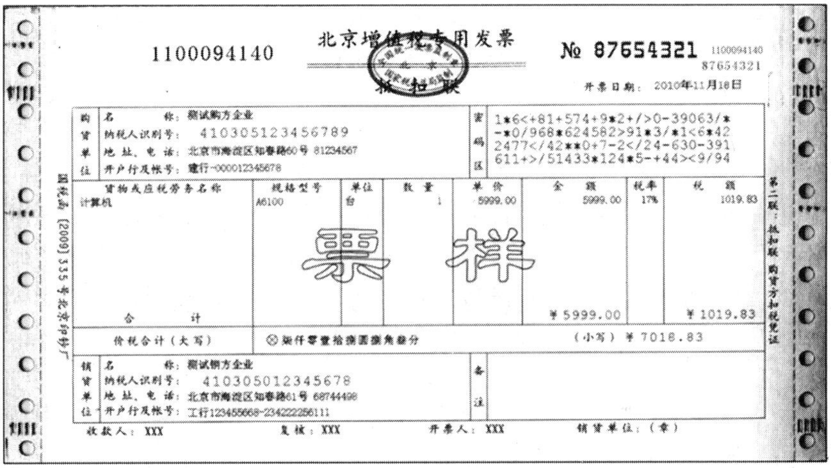
1100094140 北京增值税专用发票 抵扣联 № 87654321 1100094140 87654321
开票日期：2010年11月18日
购货单位 名称：测试购方企业 纳税人识别号：410305123456789 地址、电话：北京市海淀区知春路60号 81234567 开户行及帐号：建行-000012345678
密码区 1*6<+81+574+9*2+/>0-39063/* -*0/968*624582>91*3/*1<6*42 2477</42**0+7-2</24-630-391 611+>/51433*124*5-+44><9/94

货物或应税劳务名称	规格型号	单位	数量	单价	金额	税率	税额
计算机	A6100	台	1	5999.00	5999.00	17%	1019.83
合计					￥5999.00		￥1019.83

价税合计（大写） ⊗柒仟零壹拾捌圆捌角叁分 （小写）￥7018.83
销货单位 名称：测试销方企业 纳税人识别号：410305012345678 地址、电话：北京市海淀区知春路61号 68744498 开户行及帐号：工行123455668-234222256111
备注
收款人：XXX 复核：XXX 开票人：XXX 销货单位：（章）
第二联：抵扣联 购货方扣税凭证
票样

108 位字符密文增值税专用发票票样

图 5–1　增值税专用发票

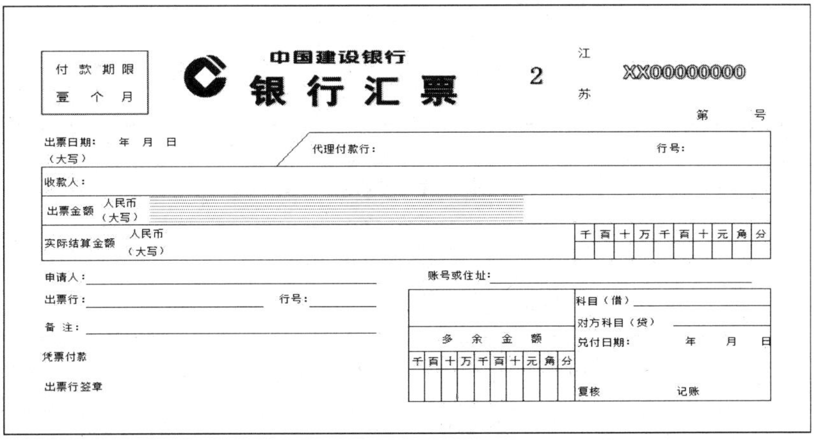
付款期限 壹个月
中国建设银行 银行汇票 2 江苏 XX00000000
第 号
出票日期：（大写） 年 月 日 代理付款行： 行号：
收款人：
出票金额 人民币（大写）
实际结算金额 人民币（大写） 千 百 十 万 千 百 十 元 角 分
申请人： 账号或住址：
出票行： 行号：
备注：
凭票付款
出票行签章
多余金额 千 百 十 万 千 百 十 元 角 分
科目（借）
对方科目（贷）
兑付日期： 年 月 日
复核 记账

图 5–2　银行汇票

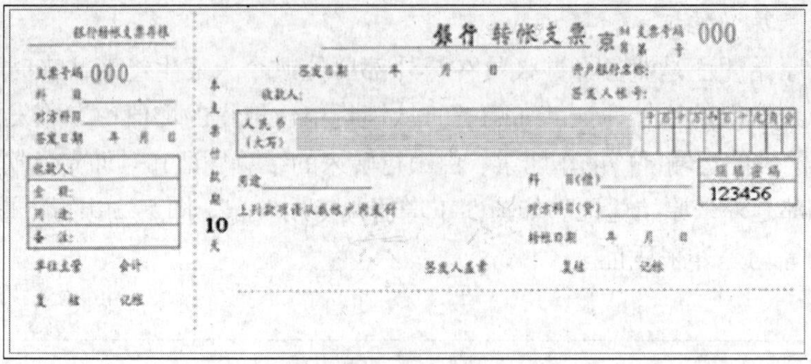

图 5-3　银行支票

2. 自制原始凭证

自制原始凭证是在经济业务发生、执行或完成时由本单位内部具体经办业务的人员按照一定格式自行填制的原始凭证。如材料验收入库时仓管人员填写的收料单（见图5-4）、产品领用出库时仓管人员填写的出库单（见图5-5），以及企业内部与职工进行结算的工资结算单、收款收据、差旅费报销单，等等。

收料单

供货单位：＿＿＿＿＿
发票号码：＿＿＿＿＿　　　　　年　月　日　　　　　　　　　收货仓库：＿＿＿＿＿

材料类别	名称及规格	计量单位	数量		实际成本		计划成本		差异	
			应收	实收	单价	金额	单价	金额		此联验收留存

验收：　　　　　保管：　　　　　　记账：　　　　　　制单：

图 5-4　收料单

产品出库单　（存根联）

制表日期　　　年　月　日

出厂编号		出库日期		产品编号	
产品名称			型号		
数量		单价		出库金额	
提货单位		经办人			

主管：　　　　　记账：　　　　　　保管员：

图 5-5　产品出库单

（二）按填制手续和方法不同分类

原始凭证按照填制手续和方法不同可分为一次性原始凭证、累计原始凭证和汇总原始凭证。

1. 一次性原始凭证

一次性原始凭证是反映一项经济业务或同时反映若干项同类性质的经济业务的原始凭证，在其发生时一次性填写完成。外来凭证通常是一次性原始凭证，如销货方从购货方取得货款的支票、付款方从收款方取得的收款收据等。自制原始凭证大部分也是一次性原始凭证，如销货方开具的销售发票、产品验收入库时仓管人员填制的入库单、生产部门领用材料的领料单等。一次性原始凭证能够清晰地反映经济业务发生的情况，使用方便灵活，但凭证数量较多。

2. 累计原始凭证

累计原始凭证是记载在一定期间内多次重复发生的同类经济业务的原始凭证，其内容的填制随经济业务的不断重复发生而分多次完成。累计原始凭证适用于一些经常重复发生的经济业务，不仅能够有效地减少原始凭证的数量，简化填制原始凭证的手续，而且还可以随时计算特定时期内同类经济业务累计发生数，直观地反映计划的执行情况，有利于加强管理。如图5-6所示的限额领料单即为累计原始凭证。

限额领料单

领料部门：　　　　　　　　　　　　　　　　　　　　　　　　　第　号
用途：　　　　　　　　　　年　　月　　日　　　　　　　　发料仓库：

材料编号	材料名称规格	计量单位	计划投产量	单位消耗定额	领用限额	实 发																
						数量	单价							金额								
							万	千	百	十	元	角	分	百	十	万	千	百	十	元	角	分

日期	领 用			退 料			限额结余数量
	数量	领料人	发料人	数量	退料人	收料人	

图 5-6　限额领料单

3. 汇总原始凭证

汇总原始凭证又称原始凭证汇总表，是定期将若干记录同类经济业务的多张原始凭证或是会计核算资料进行汇总后重新编制而成的原始凭证。编制汇总原始凭证主要是为了简化记账凭证的填制工作而将一定时期内若干张同类经济业务的原始凭证汇总成一份凭证，如工资汇总表、发料汇总表、差旅费报销单（见图5-7）等。

需要注意的是，汇总原始凭证只能对具有同类内容的原始凭证进行汇总，不能汇总两类或两类以上的经济业务。

差旅费用报销单

报销日期：　　年　　月　　日

部门：_____　　　　　　　　　　　　　　　　　　　　　　　编号 _____

出差人							出差事由			项目名称			
出发				到达				交通		出差补助	其他费用金额		
月	日	时	地点	月	日	时	地点	人数	工具	金额	天数	补助标准	金额	住宿费用	市内交通			合计
合　计										—							
报销总额	人民币（大写）　　　　　　　　　　　　　　　　　¥_____											预借金额¥_____					
												退/补金额¥_____					
附单据张数合计（对应上方的项目）	城际交通		其他：														

领导批示　　　部门主管　　　　财务主管　　　会计　　　出纳　　　领款人

图 5-7　差旅费用报销单

三、原始凭证的填制

原始凭证是具有法律效力的证明文件，是进行会计核算的依据，必须认真填制。填制原始凭证，要由填制人员将各项原始凭证要素按规定方法填写齐全，办妥签章手续，明确经济责任。尽管各种原始凭证的内容和格式千差万别，具体填制方法也各不相同，但是为了保证原始凭证能清晰地反映各项经济业务的真实情况，其填制必须符合以下要求：

（一）记录真实

原始凭证上填写的日期、经济业务内容和数字必须是经济业务发生、执行或完成的实际情况，不得弄虚作假，不得以匡算数或估计数填入，不得涂改、挖补。

（二）内容完整

原始凭证中应该填写的项目要逐项填写，不可缺漏；名称要写全，不要简化；品名和用途要填写明确，不能含糊不清；有关部门和人员的签名和盖章必须清晰、齐全。如购买实物的原始凭证，必须有验收证明；支付款项的原始凭证，必须有收款单位和收款经办人员的收款证明等。

（三）手续完备

自制的原始凭证必须有经办业务的部门和经办人员签名盖章；对外开出的凭证必须加盖本单位的公章或财务专用章；从外部取得的原始凭证必须有填制单位公章或财务专用章。取得的原始凭证只有符合手续完备的要求，才能明确经济责任，从而确保凭证的合法性、真实性。

（四）填制及时

在经济业务实际发生、执行或完成时，其经办部门和经办人员必须及时填写原始凭证，做到不拖延、不积压、不事后补填，并按规定的审核程序进行核实。

（五）编号连续

每一类的原始凭证都要顺序连续编号。在填制时要按照编号的顺序逐一使用，一旦出现跳号，则该原始凭证要加盖"作废"戳记，连同存根一起保管，不得随意撕毁、丢弃。尤其是一式多联的原始凭证，应注明各联的用途，按其用途进行使用与管理。一旦出现作废，必须将所有联次均加盖"作废"戳记，连同存根一起保管。

（六）书写规范

原始凭证中的文字、数字的书写必须清晰、工整、规范，做到字迹端正、易于辨认，不潦草、不凌乱、不臆造文字。一式多联的原始凭证，应当注明各联的用途，采用复写的凭证不得串行、串格，内容必须清晰、统一。金额要求大小写一致。具体的书写要求如下：

1. 阿拉伯数字的书写要求

阿拉伯数字不得连笔写，尤其是连续多个"0"的时候。数字排列要整齐，间隔要均匀适当，不宜忽大忽小，也不宜过大，以无法插入正常书写的一个数字为准。阿拉伯数字的书写应紧靠横格底线，一般要求数字的高度占凭证横格的1/2为宜，在数字上方留有一定的空位，以便需要更正时便于书写。

2. 关于汉字金额的书写要求

汉字填写金额如零、壹、贰、叁、肆、伍、陆、柒、捌、玖、拾、佰、仟、万、亿等，应一律用正楷或行书体填写，不得以○、一、二、三、四、五、六、七、八、九、十等简化字代替。不得臆造简化文字来替代。大写金额数字到元或角为止的，在"元"或"角"之后应当写"整"或"正"字。

3. 关于货币单位的书写要求

当阿拉伯数字前写有货币币种符号时，数字后面不再写货币单位。币种符号与阿拉伯数字之间不得留有空白。所有以元为单位（其他货币种类为货币基本单位，同样适用）的阿拉伯数字，应填写到角分；无角分的，角位和分位写"00"或者符号"—"；有角无分的，分位应当写"0"，不得用符号"—"代替。

在须填写大写金额数字的原始凭证上，如果大写金额数字前未印有货币名称，应当加填货币名称，然后在其后紧接着填写大写金额数字，货币名称和金额数字之间不得留有空白。

四、原始凭证的审核

为了正确反映和监督各项经济业务，财务部门对取得的原始凭证必须进行严格审核和核对，保证核算资料的真实、合法、完整。只有经过审查无误的凭证，方可作为编制记账凭证和登记账簿的依据。原始凭证的审核，是会计监督工作的一个重要环节。一般应从以下两方面进行：

（一）审查原始凭证所反映经济业务的合理性、合法性和真实性

以有关政策、法规、制度和计划合同等为依据，审查原始凭证所记录的经济业务是否符合有关规定，是否存在贪污盗窃、虚报冒领、伪造凭证等违法乱纪行为，是否存在忽视经济效益、违反计划和标准的要求等现象。对于不合理、不合法及不真实的原始凭证，财务人员有权利拒绝受理。对于伪造、涂改或经济业务不合法的原始凭证，财务人员应拒绝受理，并向本单位领导汇报，提出拒绝执行的意见；对于弄虚作假、营私舞弊、伪造或涂改原始凭证等违法乱纪行为，应及时揭露，严肃处理。

（二）审核原始凭证的填制是否规范

首先审查所用的原始凭证格式是否符合有关规定，凭证的要素是否齐全，手续是否完整，是否有经办单位和经办人员签章；其次审查凭证上的数字是否完整，尤其是金额的大、小写是否一致；最后审查凭证上的数字和文字是否有污损、涂改、挖补等不符合规定的现象。

会计机构、会计人员必须按照国家统一的会计制度的规定对原始凭证进行审核，对于符合要求的原始凭证，及时编制记账凭证并登记账簿；对不真实、不合法的原始凭证有权不予接受，并向单位负责人报告；对记载不准确、不完整的原始凭证退回有关经办部门或人员，并要求按照国家统一的会计制度的规定更正、补充。

第三节　记账凭证

一、记账凭证及其基本内容

由于原始凭证只是如实地表明经济业务的内容，而且种类繁多、数量庞大、格式不一，因而不能直接记账。在会计实务中，需要按照复式记账法的要求，将具体的经济业务转化为会计分录，明确经济业务应登记的会计账户的名称、记账的方向及其具体的金额，而会计分录是记载在记账凭证上的。因此，记账凭证是财会人员将审核确认无误的原始凭证或原始凭证汇总表按照其反映的经济业务的内容进行归类、整理，按照复式记账法确定会计分录后编制的会计凭证，是登记会计账簿的依据。

为了能够概括地反映经济业务的基本情况，满足登记会计账簿的需要，无论记账凭证采用何种形式与格式，都应具备以下内容：记账凭证的名称；填制记账凭证的日期；记账凭证编号；经济业务的内容摘要；经济业务应记入账户的名称、记账方向和金额；所附原始凭证的张数和其他附件资料；会计主管、记账、复核、出纳、制单等有关人员签名或盖章。

记账凭证和原始凭证同属于会计凭证，二者既有紧密的联系，又有显著的区别。二者的联系在于：原始凭证是记账凭证编制的基础，记账凭证是在原始凭证的基础上编制而成的；原始凭证作为记账凭证的附件，附在其后面，便于原始凭证的保管和账簿的登记及核对。二者的显著区别在于：来源不同，原始凭证是由经济业务的经办人员填制，既有外来的凭证，也有自制凭证，记账凭证一律由内部的会计人员自行填制；填制依据不同，原始凭证根据发生或完成的经济业务填制，记账凭证根据审核后的原始凭证填制；反映经济业务的方式不同，原始凭证仅用以记录、证明经济业务已经发生或完成，记账凭证要依据会计科目对已经发生或完成的经济业务进行归类、整理；作用不同，原始凭证是填制记账凭证的依据，记账凭证是登记账簿的依据。

二、记账凭证的种类

由于会计凭证记录和反映的经济业务多种多样，因此，记账凭证也是多种多样的。记账凭证一般按照填制方式、用途和是否经过汇总三种标准进行分类。

(一) 按照填制方式分类

记账凭证根据填制方式不同，可分为单式记账凭证和复式记账凭证。

单式记账凭证是在每张凭证上只填列经济业务事项所涉及的一个会计科目及其金额的记账凭证，填列借方科目及其金额的称为借项记账凭证，填列贷方科目及其金额的称为贷项记账凭证。一项经济业务涉及几个相关的会计科目，就需要填制几张相应的记账凭证，这些记账凭证通过一定的编号相互联系起来，共同反映一项完整的经济业务。单式凭证的优点在于内容单一，便于按会计科目汇总和凭证的传递，方便会计分工。其缺点是无法通过一张记账凭证完整地反映一项经济业务的内容，内容分散，不便于检验会计分录的正确与否，同时记账凭证数量多，增大了记账凭证的复核、装订和保管的工作量。

复式记账凭证是指在一张记账凭证上，将每一项经济业务所涉及的全部会计科目及其金额同时进行反映的记账凭证，即一张记账凭证上登记一项经济业务所涉及的两个或者两个以上相关的会计科目，既有借方科目及其金额，又有贷方科目及其金额。复式记账凭证的优点是集中地反映各个相关会计账户的对应关系，内容完整，便于全面掌握经济业务的情况；与单式记账凭证相比较，记账凭证的数量较少，减轻了编制记账凭证的工作量，便于检验会计分录的正确性。其缺点主要表现在对会计科目发生额的汇总计算和分工记账上。在实际工作中，复式记账凭证的运用极为普遍。

(二) 按照用途分类

记账凭证按照用途可以分为专用记账凭证和通用记账凭证。

专用记账凭证按其反映的经济内容不同，又可分为收款凭证（见图5-8）、付款凭证（见图5-9）、转账凭证三种。收款凭证和付款凭证是指专门用于记录现金和银行存款收款与付款业务的会计凭证，是出纳人员收讫与支付款项的依据，也是登记总账、现金日记账和银行存款日记账以及有关明细账的依据，一般按现金和银行存款分别编制。转账凭证是指专门用于记录不涉及现金和银行存款收付款业务的会计凭证。它是登记总账和有关明细账的依据。会计实务中，对于现金与银行存款之间的相互划转业务，要求只编制付款凭证，不允许编制收款凭证，以免出现重复记账的问题。

通用记账凭证就是不分业务内容，用于反映所有经济业务的记账凭证，其格式与转账凭证类似。在实际工作中，采用通用记账凭证的通常是小型核算单位，由于其业务量较少，凭证数量不多，收付款业务较少，因此常采用通用记账凭证，将各类经济业务采用统一格式的记账凭证进行记账，如图5-10所示。

收款凭证

借科
方目_____   年   月   日   字第   号

摘要	贷方总账科目	明细科目	贷或借	金额										附单据
				千	百	十	万	千	百	十	元	角	分	
合计														张

财务主管   记账   出纳   审核   制单

图 5-8　收款凭证

付款凭证

出纳编号：_____
贷方科目：银行存款   年   月   日   制单编号：_____

对方单位	摘要	借方科目		金额										记账符号	附凭证
		总账科目	明细科目	千	百	十	万	千	百	十	元	角	分		
结算方式及票号：		合计金额													张

会计主管   记账   稽核   出纳   制单   领款人签章

图 5-9　付款凭证

记账凭证

年   月   日   顺序第   号

业务内容	借方科目		页数	贷方科目		页数	金额										附原始凭证
	一级科目	二级科目		一级科目	二级科目		千	百	十	万	千	百	十	元	角	分	
合计																	张

主管   复核   记账   出纳   制表

图 5-10　通用记账凭证

（三）按照是否经过汇总分类

记账凭证按照是否经过汇总还可以分为汇总记账凭证和非汇总记账凭证。

汇总记账凭证是将许多同类记账凭证逐日或定期（3 天、5 天、一周、一旬等）加以汇总后编制的记账凭证，可以简化总分类账的登记工作。汇总记账凭证可以按会计科目进行汇总，也可以将一定时期的收款凭证、付款凭证、转账凭证分别汇总，编制汇总收款凭证、汇总付款凭证、汇总转账凭证。

非汇总记账凭证是指未经汇总，每张记账凭证只反映一项经济业务的记账凭证，如上述的专用记账凭证、通用记账凭证。

三、记账凭证的填制要求

填制记账凭证是一项重要的会计工作。为了便于登记账簿，保证账簿记录的正确性，各种记账凭证都必须按照规定的格式和内容进行正确、清晰和及时地填制。记账凭证具体的填制要求如下：

（一）依据要真实、无误

记账凭证应根据审核无误的原始凭证及有关资料填制，附有原始凭证并如实填写所附原始凭证的张数。但如果是结账或是登账之前进行错误更正的记账凭证，则不需附有原始凭证。记账凭证所附原始凭证张数的计算一般应以原始凭证的自然张数为准，但附有原始凭证汇总表，则应原始凭证汇总表和所附的原始凭证一并计算张数。

当一张原始凭证涉及不止一张记账凭证时，在将原始凭证附在最主要的记账凭证后面的同时，需在该主要记账凭证摘要栏注明"本凭证附件包括××号记账凭证业务"字样，并在其他记账凭证上注明该主要记账凭证的编号或者附上该原始凭证的复印件，以方便相关人员事后对记账凭证的复核与查阅。

（二）内容要完整、准确、简明扼要

填制记账凭证应按其所列项目逐一进行填写，文字要规范清晰，有关人员的签名或者盖章要齐全。记账凭证中，文字、数字和货币符号的书写要求与原始凭证相同。实行会计电算化的单位，其机制记账凭证应当符合对记账凭证的基本要求，打印出来的机制凭证上，要加盖制单人员、审核人员、记账人员和会计主管人员印章或者签字，以明确责任。如有以自制的原始凭证或者原始凭证汇总表代替记账凭证使用的，也必须具备记账凭证应有的内容。

金额栏数字的填写必须规范、准确，与所附原始凭证的金额要相符，角分位不留空格。记账凭证日期一般应是填制记账凭证当天的日期，不能提前或拖后。记账凭证的填制时间一般是迟于或正好是原始凭证的填制时间。需要注意的是，按权责发生制原则计算收益、分配费用、结转成本利润等调整分录和结账分录的

记账凭证，虽然需要到下月才能填制，但为了便于在当月的账内进行登记，仍应填写当月月末的日期。记账凭证的摘要应简明扼要，与原始凭证内容一致，能正确反映经济业务的主要内容。相关人员能够通过摘要了解经济业务的性质与特点，对所列示的会计分录的正确与否做出判断，一般不需要再去翻阅原始凭证或询问有关经办人员。

填制记账凭证时，应逐行填写，不得跳行或留有空行。如有空行，应当在金额栏自最后一笔金额数字下的空行至合计数上的空行处画斜线予以注销。

（三）会计科目使用要正确，会计分录要正确

会计分录是记账凭证中重要的组成部分。对于每一项经济业务，都要正确编制会计分录并保持借贷平衡。

首先，必须根据国家统一会计制度的规定和经济业务的内容，正确选择统一规定的会计科目，不得任意简化或改动，以确保会计科目使用的正确和会计核算口径的一致。应填写会计科目的名称，或者同时填写会计科目的名称和会计科目编号，不应只填统一编号，不填会计科目名称。经济业务涉及总账科目和下属明细科目时，应填明总账科目和明细科目，以便于总账和明细分类账的平行登记。

其次，根据借贷记账法的记账规则，确定会计科目的对应关系，先借后贷。通常情况下，填制一借一贷、一借多贷或者多借一贷的会计分录就能够反映经济业务的情况。但如果某项经济业务本身需要编制一个多借多贷的会计分录时，也可以填制多借多贷的会计分录，以集中反映该项经济业务的全过程。记账凭证中借、贷方的金额必须相等，合计数必须计算正确。

（四）编号要连续

填制记账凭证时，应当对记账凭证连续编号。通过连续编号，掌握有关经济业务会计处理的先后顺序，以便记账凭证与会计账簿之间的核对，确保记账凭证完整无缺。会计主体应根据自身业务的繁简程度、会计人员的分工情况来选择便于记账、查账、内部稽核、简单严密的编号方法。记账凭证编号的方法常用的有三种：一是将全部记账凭证进行统一编号；二是按现金和银行存款收入业务、现金和银行存款付出业务、转账业务分三类进行编号，具体编号分别为收字第×号、付字第×号、转字第×号；三是按现金收入、现金支出、银行存款收入、银行存款支出和转账业务分五类进行编号，具体编号分别为现收字第×号、现付字第×号、银收字第×号、银付字第×号和转字第×号，或者将转账业务按照具体内容进一步分类编号。但无论采用哪一种编号方法，都应该按月按自然数顺序编号，即每月都从 1 号编起，按 1、2、3、4、5……顺序编至月末，不得跳号、重号。一项经济业务需要填制不止一张记账凭证的，可以采用分数编号法进行编号，例如有项经济业务需要填制三张记账凭证，凭证顺序号为 6，就可以编成 $6\frac{1}{3}$、$6\frac{2}{3}$、$6\frac{3}{3}$，前面的数表示凭证顺序，后面分数的分母表示该号凭证共有 3 张，分子表示 3 张凭证中的第 1 张、第 2 张、第 3 张。

（五）填错更改要规范

填制记账凭证时如果发生错误，应当重新填制。对于那些已经登记入账的记账凭证，按照错账更正的方式进行更正。如果是当年内发生错误的，属于使用的会计科目或记账凭证方向有错误，填制一张与原始凭证内容相同的红字记账凭证，在摘要栏注明"注销×月×日×号凭证"字样，同时重新填制一张正确的蓝字记账凭证，在摘要栏注明"更正×月×日×号凭证"字样；如果会计科目和记账方向都没有错误，只是金额错误，可以按正确数字和错误数字之间的差额，另编一张调整的记账凭证，调增金额用蓝字记账凭证，调减金额用红字记账凭证。如果是以前年度的金额有错误时，应区分资产负债表日后事项或非日后事项再按照规定进行处理。

四、记账凭证的审核

记账凭证编制以后，必须由专门的会计稽核人员进行审核，监督经济业务的真实性、合法性和合理性，并检查记账凭证的编制是否符合要求。特别要审核最初证明经济业务实际发生、执行、完成的原始凭证。因此，对记账凭证的审核是一项严肃细致、政策性很强的工作。只有做好这项工作才能正确地发挥会计反映和监督的作用。记账凭证审核的基本内容包括以下几项：

（一）内容是否真实、完整

审核记账凭证是否有原始凭证为依据，记账凭证的内容与所附原始凭证的内容是否一致，记账凭证汇总表的内容与其所依据的记账凭证的内容是否一致等，所附原始凭证实际数是否与填写的张数相一致。审核记账凭证上的各项目是否填制齐全，如日期、凭证编号、摘要、金额、所附原始凭证张数及有关人员签章等。

（二）会计分录是否准确

审核记账凭证所使用的会计科目是否符合国家统一的会计制度的规定，是否符合复式记账法的原理，有明确的账户对应关系，涉及的二级或明细科目是否完整，借贷方向是否正确。审核记账凭证所记录的金额与原始凭证的有关金额是否一致，计算是否正确、合理，记账凭证汇总表的金额与记账凭证的金额合计是否相符等。会计分录是否遵守借贷记账法的记账规则，借、贷方合计数是否相等。

（三）书写是否规范

审核记账凭证中的记录是否文字工整、数字清晰，是否按规定进行更正等。

具体书写要求与原始凭证相同。

在审核过程中，如果发现不符合要求的地方，应要求有关人员采取正确的方法进行更正。只有经过审核无误的记账凭证，才能作为登记账簿的依据，只有这样才能确保会计监督职能的确实履行。

第四节 会计凭证的传递与保管

一、会计凭证的传递及其意义

会计凭证的传递，是指从会计凭证取得或填制开始，经过审核、记账、装订至归档保管时止，在会计主体内部的有关部门和人员之间按照规定的时间和程序进行处理的整个过程。

正确组织会计凭证的传递，能够及时、真实地反映和监督各项经济业务的发生、执行和完成情况，为管理活动提供可靠的经济信息。同时，规范会计凭证的传递程序，便于有关部门和个人分工协作，相互牵制，加强岗位责任制，更好地发挥会计监督作用。

以材料验收入库的业务为例。仓管人员应在规定的时间内将材料验收、清点入库，填制"入库单"，注明实收货物的规格、数量等情况，并将"入库单"及时送到财会部门及生产部门。财会部门接到"入库单"，将其与采购部门提交的采购相关资料，如采购合同、购货发票等进行核对，经审核无误，就应及时编制记账凭证并登记账簿，并按照规定向销货方支付款项。生产部门取得该批材料验收入库凭证后，便可办理有关领用手续，安排生产。如果仓管人员未及时将"入库单"送达有关部门，无形中造成材料尚未收到的假象，可能会造成财会部门无法及时办理结算手续，生产部门未能及时组织安排生产，影响企业生产正常进行。

通过对会计凭证流转程序的规范，明确凭证流转环节和其业务处理的时间，明确了各个环节的经办人员的职责，在本单位内部进行有效的分工合作。同时可以考核经办业务的有关部门和人员是否按规定的会计手续办理，从而加强经营管理，提高工作质量。

二、会计凭证传递的基本要求

各会计主体的经营业务是多种多样的，有各自的特点，形成的会计凭证，由于其记载的经济业务不同，所涉及的有关部门和人员不同，办理凭证所需要的时间、传递程序也就有所不同。为使会计凭证及时、顺利地进行传递，应当为各种会计凭证规定一个合理的传递程序。应根据自身的业务特点和管理特点，由单位领导会同会计部门及有关部门共同制订出一套会计凭证的传递程序，规范各个部门有序、及时地按规定的程序传递会计凭证。在制定会计凭证传递时，应注意以下几个问题：

（一）明确会计凭证的传递程序

由于生产经营业务的内容不同，管理的要求也不尽相同。在会计凭证的传递过程中，应根据经济业务的特点、机构设置和人员分工等具体情况，确定每一种凭证的传递程序和方法，合理制订会计凭证流转的环节，规定每个环节负责传递的相关责任人员。同时，为了使各有关部门和人员了解经济活动情况、及时办理手续，避免凭证经过不必要的环节或遗漏某个流转环节，提高流转的效率，应明确规定会计凭证的联数以及各个联次的用途。

（二）规定会计凭证的传递时间

规定会计凭证的传递时间，保证会计凭证及时处理。应充分考虑在正常情况下有关部门和经办人员的工作内容和工作完成的时间，明确规定各类凭证在各个流转环节停留的最长时间，不能无故拖延和截留会计凭证，以免影响会计工作的正常进行。需要注意的是，一切会计凭证的传递和处理，都应在报告期内完成，不允许跨期，否则将影响会计核算的准确性和及时性。

（三）规范会计凭证的衔接手续

会计凭证在传递过程中的衔接手续，应该做到既完备严密，又简单易行。凭证的收发、交接都应当按一定的手续制度办理，以保证会计凭证的安全和完整。

三、会计凭证的保管及其要求

会计凭证的保管是指会计凭证记账后的整理、装订、归档和存查工作。

会计凭证既是记录经济业务、明确经济责任、具有法律效力的证明文件，又是登记账簿的依据，因此，作为重要的经济档案和历史资料，必须对会计凭证进行严格的保管。任何企业在完成经济业务手续和记账之后，必须按规定将会计凭证整理装订，立卷归档，形成会计档案资料，并妥善保管，以便日后随时进行查阅。

会计凭证整理保管的要求如下：

（一）定期装订成册

各种记账凭证，连同所附附件要分类按顺序编号，定期（1天、5天、10天或1个月）装订成册，并加具封面、封底，注明凭证使用单位名称、凭证种类、所属年月和起讫日期、起止凭证编号、凭证张数等。为防止任意拆装，应在装订处贴上封签，并由经办人员在封签处加盖骑缝章。对一些性质相同、数量很多或各种随时需要查阅的原始凭证，可以单独装订保管，在封面上写明记账凭证的时间、编号、种类，同时在记账凭证上注明"附件另订"。各种经济合同和重要的涉外文件等凭证，应另编目录，单独登记保管，并在有关原始凭证和记账凭证上注明。

（二）及时归档，专人保管

会计凭证装订成册后，应有专人负责分类保管，年终应登记归档。会计部门暂时保管上一年度的会计凭证。期满后，会计部门应编造凭证清册及时移交档案管理部门统一进行保管。会计凭证在归档后，应按年月日顺序排列，以便查阅。会计凭证在保管中应防止霉烂破损和鼠咬虫蛀，以确保其安全和完整。

（三）严格借阅手续

对已归档凭证的查阅、调用和复制，都应得到批准，并办理一定的手续。本单位的会计人员由于工作需要需借阅会计凭证时，应经会计主管人员同意，并填写"借阅登记簿"。原始凭证不得外借，其他单位因有特殊原因需要使用原始凭证时，经本单位负责人、会计主管人员批准，方可复制，但应在专门的登记簿上进行登记，并由提供人员和收取人员共同签名或盖章。

（四）按规定保管和销毁

会计凭证的保管期限和销毁手续，应严格按照《会计档案管理办法》进行管理，任何人都无权自行随意销毁。

不同的会计凭证，保管期限也不同。原始凭证、记账凭证和汇总凭证的保管期限为 15 年，银行存款余额调节表和对账单的保管期限为 5 年。保管期满但尚未结清的债权债务的原始凭证和涉及其他未了事项的原始凭证应单独抽出立卷，不得销毁，保管至未了事项完结为止。

会计凭证保管期满，应由本单位档案管理部门会同会计部门提出销毁意见，编制会计档案销毁清册，经单位负责人签署意见后方可进行销毁。销毁时，应由档案管理部门和会计部门共同派员监销。监销人应按照会计档案销毁清册上所列内容认真清点核实，销毁后应在清册上签名、盖章，并以书面报告的形式将销毁情况向本单位负责人报告。

【本章小结】

会计凭证是登记账簿的依据，是按照一定格式进行编制，用以记录经济业务、明确经济责任的书面证明。填制和审核会计凭证，对经济业务的发生、执行和完成情况进行如实记录，为账簿登记提供可靠的依据，同时明确了相关部门和经办人员的经济责任，加强了内部控制，监督和规范经济活动。

会计凭证按照编制程序和用途的不同，分为原始凭证和记账凭证两大类。原始凭证是进行会计核算的原始书面资料，是据以登记账簿的重要依据。记账凭证是据以登记账簿的会计凭证，是登记会计账簿的直接依据。

原始凭证的填制要做到记录真实、内容完整、手续完备、填制及时、编号连续、书写规范。原始凭证的审核主要是审核其所反映经济业务的合理性、合法性和真实性，以及内容的规范性。

记账凭证是财会人员将审核确认无误的原始凭证或原始凭证汇总表按照其反映的经济业务的内容进行归类、整理，按照复式记账法确定会计分录后编制的会计凭证，是登记会计账簿的依据。记账凭证一般按照填制方式、用途和是否经过汇总等三种标准进行分类。各种记账凭证都必须按照规定的格式和内容进行正确、清晰和及时的填制。记账凭证的填制要求依据要真实、无误，内容要完整、准确、简明扼要，会计科目使用要正确，会计分录要正确，编号要连续，错误更正要规范。审核记账凭证主要是审核内容的真实和完整性，会计分录的正确性和书写的规范性。

会计凭证的传递是指会计凭证在会计主体内部的有关部门和人员之间按照规定的时间和程序进行处理的整个过程。会计凭证作为重要的经济档案和历史资料，严格执行会计档案管理办法。

【复习思考题】

1. 什么是会计凭证？在会计核算中会计凭证起着怎样的作用？

2. 简述原始凭证和记账凭证的异同。

3. 原始凭证的基本内容有哪些？如何对原始凭证进行审核？

4. 记账凭证的基本内容有哪些？如何对记账凭证进行审核？

5. 会计凭证的传递和保管有何意义？如何正确组织会计凭证的传递和保管？

【练习题】

一、单项选择题

1. 会计凭证分为原始凭证和记账凭证的依据是（　　　）。

A. 填制方法　　　　　　　　　B. 取得的来源

C. 反映的经济业务的方法　　　D. 填制程序和用途

2. 原始凭证和记账凭证的共同点是（　　　）。

A. 所起的作用相同　　　　　　B. 所包含的要素相同

C. 编制的时间相同　　　　　　D. 反映的经济业务内容相同

3. 下列业务中需要编制转账凭证的是 (　　　)。

A. 收到销售产品的货款　　　　　B. 支付购买材料的货款

C. 从银行提取现金　　　　　　　D. 结转完工产品的成本

4. 下列原始凭证中，属于外来原始凭证的是 (　　　)。

A. 提货单　　　　　　　　　　　B. 发出材料汇总表

C. 购货发票　　　　　　　　　　D. 领料单

5. 下列各项中，属于记账凭证填制依据的是 (　　　)。

A. 经济业务　　　　　　　　　　B. 财务报表

C. 账簿记录　　　　　　　　　　D. 审核后的原始凭证

6. 下列各项中，属于登记账簿依据的是 (　　　)。

A. 经济业务　　　　　　　　　　B. 原始凭证

C. 记账凭证　　　　　　　　　　D. 财务报表

7. 如果企业发生货币资金之间的收付业务，对此正确的会计处理是(　　　)。

A. 编制收款凭证　　　　　　　　B. 编制付款凭证

C. 编制转账凭证　　　　　　　　D. 编制原始凭证

8. 原始凭证中须列明填制单位或是填制人姓名，其作用是明确 (　　　)。

A. 经济责任　　　　　　　　　　B. 经济业务的主要内容

C. 经济业务的种类　　　　　　　D. 经济业务的来龙去脉

9. 会计人员对于不真实、不合法的原始凭证应该采取(　　　) 方式进行处理。

A. 不予受理　　　B. 予以退回　　　C. 更正补充　　　D. 无权自行处理

10. 对于记载不准确的原始凭证，会计人员的正确处理方式是 (　　　)。

A. 不予受理　　　　　　　　　　B. 予以退回

C. 上报单位负责人　　　　　　　D. 及时办理会计手续

二、多项选择题

1. 下列各项中，属于原始凭证的有 (　　　)。

A. 发票　　　　　　　　　　　　B. 产品成本计算表

C. 发出材料汇总表　　　　　　　D. 付款凭证

E. 提货单

2. 下列各项中，属于外来原始凭证的有 (　　　)。

A. 销售商品的发票　　　　　　　B. 飞机票

C. 购进材料的发票　　　　　　　D. 汇总原始凭证

E. 工资单

3. 对原始凭证的填制要求有 (　　　)。

A. 符合实际情况　　　　　　　　B. 填写内容齐全

C. 附件数量完整　　　　　　　　D. 书写格式规范

E. 经济责任明确

4. 下列各项中，属于记账凭证的有（　　　　）。

A. 付款凭证　　　　　　　　　　B. 转账凭证

C. 复式记账凭证　　　　　　　　D. 原始凭证汇总表

E. 科目汇总表

5. 下列各项中，属于记账凭证填制要求的有（　　　　）。

A. 附件数量完整　　　　　　　　B. 填写内容齐全

C. 业务记录明确　　　　　　　　D. 科目使用正确

E. 凭证摘要简明扼要

三、判断题

1. 所有的会计凭证都是登记账簿的依据。　　　　　　　　　　　（　　）

2. 所有的会计凭证都应有签名或盖章。　　　　　　　　　　　　（　　）

3. 限额领料单只限于领用一种原材料。　　　　　　　　　　　　（　　）

4. 有些外来原始凭证也可以累计填制。　　　　　　　　　　　　（　　）

5. 记账凭证一律由会计人员填制。　　　　　　　　　　　　　　（　　）

6. 从银行提取现金，可以编制现金收款凭证。　　　　　　　　　（　　）

7. 企业全部的会计档案均应永久保存，以便查阅。　　　　　　　（　　）

8. 付款凭证是出纳人员支付货币的依据。　　　　　　　　　　　（　　）

9. 与货币收付无关的业务一律编制转账凭证。　　　　　　　　　（　　）

10. 记账凭证的填制日期应该是经济业务发生、执行或完成的日期。

（　　）

四、业务题

根据第四章练习题第四大题的经济业务，确定应编制的记账凭证的种类；假设企业采用的是收款、付款和转账三种凭证。

第六章　会计账簿

【学习要点】

● 了解账簿在会计核算中的地位和作用，账簿设置的原则和启用原则；

● 理解账簿按形式的分类、各要素的作用、账簿的更换；

● 熟悉账簿按用途的分类、各种账簿的格式；

● 掌握各种账簿登记方法、错账的更正方法、结账和对账的方法。

【关键概念】

会计账簿　序时账簿　分类账簿　备查账簿　总分类账　明细分类账　订本
式账簿　活页式账簿　卡片式账簿　三栏式账簿　数量金额式账簿　多栏式账簿
划线更正法　红线更正法　补充更正法　对账　结账

【开章案例】

原生活秀法定代表人因隐匿会计账簿等罪获刑三年

因在公司破产清算中，隐匿公司账外账，致使会计资料不完整，原生活秀集团法定代表人陈某，被瑞安法院以隐匿会计凭证、会计账簿罪，判处有期徒刑三年，并处罚金10万元。

陈某，43岁，瑞安人，原系生活秀集团有限公司法定代表人。生活秀集团有限公司成立于2001年11月27日，陈某占股84%。该公司销售的休闲服饰，包括T恤、毛衫、夹克等19大系列、上千个款式品种，是一家多元化经营的企业集团，注册资金1亿元，员工1000多人。

但一场大火成了转折点。2011年9月24日，生活秀集团位于瑞安飞云的仓库发生火灾，之后，该公司没再正常生产，员工纷纷离职，公司经常有人来要债。

2012年10月26日，瑞安法院受理生活秀集团破产清算案件。

破产清算过程中，管理人员向生活秀集团的财务人员及法定代表人陈某发出通知，要求提交生活秀集团的全部印章、账簿、会计资料等。但陈某仅提交公司的外部会计资料，隐匿了公司所做的临时借款流水台账、供应商应付流水台账、加盟商应收流水台账等账外账，致使生活秀集团的会计资料不完整。其中，陈某还隐匿了金额为6000余万元借款的所有会计凭证。

陈某在庭审中辩称，公司没有内账，流水账均被大火烧毁。但瑞安法院综合多名证人证言及相关证据后认定，生活秀集团的账外账属于公司内账，由陈某保管，所有内账都放在总部，并未被那场大火烧毁。另有证人证言证实，火灾后，生活秀集团的内账继续在进行。因此，瑞安法院对陈某的辩解不予采信。

瑞安法院认为，陈某隐匿依法应当保存的会计凭证、会计账簿，情节严重，其行为已构成隐匿会计凭证、会计账簿罪。公诉机关指控的罪名成立。据此，瑞安法院作出上述判决。

（资料来源：温州网，2014年06月20日.）

思考：

1. 会计账簿在经济生活中有什么作用？
2. 企业中有几种会计账簿？
3. 企业的会计账簿由谁保管？什么人可以查阅？

第一节　会计账簿概述

一、会计账簿的概念

对每一项经济业务，都必须取得或填制原始凭证，并根据审核无误的原始凭证及有关资料填制记账凭证。但是，这些会计凭证数量多，格式不一，记录的信息还是分散的、不系统的。为了把分散在会计凭证中的大量核算资料加以集中和归类整理，连续、系统、全面地反映单位在一定时期内的某类和全部经济业务的情况，为会计信息使用者提供完整而系统的会计核算资料，就需要设置和登记会计账簿。

会计账簿，简称账簿，是指由具有一定格式、相互联系的账页所组成，用来序时、分类、全面、系统地记录一个会计主体各项经济业务的簿籍。在形式上，会计账簿是由若干账页所组成；在实质上，会计账簿是会计信息的主要载体之一，也是会计资料的重要组成部分。

会计账簿和账户既有区别又有联系。账户是在账簿中以规定的会计科目开设户头，用以规定不同的账簿所记录的内容，账户存在于账簿之中，账簿中的每一账页就是账户的存在形式和信息载体。如果没有账户，也就没有账簿；没有账簿，账户也无法实现其存在的价值。账簿得以对经济业务按照时间的顺序、分类地记载，是在个别账户中完成的。也可以说，账簿是由若干个账页组成的一个整体，而开设于账页上的账户则是这个整体上的个别部分。因此，账簿和账户的关系，是形式和内容的关系。

二、会计账簿的意义

合理地设置和登记账簿，能系统地记录和提供企业经济活动的各种数据。它对加强企业经济核算、改善和提高经营管理具有重要作用。

（1）提供比较全面、系统的会计信息。通过设置和登记账簿，可以系统地归纳和积累会计核算的资料，将会计凭证所记录的经济业务记入有关账簿，可以全面、系统地反映会计主体在一定时期内所发生的各项资金运动，提供所需要的各项会计信息。

（2）有效发挥会计的监督职能。通过设置和登记账簿，可以连续、系统地反映收入的构成和支出的情况，财物的购置、使用、保管情况，用于监督计划、预算的执行情况和资金的合理有效使用。

（3）为编制财务报表提供依据。根据账簿记录的费用、成本和收入、成果资料，可以计算一定时期的财务成果。经核对无误的账簿资料及其加工的数据是编制财务报表的主要依据。

（4）为开展财务分析和会计检查提供依据。通过对账簿资料的检查、分析，可以了解企业贯彻有关方针、政策、制度的情况，用以考核各项计划的完成情况。另外，利用账簿进行会计分析，可以找出差距，以改善经营管理。

三、会计账簿的种类

为满足经营管理的需要，在每一会计账簿体系中都有各种不同功能和作用的账簿，它们各自独立又相互补充。为了便于了解和使用，有必要对会计账簿按不同的标准进行分类。

（一）按用途分类

会计账簿按用途不同，分为序时账簿、分类账簿和备查账簿。

1. 序时账簿

序时账簿，又称日记账，是对经济业务按发生或完成时间的先后顺序逐笔进行登记的账簿。在会计实务中，它是按照会计部门收到会计凭证的先后顺序，即按照会计凭证号码的先后顺序进行登记的。

序时账簿根据记录内容的不同，又分为普通日记账和特种日记账两种。普通日记账是将每天发生的所有经济业务，按其发生的先后顺序，编制会计分录，记入账簿；特种日记账是用来记录某一类经济业务的日记账。特种日记账的设置，应根据业务特点和管理需要而定，特别是那些发生频繁、需严加控制的项目，应设置特种日记账。目前，我国大多数单位一般只设置现金日记账和银行存款日记账。

2. 分类账簿

分类账簿又称分类账，是对全部经济业务按照会计要素的具体类别（即会计账户）进行分类登记的账簿。按其提供核算指标的详细程度不同，又分为总分类账和明细分类账。总分类账，简称总账，是按照总分类账户分类登记全部经济业务，进行总分类核算的分类账簿。明细分类账，简称明细账，是按照明细分类账户开设，用以登记某一类经济业务详细资料，进行明细分类核算的分类账簿。

3. 备查账簿

备查账簿，简称备查账，是对某些不能在序时账簿和分类账簿等主要账簿中登记或者登记不够详细的经济业务进行补充登记的账簿，又称为辅助账簿。它可以对某些经济业务的内容提供必要的参考资料，但是它记录的信息无须编入财务报表中，所以也称表外记录。备查账簿并非一定要设置，而且没有固定格式，各单位根据管理的需要自行设置与设计，如经营租赁租入固定资产登记簿、应收票据备查簿、受托加工材料登记簿等。

（二）按外形特征分类

会计账簿按其外形特征不同，分为订本式账簿、活页式账簿和卡片式账簿。

1. 订本式账簿

订本式账簿，也称订本账，是指在账簿启用前，就把连续编号的具有账户基本结构的若干张账页固定地装订成册的账簿。采用订本式账簿，可以避免账页散失，防止账页被随意抽换，比较安全。但由于账页固定，不能根据需要增加或减少，在使用中可能出现某些账户预留账页不足，而另外一些账页预留过多的情况；而且同一账簿在同一时间只能由一人登记，不便于分工记账。总分类账、现金日记账和银行存款日记账必须采用订本式账簿。

2. 活页式账簿

活页式账簿，简称活页账，是指由若干零散的账页根据业务需要组合成的账簿。一般是把分散的账页装在活页夹内，可以根据实际需要随时增减。采用活页式账簿，可以根据实际需要增添账页，不会浪费账页，并且便于同时分工记账。但是，账页容易散失和被随意抽换。空白账页在使用时必须按序编号；当账簿登记完毕之后（通常是一个会计年度结束之后），将账页予以装订，加具封面，妥善保管。各种明细分类账一般采用活页式账簿。

3. 卡片式账簿

卡片式账簿，简称卡片账，是利用卡片进行登记的账簿。卡片一般存放于专设的卡片箱中，不用装订成册，随时可存放，也可跨年度长期使用。采用卡片式账簿，便于随时查阅，也便于按不同要求归类整理，不易损坏。但账页容易散失和被随意抽换。因此，在使用时应对卡片连续编号，由专人保管。一般只对固定资产、低值易耗品等资产明细账采用卡片账形式。

（三）按账页格式分类

会计账簿按其账页的格式不同，可以分为两栏式账簿、三栏式账簿、多栏式账簿、数量金额式账簿和平行式账簿等。

1. 两栏式账簿

两栏式账簿，是指只有借方和贷方两个基本金额栏目的账簿。各种收入、费用类账户可以采用两栏式账簿。

2. 三栏式账簿

三栏式账簿，是指账页设有借方、贷方和余额三个基本栏目的账簿。三栏式账簿又可分为设对方科目和不设对方科目两种，区别是在摘要栏和借方科目栏之间是否有一栏"对方科目"栏。各种日记账、总分类账、债权债务明细账等可采用这种形式。

3. 多栏式账簿

多栏式账簿，一般也采用借方、贷方、余额三栏，但是在借方、贷方栏目下分别按照明细科目或某明细科目的各明细项目设置若干专栏，以详细具体地记载部分经济业务的情况。收入、成本、费用、应交税费、本年利润等一般采用这种格式的账簿。

4. 数量金额式账簿

数量金额式账簿，是指在借方、贷方和金额三个栏目内都分设数量、单价和金额三个小栏目的账簿。这种账簿能够反映财产物资的实物数量和价值量。原材料、库存商品、产成品等明细账通常采用数量金额式账簿。

5. 平行式账簿

平行式账簿，也称横线登记式账簿，是指账页分为借方和贷方两个基本栏目，每一个栏目再根据需要分设若干栏次，在同一张账页的同一行，记录某一项经济业务从发生到结束的所有事项的账簿。它主要适用于需要逐笔结算的经济业务的明细账，如物资采购、应收账款等明细账。

第二节 会计账簿的设置与登记

一、会计账簿的基本要素

由于现代经济业务复杂，需要反映的会计信息很多，企业需要设置多种的账簿。各种账簿所记录的经济内容不同，具体构成要素也不尽一致，但是一般都应具有以下三个基本要素。

（一）封面

主要用于标明账簿的名称，如现金日记账、银行存款日记账、总分类账、原材料明细账等，如图6-1所示。

图6-1 封面

（二）扉页

主要用于标明会计账簿的使用信息，包括科目索引和账簿使用登记表，一般将科目索引放在账簿最前面。账簿使用登记表应填列的内容主要有：经管人员、移交人和移交日期；接管人和接管日期，其一般格式如图6-2所示。

（三）账页

账页是账簿的主要内容，是用来记录具体经济业务的载体，其格式因反映经济业务内容的不同而有所不同。但各种账页一般包括以下六项内容：账户的名称（即会计科目）；记账日期栏；记账凭证种类和号数栏；摘要栏（经济业务内容的简要说明）；借方、贷方金额及余额的方向、金额栏；总页次（账簿的页次）和分页次（按每一账户编的页次）等。

使用者名称					印鉴	
账簿编号						
账簿页数	本账簿共计使用			页		
启用日期	年	月		日		
截止日期	年	月		日		
责任者盖章		记账	审核	主管	部门领导	
交接记录						
姓名	交接日期			交接盖章	监交人员	
印花税票						

图 6-2 账簿使用登记表

资料来源：互联网。

二、设置账簿的原则

企业必须根据经济业务的特点和管理的需要，科学、合理地设置账簿。设置账簿作为会计核算方法的重要内容之一，应遵循以下原则：

（1）全面性原则。账簿的设置必须确保能够全面、系统地核算和监督各项经济业务，为经营管理提供必要的会计信息。

（2）实用性原则。账簿的设置要从经济业务和会计工作的特点出发进行设置，以有利于会计分工和加强岗位责任制。

（3）科学性原则。账簿结构要求科学严密，有关账簿之间要有统驭关系或互相牵制，以避免重复记账或遗漏。

（4）简明原则。账簿格式应力求简明实用，清晰明朗，内容通俗易懂。同时，在满足实际需要的前提下，尽量节约人力、物力。

【阅读材料】

不要忽略印花税

根据《中华人民共和国印花税暂行条例》及《中华人民共和国印花税暂行条例施行细则》的相关规定，设置营业账簿需按规定缴纳印花税。营业账簿，是指单位或者个人记载生产经营活动的财务会计核算账簿。在税目中又分为记载资金的账簿和其他营业账簿两类。

记载资金的账簿，是指载有固定资产原值和自有流动资金的总分类账簿，或者专门设置的记载固定资产原值和自有流动资金的账簿。记载资金的账簿按固定资产原值与自有流动资金总额 0.5‰贴花。

其他营业账簿，是指除上述账簿以外的账簿，包括日记账簿和各明细分类账簿。其他营业账簿按件贴花 5 元。

印花税实行由纳税人（立账簿人）根据规定自行计算应纳税额，购买并一次贴足印花税票（简称贴花）的缴纳办法。

三、日记账的设置与登记

日记账按其记录内容的不同，分为普通日记账和特种日记账两种。

（一）普通日记账

普通日记账是用来登记全部经济业务的日记账。在账簿中，按照每日发生的经济业务的先后顺序，逐项编制会计分录，因而这种日记账也称为分录日记账、通用日记账。设置普通日记账的单位，一般不再设置特种日记账，以免重复。

普通日记账有两栏式和多栏式两种格式。

（1）普通日记账最一般的格式是两栏式，又称顺序式，即设有借方和贷方两个金额栏，格式如表 6-1 所示。

表 6-1　普通日记账（两栏式）

年		凭证		摘要	会计科目	借方金额	贷方金额	过账
月	日	字	号					

两栏式普通日记账的登录方法如下：

日期栏：将编制分录的日期记入该栏。年份、月一般只在每页的上端以及发生年月变动的地方填写。

凭证栏：将相应记账凭证的序号填入。

摘要栏：简要说明经济业务的内容。文字既要简练，又要能说明问题。

会计科目栏：填写交易或事项所涉及的有关会计科目名称。先紧靠左边登记借方科目，然后在借方账户下方向右移两格登记贷方科目。

金额栏：在借方和贷方金额栏分别记录该会计分录所涉及的相应金额。

过账栏：将日记账过入到各分类账后，在过账栏内注明"√"符号，表示已经过账；或者在过账栏内注明所过入的分类账的编号、页码，表示已经过账。

（2）多栏式普通日记账，是指在日记账中分设专栏，把经常重复的业务分栏登记，并进行汇总，一次过入分类账的一种普通日记账。其格式如表6-2所示。

表6-2　普通日记账（多栏式）

年		凭证		摘要	库存现金		银行存款		销售费用		其他			
月	日	字	号		借方	贷方	借方	贷方	借方	贷方	会计科目	借方	贷方	过账

这种日记账的登记方法与两栏式普通日记账基本相同，只是对设有专栏的账户名称（如库存现金、银行存款、销售费用）将其金额记入它的专栏内，并须在月末结出合计数，将合计数过入总账。过账后要把总账的页数写在合计数的下面，表示已过账。对于没有设置专栏的账户，则应记入"其他"栏下，并要逐步过账。

（二）特种日记账

常用特种日记账是现金日记账和银行存款日记账。有的单位还设置转账日记账，有的商业企业还设置购货日记账和销售日记账。

1. 现金日记账

现金日记账是用来反映每日库存现金的收入、支出及结余情况的特种日记账。它是由单位出纳人员根据审核无误的现金收款凭证、现金付款凭证和银行付款凭证（记录从银行提取现金业务）①，按照经济业务发生的先后顺序，逐日逐笔进行登记。

现金日记账必须采用订本式账簿，其账页格式一般采用三栏式，在同一张账页上有"借方金额"（收入）、"贷方金额"（支出）、"余额"三栏，其格式如图6-3所示。

现金日记账中的"年、月、日"、"凭证"、"摘要"和"对方科目"等栏，根据有关记账凭证登记。在填写对方科目时，应注意以下三点：①对方科目只填总账科目，无需填明细科目；②当对方科目有多个时，应填入主要对方科目；③当对应科目有多个且不能从科目上划分出主次时，可在对应科目栏中填入其中金额较大的科目，并在其后加上"等"字。

---

① 对于从银行提取库存现金的业务，习惯上只填制银行存款付款凭证。对于将现金存入银行的业务，习惯上只填制现金付款凭证。

现金日记账

年		凭证		摘要	对方科目	日页	借方金额									√	贷方金额									√	借或贷	余额									√
月	日	种类	号数				十	亿	千	百	十	万	千	百	十	元	角	分		十	亿	千	百	十	万	千	百	十	元	角	分			十	亿	千	百	十	万	千	百	十	元	角	分	

图 6–3　现金日记账

"借方金额"栏根据现金收款凭证和引起现金增加的银行存款付款凭证登记（从银行提取现金，只编制银行存款付款凭证）；"贷方金额"栏根据现金付款凭证登记。每次收付现金后，随时结出账面余额。每日终了，应计算现金收入、支出合计数，并结出余额，并将账面余额与库存现金实存数核对相符。如账实不符，应查明原因。每月期末，要计算本月现金收入、支出合计数和余额，并与库存现金总分类账户核对一致，做到日清月结，账实相符。

2. 银行存款日记账

银行存款日记账是专门用来记录银行存款收入、支出及结余情况的一种特种日记账。它是由出纳人员根据银行存款收款凭证、银行存款付款凭证和现金付款凭证（记录将现金存入银行业务）按经济业务发生时间的先后顺序，逐日逐笔进行登记。银行存款日记账应按企业在银行开立的账户和币种分别设置，每个银行存款账户设置一本银行存款日记账。

银行存款日记账必须采用订本式账簿，其账页格式一般采用三栏式，在同一张账页上有"借方"（收入）、"贷方"（支出）、"余额"三栏，其格式如图6-4所示。

银行存款日记账

第　　页

年		凭证		摘要	借方										贷方										借或贷	余额										核对
月	日	种类	号数		亿	千	百	十	万	千	百	十	元	角	分	亿	千	百	十	万	千	百	十	元	角	分		亿	千	百	十	万	千	百	十	元	角	分	

图6-4　银行存款日记账

资料来源：互联网。

因在办理银行存款业务时，均根据银行结算凭证办理，为便于和银行对账，银行存款日记账可以增设"结算凭证"栏，包括"种类"和"号数"两个小栏，单独列出每项业务所依据的结算凭证种类和号数，如表 6-3 所示。

表 6-3 银行存款日记账

年		凭证		摘要	结算凭证		对方科目	借方	贷方	借或贷	余额	核对
月	日	种类	号数		种类	号数						

银行存款日记账的登记方法和现金日记账基本一致。银行存款日记账要定期对账，一是银行存款日记账与银行存款收、付款凭证相互核对，做到账证相符；二是银行存款日记账与银行存款总账相互核对，做到账账相符。

3. 转账日记账

转账日记账是根据转账凭证按照时间顺序逐日逐笔进行登记。设置转账日记账的主要目的是将每日发生的转账业务集中反映出来；同时，利用转账日记账的记录，可以检查转账凭证有无丢失，发生差错便于查找。有的企业因管理的需要设置转账日记账。转账日记账的账页格式如表 6-4 所示。

表 6-4 转账日记账

年		转账凭证号数	摘要	会计科目	借方金额	贷方金额
月	日					

需要指出的是，在会计实务中，为了在日记账中反映货币资金的收入来源和支出用途，可以采用多栏式的现金日记账和银行存款日记账，即"借方"（收入）栏按与现金和银行存款相对应的贷方科目设置专栏；"贷方"（支出）栏按与现金和银行存款相对应的借方科目设置专栏。如果对应科目较多，为了避免账页过宽，可以分别设置"现金收入日记账"、"现金支出日记账"、"银行存款收入日记

账"、"银行存款支出日记账",如表6-5和表6-6所示。

表6-5 现金（银行存款）收入日记账

年		凭证号	摘要	贷方科目				收入合计	支出合计	结余
月	日									

表6-6 现金（银行存款）支出日记账

年		凭证号	摘要	结算凭证		借方科目			支出合计
月	日			种类	号数				

四、分类账的设置和登记

分类账分为总分类账和明细分类账两种。

（一）总分类账的设置和登记

总分类账也称总账,它能全面、总括地反映和记录经济活动情况,并为编制财务报表提供资料,因而,任何单位都必须设置总分类账。

总分类账一般采用订本式账,按照会计科目的编码顺序分别开设账户,并为每个账户预留若干账页。总分类账只进行货币度量的核算,因此通常采用三栏式,在账页中设置借方、贷方和余额三个基本金额栏。其一般格式如图6-5所示。根据需要,可以在借、贷两栏内,增设"对方科目"栏,或采用多栏式总分类账的格式。多栏式总分类账把序时日记账和总分类账结合起来,把所有的总账科目合并设在同一张账页上。

总分类账

一级科目＿＿＿＿

年		凭证		摘要	借方												核对	贷方												核对	借或贷	余额												核对
月	日	种类	号数		十	亿	千	百	十	万	千	百	十	元	角	分		十	亿	千	百	十	万	千	百	十	元	角	分			十	亿	千	百	十	万	千	百	十	元	角	分	
				过次页																																							

图 6–5　总分类账

资料来源：互联网。

总分类账登记的依据和方法，取决于企业采用的会计核算组织程序，可以根据记账凭证逐笔登记，也可以通过一定的方式分次或按月一次汇总成汇总记账凭证或科目汇总表，然后据以登记，还可以根据多栏式现金、银行存款日记账在月终时汇总登记（详见第九章的内容）。

（二）明细分类账的设置和登记

根据实际需要，各种明细账分别按二级科目或明细科目开设账户，并为每个账户预留若干账页，用来分类、连续记录有关资产、负债、所有者权益、收入、费用、利润等详细资料。明细分类账能够提供有关经济活动的详细资料，是对总分类账总括核算资料的必要补充，也是编制财务报表的依据之一。因此，在设置总分类账的基础上，还要根据经营管理的需要，在总账科目下设置若干必要的明细账，以形成既能提供经济活动总括情况，又能提供具体详细情况的账簿体系。

明细分类账的格式，要根据经济业务的特点和管理的不同要求来设计，一般有三栏式明细分类账、数量金额式明细分类账、多栏式明细分类账三种。

1. 三栏式明细分类账

三栏式明细分类账在账页内只设"借方"、"贷方"、"余额"三个金额栏，不设数量栏。它适用于那些只需要进行金额核算的结算科目，如应收账款、应付账款、实收资本等科目。三栏式明细分类账的一般格式如图6-6所示。

明细分类账（借贷余三栏式）

科目 _____

年		记账凭证号数	摘要	对方科目	页数	借方										贷方										借或贷	余额									
月	日					十亿	千	百	十万	千	百	十	元	角	分	十亿	千	百	十万	千	百	十	元	角	分		十亿	千	百	十万	千	百	十	元	角	分

图6-6 三栏式明细分类账

资料来源：互联网。

2. 数量金额式明细分类账

数量金额式明细分类账的账页，在借方（收入）、贷方（发出）和金额（结存）各栏目中再分别设置"数量"、"单价"、"金额"三个栏目。它适用于既要进行金额核算，又要进行实物数量核算的各种财产物资科目，如原材料、库存商品、产成品等科目的明细分类账。数量金额式明细分类账的一般格式如图 6-7 所示。

_____明细账

科目：　　　　　　　　　　　规格等级：　　　　　　　品名：
子目：　　　　　　　　　　　计量单位：　　　　　　　总页____ 分页____

年		凭证		摘要	收入			发出			结存		
月	日	字	号		数量	单价	金额	数量	单价	金额	数量	单价	金额

图 6-7　数量金额式明细分类账

资料来源：金蝶友商网。

3. 多栏式明细分类账

多栏式明细分类账是根据经济业务的特点和经营管理的需要，在一张账页的借方栏或贷方栏设置若干专栏，用以记录某一会计科目所属的各明细科目的内容。它适用于只记金额、不记数量，而且在管理上需要了解其构成内容的收入、费用、成本、利润类科目，如"主营业务收入"、"制造费用"、"生产成本"、"本年利润"等科目。多栏式明细分类账的一般格式如表 6-7 所示。

表 6-7　多栏式明细分类账

年		凭证		摘要	借方				贷方	金额
月	日	字	号					合计		

对于成本、费用类明细分类账只在借方设专栏，平时在借方登记费用、成本发生额，如果需冲减有关成本费用，应用"红字"在借方有关栏内登记。会计期末将借方净发生额从贷方结转到"本年利润"等相关账户。

对于收入类明细分类账只在贷方设专栏，平时在贷方登记收入的发生额，如果需要冲减有关收入，应用"红字"在贷方有关栏内登记。会计期末将贷方净发生额从借方结转到"本年利润"账户。

利润明细分类账一般按借方和贷方分设多栏，即按利润构成项目设多栏记录。

各种明细分类账的登记方法，应根据本单位业务量的大小、人员多少、经济业务的内容、经营管理的需要而定，通常根据原始凭证、汇总原始凭证、记账凭证进行登记，可以逐笔登记，也可以根据这些凭证逐日或定期汇总登记。

【阅读材料】

不同企业应如何选择账簿

单位特点	应采用的核算形式	可设置的账簿体系
小规模企业（小规模纳税人）	记账凭证核算形式	现金、银行存款日记账；固定资产、材料、费用等明细账；总账
	日记总账核算形式	序时账同上；日记总账；固定资产、材料明细账
大中型企业单位（一般纳税人）	科目汇总表核算形式，汇总记账凭证核算形式	序时账同上；固定资产、材料、应收（付）账款、其他应收应付款、长（短）期投资、实收资本、生产成本、费用等明细账；总账（购货簿、销货簿）
收付款业务多、转账业务少的大中型企业	多栏式日记账核算形式	四本多栏式日记账；明细分类账同上；总账（购货簿、销货簿）
收付款业务多、转账业务亦多的大中型企业	多栏式日记账兼汇总转账凭证核算形式	四本多栏式日记账；其他账簿同上
大中型企业，但转账业务较少	科目汇总表兼转账日记账核算形式	序时账簿；必要的明细账、转账日记账；总账

资料来源：互联网。

第三节　记账规则

一、启用账簿的规则

会计账簿是重要的会计档案，为了保证账簿记录的合规性和完整性，明确记账责任，防止丢失及其他舞弊行为的发生，在启用会计账簿时，必须遵守以下规则：

（1）在启用账簿时，应在账簿封面上写明单位名称和账簿名称；

（2）在扉页上填制"账簿启用表"或"账簿使用登记表"，并加盖名章和单位公章。

（3）启用订本式账簿，应当从第一页到最后一页顺序编定页数，不得跳页、缺号；对于活页式账簿，应当按账页顺序编号，并定期装订成册，装订后再按实际使用的账页顺序编订页码，编制目录，标明每个账户的名称和页次。

（4）在第一页前面，附会计科目目录及每个会计科目在账簿中的起止页数。

二、登记账簿的规则

为了保证记账工作的质量，会计账簿必须按照一定的规则，依据审核无误的会计凭证进行登记。进行账簿登记，一般应遵循下列规则：

（1）登记会计账簿时，应当将会计凭证日期、编号、业务内容摘要、金额和其他有关资料逐项记入账内；做到数字准确、摘要清楚、登记及时、字迹工整。

（2）登记完毕后，要在记账凭证上签名或者盖章，并注明所记账簿的页数，或注明已经记账的符号（如"√"），表示已经记账，避免重记、漏记。

（3）账簿中书写的文字和数字上面要留有适当空格，不要写满格；一般应占格距的1/2，最多不能超过2/3，以备按规定的方法改错。

（4）登记账簿要用蓝黑墨水或者碳素墨水书写，不得使用圆珠笔（银行的复写账簿除外）或者铅笔书写。[①]但下列情况可以用红色墨水记账：

①按照红字冲账的记账凭证，冲销错误记录；

②在不设借或贷栏的多栏式账页中，登记减少数，如多栏式管理费用明细账

---

① 这是因为，各种账簿档案保管年限一般都在10年以上，有些关系到重要经济业务的账簿，则要长期保管，因此，要求账簿记录保持清晰、耐久，以便长期查核使用，防止涂改。

中，不设贷方栏时，期末结转时，可用红字在借方登记；

③在三栏式账户的余额栏前，如未标明余额方向的，在余额栏内登记负数余额；

④根据国家统一会计制度的规定可以用红字登记的其他会计记录。

（5）各种账簿按页次顺序连续登记，不得跳行、隔页。如果发生跳行、隔页，应当将空行、空页划线注销，或者注明"此行空白"、"此页空白"字样，并由记账人员签名或者盖章。

（6）凡需要结出余额的账户，结出余额后，应当在"借或贷"等栏内写明"借"或者"贷"等字样。没有余额的账户，应当在"借或贷"等栏内写"平"字，并在余额栏内用"0"表示。现金日记账和银行存款日记账必须逐日结出余额。一般来说，对于没有余额的账户，在余额栏内标注的"0"应当放在"元"位。

（7）每一账页登记完毕结转下页时，应当结出本页合计数及余额，写在本页最后一行和下页第一行有关栏内，并在本页摘要栏内注明"过次页"，在次页的摘要栏内注明"承前页"字样；也可以将本页合计数及金额只写在下页第一行有关栏内，并在摘要栏内注明"承前页"字样。对需要结计本月发生额的账户，结计"过次页"的本页合计数应当为自本月初起至本页末止的发生额合计数；对需要结计本年累计发生额的账户，结计"过次页"的本页合计数应当为自年初起至本页末止的累计数；对既不需要结计本月发生额也不需要结计本年累计发生额的账户，可以只将每页末的余额结转次页。

（8）在登记时，文字和数字必须整洁清晰，准确无误；摘要文字紧靠左线；数字要写在金额栏内，不得越格错位、参差不齐；记录金额时，如果是没有角、分的整数，应分别在角分栏内写上"0"，不得省略不写，或以"－"号代替。为防止字迹模糊，墨迹未干时不要翻动账页；夏天记账时，可在手臂下垫一块软质布或纸板等，以防汗浸。

（9）账簿记录发生错误时，必须按规定方法进行更正，不准涂改、挖补、刮擦或者用药水消除字迹，不准重新抄写。

（10）实行会计信息化的单位，总账和明细账应当定期打印；发生收款和付款业务的，在输入收款凭证和付款凭证的当天必须打印出现金日记账和银行存款日记账，并与库存现金核对无误。

三、错账更正的规则

（一）错账的查找方法

在手工记账过程中，可能发生各种各样的差错，产生错账，从而影响会计信息的正确性。产生差错的原因可能是重记、漏记、数字颠倒、数字错位、数字记错、科目记错、借贷方向记反等。通常在月末结账时进行试算平衡，可能会出现试算不平衡的情况（所有账户的借方发生额合计数≠所有贷方发生额合计数，或者，所有借方余额的合计数≠所有贷方余额合计数）。此时应及时找出差错，并予以更正。常见的差错查找方法有以下几种：

1. 差数法

差数法是指按照错账的差数来查找错账的方法。有两种错账可用此法查找。

第一种是在记账过程中只登记了经济业务的借方或者贷方，漏记了另一方，从而造成试算平衡中借方合计数与贷方合计数不相等。如果借方金额遗漏，会使该金额在贷方超出；如果贷方金额遗漏，则会使该金额在借方超出。对于这样的差错，可由会计人员通过回忆或与相关金额的记账核对来查找。例如错账差数是4000元，本期内共发生10笔的4000元的账，这就可以在这10笔里查找是否漏记或重记。

第二种是串户。例如，某客户在本单位有应收款和应付款两个账户，如记账凭证是借记应收账款2000元，而记账时误记入应付账款2000元，这就造成资产负债表双方是平衡的，但总账与明细账核对时应收账款与应付账款各发生差数2000元，这就可以运用差数法到应收账款或应付账款中直接查找2000元的账是否串户。

2. 尾数法

对于只有角、分的差错的可以只检查小数部分，以提高查错的效率。如只差0.08元，只需看一下尾数有"0.08"的金额，看是否已将其登记入账。

3. 除2法

除2法是指差数除以2来查找错账的方法。在记账时，当某个借方金额登记到贷方，或者将贷方金额登记到了借方时，错账的差数就表现为错误的2倍。因此，将此差数用2去除，得出的商数就是记反方向数字，然后再到账目中去寻找差错的数字就有了一定的目标。例如，应记入"原材料"科目借方的3000元误记入贷方，则该科目的期末余额将小于总分类科目期末余额6000元，被2除的商3000元即为借贷方向相反的金额。

4. 除9法

除9法是以差数除以9来查找差错的一种方法，主要适用于以下几种情况：

（1）数字错位，也称数字移位，俗称大小数，在登记账目时，会计人员有时会把位数看错，有两种可能：

第一是将数字写大，查找的方法是：将差数除以9后得出的商即为正确的数字，商乘以10所得的积为错误的数字。例如将50写成500，差数450（500-50）

除以 9，所得的商 50 即为正确数字，50 乘以 10 的积 500 为错误的数字。

第二是将数字写小，查找的方法是：将差数除以 9 得出的商即为写错的数字，商乘以 10 所得的积即为正确的数字。例如将 2000 写成 200，差数 1800（2000–200）除以 9，所得的商 200 为错误数字，200 乘以 10 的积 2000 为正确的数字。

数字错位是日常工作中较容易发生的差错，在查找错误时，如果差错的数额较大，就应该检查一下是否在记账时发生了数字错位。

（2）相邻数字颠倒，是指两个相邻的数字前后颠倒，所造成的差额是 9 的倍数。查找的方法是：将差数除以 9，商的位数及商的位数加 1 表明颠倒数字所在的位数；得出的商（如果大于 10、100、1000 等，则相应地除以 10、100、1000 等，得到个位数）连续加 11，直到找出颠倒的数字为止。

例如，将 86 写成 68，差数为 18，除以 9 得 2，表明颠倒数字在个位数与十位数之间；商数 2 连续加 11 分别为 13、24、35、46、57、68、79、90，如有金额为 68 元的业务，即有可能是颠倒的数字。

又如，将 86000 写成 68000，差数为 18000，除以 9 得 2000，表明颠倒数字在千位数与万位数之间；2000 除以 1000 得商数 2，连续加 11 分别为 13、24、35、46、57、68、79、90，如有金额为 68000 元的业务，即有可能是错账。

不同颠倒数字的差数所对应的颠倒数字归纳如表 6-8 所示。

表 6-8　不同差数所对应的颠倒数字

差数	1		2		3		4		5		6		7		8		9	
颠倒的数字	01	10	02	20	03	30	04	40	05	50	06	60	07	70	08	80	09	90
	12	21	13	31	14	41	15	51	16	61	17	71	18	81	19	91		
	23	32	24	42	25	52	26	62	27	72	28	82	29	92				
	34	43	35	53	36	63	37	73	38	83	39	93						
	45	54	46	64	47	74	48	84	49	94								
	56	65	57	75	58	85	59	95										
	67	76	68	86	69	96												
	78	87	79	97														
	89	98																

（3）三个数字前后颠倒，是指将相邻的三位数的数字登记颠倒，如 663 登记为 366，即把相邻三位数的第 1 个和第 3 个登记颠倒。它的特点是错账差数都是 99 的倍数，差数用 99 除得的商即是三位数中前后两数之差；如果差数是三位数或三位数以上，则差的中间一位数字都是 9，差的首、尾两位数字的和等于 9。

举例如下：

①三位数头与尾两数之差是 1，则数字颠倒后的差数是 99，如 100–001、445–544、655–556、889–988 等，差数都是 99。

②三位数头与尾两数之差是 2，则数字颠倒后的差数则是 99 的 2 倍，即 198，如 311–113、644–446、997–799 等，差数都是 198。

③三位数头与尾两数之差是 3，则数字颠倒后的差数则是 99 的 3 倍，即 297，如 441–144、663–366、885–588 等，差数都是 297。

④三位数头与尾两数之差是 4，则数字颠倒后的差数则是 99 的 4 倍，即 396，如 551–155、773–377、955–559 等，差数都是 396。

⑤三位数头与尾两数之差是 5，则数字颠倒后的差数则是 99 的 5 倍，即 495，如 550–055、722–227、944–449 等，差数都是 495。

⑥三位数头与尾两数之差是 6，则数字颠倒后的差数则是 99×6=594；头与尾两数之差是 7，则数字颠倒的差是 99×7=693；头与尾两数之差是 8，则数字颠倒的差是 99×8=792；头与尾两数之差是 9，那么数字颠倒的差是 99×9=891。

如果用上述方法均没有发现错误，而对账结果又确实不平衡，还可以采用顺查法、逆查法、抽样法等方法检查是否有漏记和重记等现象。顺查法是按照"制证→过账→结账→试算→编表"的账务处理程序，从凭证开始到账簿记录止，从头到尾进行普遍检查。逆查法是按照"编表→试算→结账→过账→制证"的逆账务处理程序，从尾到头进行的普遍检查。抽查法是在已初步掌握情况的基础上，有重点地抽取账簿记录中某些部分进行局部检查的方法。

（二）错账的更正方法

如果发现账簿记录有错误，应根据错误的具体情况和性质，按规定的方法进行更正。错账的更正方法有三种。

1. 划线更正法

划线更正法又称红线更正法。如果记账凭证正确，在记账或结账过程中发现账簿记录中文字或数字有错误，应采用划线更正法。具体做法是：

（1）将错误的文字或数字划一条红色横线注销，但必须使原有字迹仍可辨认，以备查考。需要注意的是，文字错误可以只划去错字，但数字错误必须将整笔数字划掉，不能只划掉个别写错的数字。例如，把"3275"元误记为"3257"元时，应将错误数字"3257"全部用红线注销后，再写上正确的数字"3275"，而不是只删改"57"。

（2）在红线的上方用蓝字或黑字写上正确的文字或数字。

（3）更正人员在更正处盖章，以明确责任。

如果记账凭证中的文字或数字发生错误，在尚未过账前，也可用划线更正法更正。

2. 红字更正法

红字更正法，又称红字冲销法、红字冲账法，是指通过编制红字记账凭证冲销错误的记账凭证，以更正账簿记录的一种方法。红字更正法一般适用于以下两种情况：

（1）全部冲销。根据记账凭证记账以后，如果发现记账凭证中应借、应贷会计科目或记账方向发生错误时，应采用红字更正法进行更正。更正的方法是：

①先用红字填制一张与原错误记账凭证内容完全相同的记账凭证，而且在摘要栏注明"更正某月某日第×号凭证"，并据此用红字登记入账，以冲销账簿中原有的错误记录；

②然后用蓝字或黑字重新填制一张正确的记账凭证，用蓝字或黑字据以登记入账。

【例6-1】 企业计提本月生产车间固定资产折旧费10000元。编制凭证时误编为如下会计分录并已登账：

借：管理费用　　　　　　　　　　　　　10000

　　贷：累计折旧　　　　　　　　　　　　　10000

该项分录应借记"制造费用"。更正的步骤为：

第一，用红字编制一张与错误凭证内容相同的记账凭证如下：

借：管理费用　　　　　　　　　　　　　10000

　　贷：累计折旧　　　　　　　　　　　　　10000

第二，根据红字记账凭证以红字登记入账，表明已冲销账簿中原有的错误记录。

第三，用蓝字或黑字填制一张正确的记账凭证。

借：制造费用　　　　　　　　　　　　　10000

　　贷：累计折旧　　　　　　　　　　　　　10000

第四，用蓝字或黑字根据正确的记账凭证登账。

（2）部分冲销。根据记账凭证记账以后，如果发现记账凭证和账簿记录中应借、应贷的会计科目和记账方向没有错误，只是所记金额大于应记金额，应采用红字更正法。更正的方法是：将多记的金额用红字填制一张与原错误记账凭证相同的应借、应贷的会计科目及记账方向的记账凭证，并在摘要栏注明"更正某月某日第×号凭证"，并据以登记入账，以冲销多记的金额，使错账得以更正。

【例6-2】 生产车间领用材料2000元，在填制记账凭证时，误记金额为20000元，但会计科目、记账方向都没有错误，并且已登记入账。在更正时，应用红字编制如下一张记账凭证进行更正：

借：生产成本　　　　　　　　　　　　　　18000
　　贷：原材料　　　　　　　　　　　　　　　18000

不得以蓝字或黑字填制与原错误记账凭证记账方向相反的记账凭证去冲销错误记录或冲销错误金额，因为蓝字或黑字记账凭证反方向记载的会计分录反映某些特殊经济业务，而不反映错账更正的内容。

3. 补充登记法

补充登记法又称蓝字补记法。根据记账凭证记账以后，如果发现记账凭证中应借、应贷的会计科目和记账方向都没有错误，但所记金额小于应记的正确金额，应采用补充登记法进行更正。更正的方法是：按少记金额用蓝字或黑字填制一张与原错误记账凭证应借、应贷的会计科目和记账方向相同的记账凭证，并在摘要栏内注明"补记某月某日第×号凭证"，并据以登账，以补充少记的金额。

【例 6-3】　企业以银行存款86000元购买一台不需要安装的设备。编制记账凭证时，误编为如下会计分录，并已经登记入账：

借：固定资产　　　　　　　　　　　　　　68000
　　贷：银行存款　　　　　　　　　　　　　　68000

当发现该错误时，应用蓝字编制如下记账凭证进行更正：

借：固定资产　　　　　　　　　　　　　　18000
　　贷：银行存款　　　　　　　　　　　　　　18000

以上三种方法是对当年内发现填写记账凭证或者记账错误而采用的更正方法，但如果发现以前年度的错误，由于错误的账簿记录已在以前会计年度终了进行结账，不可能再将已结账的数字进行冲销，这时只能用蓝字或黑字凭证对除文字外的一切错账进行更正，并在更正的凭证上，特别注明"更正××年度错账"的字样。

第四节　对账和结账

一、对账

（一）对账的概念

所谓对账，就是定期对会计账簿记录进行核对的工作。

在会计工作中，由于各种原因，有时难免会出现差错或账实不符的情况。因此，在有关经济业务入账以后，有必要进行对账工作。对账的目的是为了保证账证、账账、账实相符，从而确保期末编制财务报表的数据的真实、准确和完整。

（二）对账的内容

对账包括日常核对和定期核对。日常核对是会计人员在编制会计凭证时对原始凭证和记账凭证进行审核，在登记账簿时将会计凭证与账簿记录进行核对。定期核对一般在月末、季末、年末等结账前进行，以查验记账工作是否正确和账实是否相符。

对账工作主要内容包括以下三个方面：

1. 账证核对

账证核对是将各种账簿记录与据以记账的会计凭证（记账凭证和后附的原始凭证）进行核对，这种核对主要在日常编制凭证和记账时进行。月终如果发现账账不符，就应进行账证核对。账证核对是对会计账簿记录与其相应的会计凭证记录的内容、会计科目、记账方向、金额等逐项核对，检查是否一致。保证账证相符，是会计核算的基本要求之一，也是账账相符、账实相符和账表相符的基础。

2. 账账核对

账账核对是在账证核对基础上，将各种会计账簿之间对应的记录进行核对。会计账簿之间对应的记录存在着内在联系，因此，通过账账相对，可以检查、验证会计账簿记录的正确性。账账核对的内容主要包括：

（1）总分类账各账户借方期末余额合计数与贷方期末余额合计数核对相符；

（2）现金日记账、银行存款日记账的期末余额与总分类账中"现金"和"银行存款"账户余额核对相符；

（3）各明细分类账的期末余额合计数与有关总分类账期末余额核对相符；

（4）会计部门的各种财产物资明细分类账期末余额与财产保管和使用部门的有关财产物资明细分类账的期末余额核对相符。

核对的方法是编制平衡表、余额明细表等。

3. 账实核对

账实核对是在账账核对的基础上，将各种财产物资的账面余额与实存数额进行核对。由于财产物资的增减变化、款项的收付都要在有关账簿中如实反映，因此，通过账实核对，可以检查、验证款项、实物会计账簿记录的正确性。

账实核对的内容主要包括：

（1）现金日记账的账面余额与每日现金实际库存数额相核对；

（2）银行存款日记账账面余额与银行对账单相核对；

（3）各种材料、物资明细账的账面余额与材料、物资的实有数额相核对；

（4）各种应收、应付款项的明细分类账的账面余额与有关债务、债权单位相核对。

实际工作中，账实核对一般要结合财产清查进行。有关财产清查的内容和方法将在第七章介绍。

二、结账

（一）结账的意义

结账就是在会计期末计算并结转各账户的本期发生额和期末余额。

企业的经营活动是持续不断的，为了正确地反映一定时期企业的财务状况和经营成果，为编制财务报表提供资料，各单位应在会计期末进行结账。结账是企业在每个会计期间终了时总结该期间经济活动、考核财务成果、编制财务报表所必须进行的基础会计工作。

会计期间一般按日历时间划分为月、季、年，结账于各会计期末进行，所以分为月结、季结、年结。

（二）结账前的基本步骤

结账的程序主要包括以下几个步骤：

（1）将本期发生的经济业务事项全部登记入账，并保证其正确性。

（2）根据权责发生制原则的要求进行有关账项调整，合理确定本期的收入和费用。相关内容将在第七章介绍。

（3）结账时，应当结出每个账户的期末余额。需要结出当月发生额的，应当在摘要栏内注明"本月合计"字样，并在下面通栏划单红线；需要结出本年累计发生额的，应当在摘要栏内注明"本年累计"字样，并在下面通栏划单红线；12月末的"本年累计"就是全年累计发生额；全年累计发生额下面应当通栏划双红线。年度终了结账时，所有总账账户都应当结出全年发生额和年末余额。

（4）进行对账，保证账账相符、账证相符和账实相符。

（5）将损益类账户转入"本年利润"账户，结平所有损益类账户。

（6）年度终了，要把账户的余额结转到下一会计年度，并在摘要栏注明"结转下年"字样；在下一会计年度新建有关会计账簿的第一行余额栏内填写上年结转的余额，并在摘要栏注明"上年结转"字样。

第五节 会计账簿的更换和保管

一、会计账簿的更换

会计账簿的更换是指每一会计年度结束，新的会计年度开始时，启用新账簿，并将上年度的会计账簿归档保管的工作。

为了使每个会计年度的账簿资料明晰和便于保管，一般情况下，现金日记账、银行存款日记账、总分类账和多数明细分类账每年都要更换新账。但是，变动较小的明细账可连续使用，不必每年更换，如固定资产明细账和固定资产卡片。有些财产物资明细账和债权债务明细账，由于物资品种、规格和债权债务较多，如果更换新账，重抄一遍的工作量较大，因此，可以跨年度使用，不必每年更换一次。第二年使用时，可直接在上年终了的双线下面记账。各种备查簿也可以连续使用。

建立新账时，除了要遵守账簿启用规则以外，在新账中有关账户的第一行日期栏内注明1月1日，摘要栏内注明"上年结转"或"年初余额"字样，将上年的年末余额以同方向记入新账中的余额栏内，并在借或贷栏内注明余额的方向（借方还是贷方）。新旧账簿更换时账户余额结转不编制记账凭证，也不要记入借方栏或贷方栏，而是直接记入余额栏，因此凭证号栏、借方栏和贷方栏无需填写。对于更换的会计账簿，各单位要进行必要的整理并移交档案管理部门保管。

二、会计账簿的保管

会计账簿必须按规定妥善保管，确保其安全与完整，并充分加以利用。

（一）日常账簿的管理

正在使用的账簿，应由经管账簿的会计人员负责保管。未经领导和会计负责人或者有关人员批准，非经管人员不能随意翻阅查看会计账簿。除需要与外单位核对外，会计账簿一般不能携带外出，对需要携带外出的账簿，必须经领导和会计负责人批准，并指定专人负责，不能随意交与其他人员管理，以保证账簿安全和防止任意涂改账簿等问题发生。

（二）账簿的归档管理

在年度终了更换新账簿后，应将旧账簿送交总账会计集中统一管理，按规定程序整理并装订成册。可由会计机构保管一年，期满之后，由会计机构编制移交清册，移交本单位档案部门统一保管；未设立档案机构的，应当在会计机构内部指定专人保管。

（三）会计账簿的装订整理

在年度终了更换新账簿后，应将使用过的各种账簿（跨年度使用的账簿除外）装订成册。装订时应注意以下事项：

装订前，首先要按账簿启用表的使用页数核对各个账户是否相符，账页数是否齐全，序号排列是否连续；然后按会计账簿封面、账簿启用表、账户目录、该账簿按页数顺序排列的账页、装订封底的顺序装订。

对于活页账簿，应撤出没有使用的空白账页，保留已使用过的账页，将账页数填写齐全，用质地较好的牛皮纸做封面、封底，装订成册。活页账一般按账户分类装订成册，一个账户装订成一册或数册；如果某些账户账页较少，也可以合并装订成一册。多栏式活页账、三栏式活页账、数量金额式活页账等不得混装，应按同类业务、同类账页装订在一起。

账簿装订后，应在封面注明单位名称、账簿种类、会计年度、编号等信息。会计账簿要按保管期限分别编号，并由会计主管人和装订人（经办人）签章。

在移交档案部门时，需要编制移交清册，填写交接清单，交接人员按移交清册和交接清单项目核查无误后签章，并在账簿使用日期栏内填写移交日期。

已归档的会计账簿作为会计档案供本单位查阅使用，原件不得借出，如有特殊需要，须经上级主管单位或本单位领导、会计主管人员批准，在不拆散原卷册的前提下，可以提供查阅或者复制，并要办理登记手续。

会计账簿必须严格按《会计档案管理办法》规定的保管年限妥善保管，不得丢失和任意销毁。具体的保管年限见第十章的相关内容。

【本章小结】

会计账簿，是由具有一定格式、相互联系的账页所组成，用来序时、分类、全面、系统地记录一个会计主体各项经济业务的簿籍。账簿按照用途分类，可以分为序时账簿、分类账簿和备查账簿；按外形特征分类，可分为订本式账簿、活页式账簿和卡片式账簿。账簿的基本要素包括封面、扉页、账页等。会计账簿的设置原则是全面性、实用性、科学性、简明。会计账簿的设置与登记包括日记账和分类账的设置与登记。日记账包括普通日记账和特种日记账两种，特种日记账包括现金日记账和银行存款日记账。现金日记账和银行存款日记账的格式主要有三栏式和多栏式，须采用订本式账簿。分类账又分为总分类账和明细分类账，总分类账的格式有三栏式和多栏式两种，登记总分类账的依据和方法取决于会计核算形式。明细分类账的格式有三栏式、数量金额式和多栏式。

记账规则包括启用账簿、登记账簿、错账更正等的规则。错账的更正方法有划线更正法、红字更正法和补充登记法。

为了保证会计核算资料的真实性，必须定期对账，内容包括：账证核对、账账核对、账实核对。为了分期反映各单位的财务状况和经营成果，为编制财务报表提供资料，期末必须结账。为了保证账簿记录的严肃性和合法性，账簿的更换和保管必须遵守有关规定。

【拓展阅读材料】

1. 郭道扬. 账（账）的应用考析 [J]. 会计研究，1998（11）.

2. 肖颖. 论有限责任公司股东会计账簿查阅权的完善 [J]. 黑龙江省政法管理干部学院学报，2013（2）.

3. 陈沁. 信息化下会计账簿改变及其监管创新 [J]. 财会通讯，2009（1）.

4. 孔亚平. 会计电算化环境中的错账更正法 [J]. 财会月刊（上·财富），2014（1）.

5. 亓凤华. 错账更正法之我见 [J]. 财会月刊：会计版（上），2013（9）.

6. 王允平，孙丽红. 会计学基础（第4版）[M]. 北京：经济科学出版社，2008.

【复习思考题】

1. 按照不同的标准进行分类，账簿有哪些种类？

2. 会计账簿有哪些基本要素？

3. 如何设置和登记账簿？

4. 启用账簿应注意哪些问题？

5. 查找错账有几种方法？如何更正错账？

6. 什么是结账与对账？各自应包括哪些内容？

【练习题】

一、单项选择题

1. 总分类账要采用（　　）。

A. 活页式账簿　　　　　　　　B. 自己认为合适的账簿

C. 卡片式账簿　　　　　　　　D. 订本式账簿

2. 备查账簿是企业（　　）。

A. 必设账簿　　B. 根据需要设置　　C. 内部账簿　　　D. 外部账簿

3. 债权债务的明细分类核算，其明细账的账页格式一般采用（　　）。

A. 三栏式　　　　B. 多栏式　　　　C. 定表格式　　　D. 数量金额式

4. 下列项目适合采用多栏式明细账格式核算的有（　　　　）。

A. 固定资产　　　B. 应收账款　　　C. 管理费用　　　D. 原材料

5. 按照（　　　）可以把账簿分为序时账簿、分类账簿和备查账簿。

A. 账户用途　　　B. 账页格式　　　C. 外形特征　　　D. 账簿的性质

6. 从银行提取现金，登记现金日记账的依据是（　　　　）。

A. 现金收款凭证　　　　　　　　　B. 现金付款凭证

C. 银行存款收款凭证　　　　　　　D. 银行存款付款凭证

7. 应该采用数量金额式明细账核算的有（　　　　）。

A. 原材料明细分类账　　　　　　　B. 应收账款明细分类账

C. 制造费用明细分类账　　　　　　D. 预提费用明细分类账

8. 卡片式明细账一般适用于（　　　　）明细账。

A. 现金　　　　　B. 银行存款　　　C. 固定资产　　　D. 预提费用

9. 活页式账簿主要适用于（　　　　　）。

A. 特种日记账　　B. 普通日记账　　C. 总分类账　　　D. 明细分类账

10. 根据记账凭证登账，误将400元记为4000元，应采用（　　　　）进行更正。

A. 划线更正法　　B. 红字更正法　　C. 补充登记法　　D. 平行登记法

11. 在月末结账前发现所填列的记账凭证无误，根据记账凭证登记账簿时，将1568元误记为1586元，按照有关规定，更正时应采用的错账更正方法是（　　　　）。

A. 划线更正法　　B. 红字更正法　　C. 补充登记法　　D. 平行登记法

12. 某会计人员在记账时将记入"银行存款"科目借方的5100元误记为510元。会计人员在查找该项错账时，应采用的方法是（　　　　）。

A. 除2法　　　　B. 差数法　　　　C. 尾数法　　　　D. 除9法

13. 以下不符合账簿平时管理的基本要求的是（　　　　）。

A. 各种账簿应分工明确，指定专人管理

B. 会计账簿只允许在财务室内随意翻阅查看

C. 会计账簿除需要与外单位核对外，一般不许携带外出

D. 账簿不能随意交与其他人管理

14. 下列各项中，不属于账账核对的是（　　　　）。

A. 账簿记录与会计凭证的核对

B. 总分类账簿与序时账簿的核对

C. 明细分类账簿之间的核对

D. 总分类账簿与所属的明细分类账簿之间的核对

15. 会计账簿暂由本单位财会部门保管（　　　），期满后，由财务会计部门编造清册移交本单位档案管理部门。

A. 1 年　　　　　　B. 2 年　　　　　　C. 5 年　　　　　　D. 10 年

16. 下列做法中，不符合会计账簿记账规则的是（　　　）。

A. 使用圆珠笔登账

B. 账簿中书写的文字和数字一般应占格距的 1/2

C. 登记后在记账凭证上注明已经登记的符号

D. 按账簿页次顺序连续登记，不得隔页跳行

二、多项选择题

1. 必须采用订本式账簿的有（　　　）。

A. 原材料明细账　　　　　　B. 现金日记账

C. 银行存款日记账　　　　　D. 总分类账

2. 会计账簿按用途的不同，可以分为（　　　）。

A. 分类账簿　　B. 活页账簿　　C. 备查账簿　　D. 序时账簿

3. 会计账簿按外表形式可以分为（　　　）。

A. 备查账簿　　B. 订本式账簿　　C. 活页式账簿　　D. 卡片式账簿

4. 在会计账簿扉页上填列的内容包括（　　　）。

A. 账簿名称　　B. 单位名称　　C. 账户名称　　D. 起止页次

5. 各种账簿虽然所记录的经济业务内容不同，其形式和格式也多种多样，但均应具备（　　　）。

A. 名称　　　　B. 封面　　　　C. 扉页　　　　D. 账页

6. 除 9 法查找错数适用于以下（　　　）。

A. 将数字写小　　B. 将数字写大　　C. 邻数颠倒　　D. 借方金额遗漏

7. 错账的更正方法一般有（　　　）。

A. 划线更正法　　B. 红字更正法　　C. 补充登记法　　D. 平行登记法

8. 对账的内容一般包括（　　　）。

A. 账证核对　　B. 账账核对　　C. 账实核对　　D. 账表核对

9. 下列情况中，可以用红色墨水记账的有（　　　）。

A. 在不设借贷等栏的多栏式账页中，登记减少数

B. 按照红字冲账的记账凭证，冲销错误记录

C. 在三栏式的余额栏前，如未印明余额方向的，在余额栏内登记负数余额

D. 根据国家统一的会计制度的规定可以用红字登记的会计记录

10. 下列账簿中需要在每年年初更换新账的是（　　　）。

A. 总账　　　　　　　　　　　B. 现金日记账

C. 银行存款日记账　　　　　　D. 固定资产卡片账

三、判断题

1. 现金日记账和银行存款日记账必须采用订本式账簿。　　　　（　　　）

2. 账簿记录正确并不一定保证账实相符。　　　　　　　　　　（　　　）

3. 主要账簿中不予登记或登记不详细的经济业务，可以在备查簿中予以登记。

（　　　）

4. 总分类账一般采用订本账，明细账一般采用活页账。　　　（　　　）

5. 企业的序时账簿和分类账簿必须采用订本式账簿。　　　　（　　　）

6. 使用订本账时，要为每一账户预留若干空白账页。　　　　（　　　）

7. 会计年度终了，应将活页账装订成册，活页账一般只适用于总分类账。

（　　　）

8. 会计人员根据记账凭证登账时，误将 3000 元记为 300 元，更正这种错误应采用红字更正法。　　　　　　　　　　　　　　　　　　　（　　　）

9. 登记账簿要用蓝黑墨水或者碳素墨水书写，绝对不得使用圆珠笔或者铅笔书写。　　　　　　　　　　　　　　　　　　　　　　　　　（　　　）

10. 补充登记法一般适用于记账凭证所记会计科目无误，只是所记金额大于应记金额，从而引起的记账错误。　　　　　　　　　　　　　　（　　　）

11. 总分类账和明细分类账都是根据记账凭证登记的。　　　　（　　　）

12. 记账后，发现所记金额小于应记金额，但记账凭证正确，应采用红字更正法更正。　　　　　　　　　　　　　　　　　　　　　　　　（　　　）

13. 备查账簿是根据对某些在日记账和分类账中未能记录的事项进行补充登记的账簿，因此，各单位都必须设置。　　　　　　　　　　　（　　　）

14. 只要账簿记录过程中不发生误差，就能保证账簿记录的客观真实性。

（　　　）

15. 企业应收应付明细账与对方单位账户记录核对属于账账核对。（　　　）

四、业务题

某企业将账簿记录与记账凭证进行核对，发现下列经济业务的凭证内容和账簿记录有错误：

1. 管理人员张一出差，预借差旅费 4000 元，用现金支付，原编记账凭证的会计分录为：

借：管理费用　　　　　　　　　　　4000

　　贷：库存现金　　　　　　　　　　　　　　4000

2. 用银行存款支付前欠甲公司货款 117000 元，原编记账凭证会计分录为：

借：应付账款——甲公司　　　　　　　　117000

　　贷：银行存款　　　　　　　　　　　　　　117000

会计人员在登记"应付账款"明细账时，将"117000"元误写为"11700"。

3. 开出现金支票3000元，支付管理部门办公费用，编记账凭证会计分录为：

借：管理费用　　　　　　　　　　　　3000

　　贷：库存现金　　　　　　　　　　　　　3000

4. 结转本月发生的制造费用65000元。编记账凭证会计分录为：

借：本年利润　　　　　　　　　　　　56000

　　贷：制造费用　　　　　　　　　　　　　56000

5. 计算本月应交所得税34000元，原编记账凭证会计分录为：

借：所得税费用　　　　　　　　　　　3400

　　贷：应交税费　　　　　　　　　　　　　3400

要求：

1. 说明以上错账应采用的更正方法。

2. 对错账进行更正。

【案例分析】

一、公司简介

HS化工有限公司有50多位员工，其下属厂有600多位员工。HS化工有限公司前身HS化工厂，靠2000元自筹资金起家，目前公司拥有流动资金8亿多元，铺开于市内500多处特约经销点。15年来，在没有任何外界资金投入的情况下，完全凭自己艰苦奋斗，在市场经济的风浪中搏击，发展为"国家无投资，银行无贷款，原料无分配（渠道）"，而"产品无积压，企业无利息债"的"五无企业"。现在的HS是一家拥有近10亿元自有资金的大型现代化涂料有限公司。

二、会计部门岗位

（一）总会计师1人。监督整个财务科工作。

（二）公司财务科共9人。

财务科长（1人）：管理日常的会计工作，负责复核记账凭证，记银行日记账，编制对外财务报表。

销售收款（2人）：其中，市内应收账款（1人）：记应收账款明细账兼记分类账；市外应收账款（1人）：记应收账款明细账兼记总账。

材料采购（1人）：记原材料明细账。

应付账款（1人）：记应付账款明细账。

现金出纳（1人）：负责现金报销，记现金日记账。

管理会计（1人）：负责内部管理报表的编制。

电算化（2人）：其中，操作员（1人）：输入文档资料，打印，复印；程序员（1人）：系统维护。

（三）下属厂财务科共8人。

财务科长（1人）：负责成本核算及报告。

北新泾地区销售收款（1人）：收款并汇总至公司。

包装材料（1人）：记包装材料明细分类账。

原材料（1人）：记原材料收、付、存明细分类账。

成本核算（1人）：每月产成品成本的核算。

生产统计（1人）：记录生产中有关数据，以便成本核算。

电算化（2人）：其中，操作员（1人）：输入文档资料，打印，复印；程序员（1人）：系统维护。

（资料来源：江希和.基础会计 [M].上海：华东师范大学出版社，2012：105.）

思考：

该公司完整的会计账簿体系（包括账簿的种类、用途、格式等）应该包括哪些？

第七章　财产清查与期末账项调整

【学习要点】
● 了解财产清查的意义、种类；
● 掌握货币资金、存货、固定资产、往来款项的清查方法以及清查结果的会计处理；
● 熟悉财产清查的准备工作及清查过程中产生的各种原始凭证；
● 理解期末账项调整的目的、依据和内容。

【关键概念】
财产清查　未达账项　银行存款余额调节表　实地盘存制　永续盘存制　盘盈　盘亏　期末账项调整

【开章案例】
在福州台江中亭街的一家服装店，老板陈某对女收银员小张很放心，"都是老员工了，给了她最大的自由权。"陈老板一番好意，却换来小张的监守自盗，4个多月来小张采取多收少报的方法，盗走了店里4万多元钱。

一天上午，台江后洲派出所接到中亭街一家服装店老板的报警：怀疑自己的女收银员盗走了店里4万多元钱。

民警接到报警后，立即赶到现场将报警人陈老板和女收银员小张带回派出所审查。

在派出所里，陈老板告诉民警，他一直都很信任这个收银员小张，每天盘点时小张都告诉陈老板当天的营业额，刚开始陈老板对小张所报的金额都没去复核，觉得小张不会骗他。

可最近一段时间，陈老板在盘点货物时总发现卖出的货物与收回的金额不符，为此他就开始了全面清查，发现这4个多月下来的账目都有问题，他觉得收银员小张嫌疑最大。

经审讯，女收银员小张在派出所里承认自己监守自盗的行为。原来小张刚开始只想每天捞点"零花钱"，后来发现老板对自己很信任，就越贪越多，就这样被老板发现。目前，小张因涉嫌侵占财物已被警方刑事拘留。

（资料来源：东南快报（福州），2014-06-09.）

思考：

1. 企业需要对什么进行盘点？

2. 应该由谁来盘点现金？在什么时候盘点？

3. 盘点对企业有什么意义？

第一节　财产清查概述

一、财产清查的含义

企业资产的增减变动和结存情况，都是通过会计账簿来记录的，账簿上的结存数应当与资产的实存数一致。但是在实际工作中，由于各种原因使部分资产的账面数与实际结存数之间存在差异，即账实不符。造成账实不符的原因主要有以下几点：

（1）在收发物资过程中，由于计量、检验不准确，造成品种、数量或质量上的差错；

（2）资产在运输、保管、收发过程中，由于发生自然损耗或遭受非常事故，如水灾、火灾、风灾等造成的损失；

（3）在管理和核算方面，由于手续不健全或不严密而发生计算、登记上的错误；

（4）由于管理不善或责任者的过失，造成资产损失、变质或短缺等；

（5）由于不法分子贪污盗窃、营私舞弊而造成的损失；

（6）在结算过程中，由于未达账项引起的账账、账实不符等。

因此，为了查明造成账实不符的原因，以保证会计资料的真实性和正确性，揭露工作中的失职和非法行为，明确责任，就需要运用财产清查这一专门方法，对各项财产进行定期或不定期的清查和核对，做到账实相符。

财产清查，就是通过对实物、库存现金的实地盘点和对银行存款、债权债务的询证核对，来查明各项财产物资、货币资金和债权债务的实有数与账面数是否相符的一种会计方法。

二、财产清查的意义

财产清查的意义，概括起来主要有以下几个方面：

（1）保证会计核算信息真实可靠。通过财产清查，可以查明各项财产物资的实有数，确定实有数和账存数的差异，查明两者出现差异的原因和责任，从而采取有效措施，以保证账实相符，确保会计资料的准确可靠。

（2）保护财产的安全与完整。通过财产清查，可以查明各项财产有无短缺、毁损、贪污盗窃等情况，以便分别不同情况予以处理，堵塞漏洞，改进和健全各种责任制，切实保证财产的安全和完整。

（3）挖掘资产潜力，加速资金周转。通过财产清查，可以及时查明各种财产物资的结存和利用情况，以便根据不同情况，采取不同措施，积极利用和处理，提高资产使用效率。对储备不足的应及时补充，以保证生产经营的需要；对超储积压、不配套的应及时加以处理，以充分挖掘各项资产的潜力，使资产得到充分合理的利用，加速资金周转，提高企业的经济效益。

（4）促进内部控制制度的建立和健全。通过财产清查，可以发现在资产管理中存在的薄弱环节，检查各项资产的收入、发出和保管过程中责任的履行情况以及结算制度的执行情况，以便针对存在的问题，建立健全有关内部控制制度。

三、财产清查的种类

财产清查的种类很多，根据管理的需要，可以按不同标准进行分类，主要有以下两种分类方法。

（一）按照清查的对象和范围分类，分为全面清查和局部清查

1. 全面清查

全面清查是指对所有的财产物资进行全面的盘点与核对。全面清查的对象一般包括：

（1）货币资金，包括库存现金、银行存款等。

（2）实物资产，包括在本单位的所有固定资产、原材料、在产品、产成品、工程物资、包装物、低值易耗品等；属于本单位但在途中的各种在途物资、商品和材料等；存放在本单位的代销商品等；委托其他单位加工、保管的材料、商品和物资等。

（3）债权债务，包括各项应收款项、应付和应交款项、银行借款、对外投资等。

通过全面清查能够摸清家底，有利于加强经济核算，提高企业经济效益。但是全面清查范围广，内容复杂，工作量大，一般在年终决算前，以及单位撤销、

合并以及改变隶属关系时才进行全面清查。

2. 局部清查

局部清查也称重点清查，是指根据需要对一部分财产进行的清查。企业主要对一些流动性较大、容易出现问题的项目进行局部清查。流动性较大的财产，如原材料、库存商品等，除年度全面清查外，还应根据需要随时轮流盘点或重点抽查；贵重财产，每月都要进行清查；库存现金应由出纳人员每天清点一次；银行存款每月同银行核对一次；债权债务每年应与有关单位核对一至两次。

通过局部清查，可以做到对重要财产、货币资金进行重点管理，对流动性较大的财产进行经常管理，以确保企业财产的安全完整。

（二）按照清查的时间分类，可以分为定期清查和不定期清查

1. 定期清查

定期清查是指按预先计划安排的时间对资产进行的清查，一般在月末、季末、年末结账时进行。

2. 不定期清查

不定期清查也称临时清查，是指根据实际需要临时进行的清查。在实际工作中需要进行临时性清查的情况一般有以下几种：

（1）遭受非常损失时，对受损的财产进行的清查。

（2）更换财产保管人员时，对其经管的财产进行清查，以明确经济责任。

（3）上级主管部门、税务、财政机关等部门对本单位进行会计检查时所进行的财产清查。

（4）临时性的清产核资工作中所进行的财产清查。

定期清查和不定期清查的范围应视具体情况而定，可以是全面清查，也可以是局部清查。

以上各种财产清查对象和时间要求不同，清查的目的和工作量大小不同，其适应情况也就不同。在实际工作中，一方面要根据本单位的需要和可能，采取适宜种类的财产清查；另一方面为了加强会计核算工作，还必须建立财产清查制度。

第二节　财产清查的方法

一、财产清查的一般程序

财产清查是一项复杂而细致的工作，它涉及面广、工作量大。为了使财产清查工作能够有组织、有秩序地进行，达到预期的目的，必须按一定程序，做好各项准备工作。财产清查一般包括三个步骤。

（一）成立清查组织

财产清查，尤其是全面清查，必须成立专门的清查组织，如财产清查领导小组。清查组织应在企业负责人、总会计师或 CFO 的领导下，由财务部门牵头，由会计、业务、保管等有关部门的人员组成，具体负责财产清查的领导和组织工作。财产清查组织的主要任务是：

（1）在财产清查前，确定财产清查的对象和范围，安排清查工作的进度，配备清查人员，确定清查方法；

（2）在清查过程中，做好具体组织、检查和督促工作，及时研究和处理清查过程中出现的问题；

（3）在清查结束后，将清查结果和处理意见上报领导和有关部门审批。

（二）业务准备工作

为做好财产清查工作，会计部门和有关业务部门要在清查组织的指导下，做好各项业务准备工作，主要包括：

（1）会计部门应在财产清查前，将所有的经济业务登记入账，结出余额，将有关账簿登记齐全，核对清楚，保证账证相符、账账相符，为财产清查提供可靠的依据。

（2）财产物资的保管和使用等业务部门将截止到财产清查日为止的各项财产物资的收入、发出等业务办好手续，编制凭证，全部登记入账，结出余额。同时，将所保管和使用的物资分类整理，排列整齐，挂上标签，标明品种、规格和结存数量，以便进行实物盘点。

（3）银行存款、银行借款、债权债务的清查，需要取得对账单、函证材料等资料，以便查对。

（4）准备好必要的计量器具，进行检查和校正，保证计量的准确性。

（5）印制好各种清查登记的表册，例如现金盘点报告表、盘存表、实存账存对比表等。

（三）实施财产清查

在做好各项准备工作以后，在确定的时间，由清查人员根据清查对象的特点，依据清查的目的，采用相应的清查方法，实施财产清查。

二、财产清查的具体方法

由于企业的财产物资种类繁多，各有特点，因而在清查时要采用不同的方法。

(一) 货币资金的清查

货币资金的清查包括对库存现金和银行存款所进行的清查。

1. 库存现金的清查

库存现金的清查采用实地盘点的方法，确定库存现金的实存数，并与库存现金日记账的余额进行核对，以查明账实是否相符。

库存现金是流动性最强的资产，容易出现差错，平时由出纳人员每日或定期清查，将现金日记账的账面余额与现金的实存数进行核对，做到账实相符。如果出现如下情况时，必须进行临时盘点：①更换现金保管人；②发生非常灾害、被盗、意外损失；③有关单位对企业进行审计；④管理层指派人员临时清查。

清查时，出纳人员必须在场，现钞应逐张查点，应检查是否遵守库存现金管理制度的规定，编制现金盘点报告表，并由盘点人员和出纳人员签章。现金盘点报告表兼具盘存单和实存账存对比表的作用，是反映现金实存数和调整账簿记录的重要原始凭证，其一般格式如表 7-1 所示。

表 7-1　现金盘点报告表

单位名称：　　　　　　　　　　　年　　月　　日　　　　　　　　　单位：元

清查现金			核对账簿	
货币面额	张数	金额	项目	金额
100			现金账面数	
50			加：收入凭证未记账	
20			减：付出凭证未记账	
10			加：跨日收入	
5			减：跨日借条	
1			调整现金账面余额	
0.5			实存现金	
0.1			盘盈	
0.05			盘亏	
0.01				
合计				

盘点人：　　　　　　　　　　　　　　出纳员：

2. 银行存款的清查

银行存款的清查是采取与银行核对账目的方法来进行的，即将企业的银行存款日记账与银行发来的对账单逐笔相核对，以确定账实是否相符。在核对前，要将截止到清查日所有银行存款的收付业务登记入账，结出余额，然后再与银行送来的对账单逐笔核对，如发生错账、漏账，应查明原因及时更正。

在实际工作中，往往会出现企业银行存款日记账余额与银行对账单余额不一致的情况，其主要原因，一是企业或银行在会计处理上有错误，二是存在正常的"未达账项"。所谓未达账项，是指同一项经济业务，由于结算凭证在传递时间上的差异，导致企业和银行的记账时间不一致，造成一方已登记入账，而另一方尚未登记入账的款项。企业与银行之间的未达账项，一般有以下四种类型：

（1）企业已收款入账，而银行尚未收款入账的款项。如企业销售产品收到支票，送存银行后即可根据银行盖章退回的"进账单"回单联登记银行存款的增加，而银行则要等款项收妥后才能登记增加，如果此时对账，就形成了企业已收款入账，银行尚未收款入账的款项。

（2）企业已付款入账，而银行尚未付款入账的款项。如企业开出一张支票支付购料款，企业可根据支票存根、发票及收料单等登记银行存款的减少，而这时银行由于未接到支付款项的凭证而尚未登记银行存款减少，如果此时对账，就形成了企业已付款入账，银行尚未付款入账的款项。

（3）银行已收款入账，而企业尚未收款入账的款项。如外地某单位给企业汇来货款，银行收到汇款单后，登记企业银行存款增加，企业由于未收到汇款凭证尚未登记银行存款增加，如果此时对账，就形成了银行已收款入账，企业尚未收款入账的款项。

（4）银行已付款入账，而企业尚未付款入账的款项。如银行代企业支付款项，银行已取得支付款项的凭证登记银行存款的减少，企业由于未接到凭证尚未登记银行存款减少，如果此时对账，就形成了银行已付款入账，企业尚未付款入账的款项。

上述任何一种未达账项的发生，都会使企业银行存款日记账余额与银行对账单余额不一致。因此，在核对时，必须注意有无未达账项。

如果账面余额和银行对账单不符，为确定原因，应编制"银行存款余额调节表"。银行存款余额调节表的编制方法有补记法和冲销法两种，通常采用的是补记法。补记法是在双方账面余额的基础上各自加上对方已收而本方未收的款项，减去对方已付而本方未付的款项。用公式表示如下：

企业银行存款日记账余额+银行已收企业未入账的款项–银行已付企业未入账的款项=银行对账单余额+企业已收银行未入账的款项–企业已付银行未入账的款项

若双方调节后的余额一致，说明双方账务处理没有差错；否则，说明企业和银行一方或两方账务处理上有差错，应进一步查明原因，予以更正。

【例7-1】　某企业2014年6月30日银行存款账面余额是18000元，银行对账单上账面余额是23000元，经逐笔核对发现有下列未达账项：

（1）29 日，企业销售产品收到转账支票一张计 2000 元，将支票存入银行，银行尚未办理入账手续。

（2）29 日，企业采购原材料开出转账支票一张计 1000 元，企业已作银行存款付出，银行尚未收到支票而未入账。

（3）30 日，企业开出现金支票一张计 250 元，银行尚未入账。

（4）30 日，银行代企业收回货款 8000 元，收款通知尚未到达企业，企业尚未入账。

（5）30 日，银行代付电费 1750 元，付款通知尚未到达企业，企业尚未入账。

（6）30 日，银行代付水费 500 元，付款通知尚未到达企业，企业尚未入账。

根据上述资料，编制银行存款余额调节表，如表 7-2 所示。

表 7-2 银行存款余额调节表

项目	金额	项目	金额
银行对账单账面余额	23000	企业银行存款账面余额	18000
加：企业已收，银行未收的款项	2000	加：银行已收，企业未收的款项	8000
减：企业已付，银行未付的款项	1000 250	减：银行已付，企业未付的款项	1750 500
调整后余额	23750	调整后余额	23750

需要注意的是，银行存款余额调节表只起对账作用，不能作为调整账簿记录的凭证，对于银行已经入账而企业尚未入账的未达账项，必须在收到银行的有关凭证后方可入账。

（二）实物资产的清查方法

由于实物资产种类繁多，形态、体积、堆放方式不尽相同，因而，对其实际数量的确定可采用不同的盘点方法。

（1）实物盘点法，是对实物逐一清点或用计量器具来确定实存数量的一种方法。其适用的范围较广，多数实物的清查都可以采用这种方法。

（2）技术推算法，是通过量方、计尺等技术推算实存数量的一种方法。这种方法只适用于价值低、数量大而难以逐一清点的存货的清查，如露天堆放的煤炭、沙石等。

（3）抽样盘存法，用于价值小、数量多、质量比较均匀的财产。

（4）外调核对法，对于企业委托外单位加工、保管的存货以及在途材料和物资，可采用函询的办法与有关单位进行核对，以查明账实是否相符。

对于实物的质量，应根据不同的实物采用不同的检查方法，例如有的采用物理方法，有的采用化学方法来检查实物的质量。

为了明确经济责任，盘点时保管人员必须在场。对于盘点结果，应如实登记盘存表，并由盘点人和实物保管人签字或盖章。盘存表既是记录盘点结果的书面证明，也是反映财产物资实存数的原始凭证，其一般格式如表7-3所示。

表 7-3　盘存表

单位名称：　　　　　　　　　　盘点时间：
资产类别：　　　　　　　　　　存放地点：　　　　　　　　编号：

编号	名称	规格	计量单位	数量	单价	金额	备注

盘点人：　　　　　　　　　　　　　　　保管人：

同时，为了进一步查明清查结果与账面结存数是否一致，应根据有关账簿资料和盘存表填制实存账存对比表，据以检查账实是否相符，并根据对比结果调整账簿记录，分析差异的原因，做出相应的处理。实存账存对比表的一般格式如表7-4所示。

表 7-4　实存账存对比表

单位名称：　　　　　　　　　　盘点时间：

编号	名称及规格	计量单位	单价	实存		账存		对比结果				备注
				数量	金额	数量	金额	盘盈		盘亏		
								数量	金额	数量	金额	

主管人员：　　　　　　　　　会计：　　　　　　　　　制表：

在进行清查时，应把本企业代管的存货单独列示，不能填在盘存表上。

（三）存货的盘存制度

存货的盘存制度是指企业确定存货期末结存数量的方法，通常有实地盘存制和永续盘存制两种。

1. 实地盘存制

实地盘存制，又称定期盘存制，是指对存货平时只在明细账簿中登记增加数，不登记减少数，期末通过实地盘点确定结存数，然后倒轧出本期存货的减少数，并据以登记入账的一种盘存制度。期末倒轧本期减少数的公式如下：

本期减少数=期初结存数+本期增加数−期末实地盘存数

实地盘存制的优点是，由于平时不需要计算、记录存货的减少数和结存数，可以大大减少日常核算工作量，存货的收发手续也比较简便。其缺点表现在：第一，平时账面上不能随时反映各项存货的减少情况和结存情况，手续不够严密，不利于存货的控制和管理；第二，期末所得的存货减少数是一个倒轧数，有可能把不正常的存货的损失数，如被盗、浪费、遗失或盘点遗漏等造成的损失，都包括在减少数中，这样就会影响日常核算的真实性，影响企业的财务状况和经营成果；第三，由于每个会计期末都要对各项存货进行盘点和计价，加大了结账的工作量，有时会影响正常的生产经营。因此，实地盘存制一般只适用于价值低、品种杂、进出频繁的材料物资，其他存货一般不宜采用。

2. 永续盘存制

永续盘存制，又称账面盘存制，是指对各项存货的增减变动情况，都必须根据会计凭证在有关账簿中进行连续登记，并随时在账簿中结算出各项财产物资结存数的一种盘存制度。在永续盘存制下，期末账面结存数的计算公式如下：

期初结存数+本期增加数−本期减少数=期末结存数

采用永续盘存制，可以在账面上随时反映出存货的增加、减少以及结存情况，可以随时掌握和了解各项存货的增减变动和结存情况，有利于加强存货的管理。因此，一般情况下，各单位均应采用这种盘存制度。其缺点是，日常的核算工作比较繁重。

永续盘存制虽然能在账面上及时反映各项财产物资的结存数，但由于前述的种种原因，仍然可能会发生账实不符的情况。所以，采用永续盘存制的单位，仍然要对各项存货进行定期或不定期的清查盘点，以便查明账实是否相符，对于账实不符的，要及时查明原因，按照有关规定进行处理，以达到账实相符的目的。

综上所述，无论采用哪种盘存制度，对企业的存货都必须定期或不定期地进行清查，保证账实相符，以便为经济管理提供真实、可靠的会计资料。在不同的财产清查制度下，各项存货在账簿中的登记方法和财产清查的目的是不同的。

（四）债权债务的清查方法

债权债务主要包括应收账款、应付账款、预收账款和预付账款等。债权债务的清查是采取同对方核对账目的方法，即函证法。企业在自己账目完全正确、完整的基础上，向对方填发对账单。对账单应按明细账户逐笔抄列一式两联，其中一联作为回单，对方单位如果核对相符，在回单上盖章退回；如发现数字不符，应将不符情况在回单联上注明或另抄对账单退回，作为进一步核对的依据。在核对过程中，如果发现未达账项，双方都应采用调节账面余额的办法，核对往来款项是否相符。

【阅读材料】

往来款项对账单（对账联）

编号： 号

_____单位：

本单位根据财务清查的需要，与贵公司核对往来款项。下列数据出自本公司账簿记录，如与贵公司记录相符，请在本函下端"数据无误"处签章证明；如有不符，请在"数据不符及需加说明事项"处详为指正。

截止日期	贵公司欠	欠贵公司	备注

（本函仅为复核账目之用，并非催款结算）

若款项在上述日期之后已经付清，仍请及时函复为盼。

清查单位：

年　月　日

沿此虚线剪开，将以下回联单寄回。谢谢合作

往来款项对账单（回联）

_____单位：

（1）你单位寄来的"往来款项对账单"已收到，经核对数据无误。

签章：　　　　　　　　　　　　　　　　日期：

（2）经核对，数据不符，我单位账面金额如下：

截止日期	贵公司欠	欠贵公司	备注

签章：　　　　　　　　　日期：

对清查结果要编制"往来款项清查报告单"，如表7-5所示。对于无法收回、有争执的款项等应填列清楚，以便上报后及时处理。

表7–5　往来款项清查报告单

序号	单位名称	账面金额	确认金额	差异金额	差异原因	备注

第三节　财产清查结果的核算

一、财产清查结果的处理程序

财产清查的种类不同，所采用的清查方法以及清查结果的账务处理也有所不同。本教材主要阐述编制财务报表前进行财产清查的账务处理。

财产清查后，如果实存数与账存数一致，不必进行账务处理。如果实存数与账存数不一致，会出现两种情况：实存数大于账存数，称为盘盈；实存数小于账存数，称为盘亏。当实存数与账存数一致，但实存的财产物资有质量问题，不能按正常的财产物资使用，称为毁损。不论是盘盈、盘亏，还是毁损，都需要进行账务处理，调整账存数，以保证账实相符。因此，一旦发现实存数与账存数不一致，应查明原因，核准数字，明确经济责任，提出相应的处理意见，按规定程序批准后，才能对差异进行处理。财产清查结果的处理程序如下：

（1）根据已查明属实的财产盘盈、盘亏和毁损等的数据编制实存账存对比表，根据盘存表等原始凭证编制记账凭证，据以记入有关账户，达到账实相符。

（2）分析原因，查明差异。财产清查小组应根据财产清查中取得的各种资料，如实反映账实不符的情况，彻底查明其性质，认真分析其原因。然后根据审批后的处理决定文件，编制记账凭证，并据以登记入账。

（3）积极处理多余物资和长期不清的债权债务。对在清查中发现的积压呆滞和不需用的物资，应积极组织调剂利用，本单位不需用的，还应当积极推销，力求物尽其用，减少资金的占用。对于长期拖欠以及有争议的往来款项，应当指定专人，主动与对方单位研究解决。

（4）总结经验，健全财产管理制度。针对所发现的问题和缺点，应当认真总结经验教训，提出改进措施，建立健全有关规章制度，加强经济管理责任制。

二、财产清查结果的账务处理

(一) 账户设置

为了核算和监督企业在财产清查中查明的各项财产物资的盘盈、盘亏和毁损及处理情况，应设置"待处理财产损溢"账户。该账户属于资产类账户，也是一个过渡性账户，核算企业在清查财产过程中查明的各种财产盘盈、盘亏和毁损的价值，包括盘盈存货的价值。盘盈固定资产的价值在"以前年度损益调整"科目核算。

该账户的借方登记清查中发生的待处理的财产盘亏、毁损的金额，以及经批准处理的财产盘盈金额；贷方登记清查中发生的待处理的财产盘盈数，以及转销已批准处理的财产盘亏、毁损的金额。企业的财产损溢，应查明原因，在期末结账前处理完毕，处理后本科目应无余额。期末若有借方余额，表示尚未处理的各种财产净损失；若有贷方余额，则表示尚未处理的各种财产净溢余。综上所述，"待处理财产损溢"账户的结构如图 7-1 所示。

待处理财产损溢

借方	贷方
发生额：发生的待处理财产盘亏、毁损数以及批准转销的待处理财产盘盈数	发生额：发生的待处理财产盘盈数以及批准转销的待处理财产盘亏、毁损数
结余额：尚未批准处理的待处理财产盘亏、毁损数与盘盈数的差额	结余额：尚未批准处理的待处理财产盘盈数与盘亏、毁损数的差额

图 7-1 "待处理财产损溢"的账户结构

该账户下设置"待处理流动资产损溢"和"待处理固定资产损溢"两个明细账户。

(二) 待处理财产损溢的主要账务处理

(1) 盘盈的现金、各种材料、库存商品、生物资产等，借记"库存现金"、"原材料"、"库存商品"、"消耗性生物资产"、"生产性生物资产"、"公益性生物资产"等科目，贷记本科目。

(2) 盘亏、毁损的各种材料、库存商品、生物资产等，借记本科目，贷记"原材料"、"库存商品"、"应交税费——应交增值税（进项税额转出）"、"消耗性生物资产"、"生产性生物资产"、"公益性生物资产"等科目。材料、库存商品采

213

用计划成本（或售价）核算的，还应同时结转成本差异（或商品进销差价）。

（3）盘盈、盘亏、毁损的财产，按管理权限报经批准后处理时，按残料价值，借记"原材料"等科目，按可收回的保险赔偿或过失人赔偿，借记"其他应收款"科目，按本科目余额，借记或贷记本科目，按其借方差额，属于管理原因造成的，借记"管理费用"科目，属于非正常损失的，借记"营业外支出——盘亏毁损损失"；按其贷方差额，贷记"管理费用"、"营业外收入——盘盈利得"科目。

（三）财产清查结果会计核算实例

1. 库存现金清查结果的财务处理

对于清查中发现的盘盈现金，应借记"库存现金"，贷记"待处理财产损溢"科目。待查明原因，经批准后作以下处理：属于应支付给有关人员或单位的，计入"其他应付款"科目；属于无法查明原因的，计入"营业外收入"科目。

在清查时发现的盘亏现金，应借记"待处理财产损溢"科目，贷记"库存现金"科目。待查明原因，经批准后作以下处理：属于应由责任人赔偿或保险公司赔偿的部分，计入"其他应收款"科目；属于无法查明原因的，计入"管理费用"科目。

【例 7-2】 某企业在现金清查中，发现库存现金较账面余额短缺 300 元。经查，上述现金短缺款中 100 元属于出纳小王的责任，应由小王赔偿；其余部分无法查明原因。

编制会计分录如下：

借：待处理财产损溢	300	
贷：库存现金		300
借：管理费用	200	
其他应收款	100	
贷：待处理财产损溢		300

2. 存货清查结果的账务处理

（1）存货盘盈的处理。

清查中发生存货盘盈时，应按同类或类似存货的市场价格作为实际成本，借记"原材料"、"库存商品"等科目，贷记"待处理财产损溢"科目。在按管理权限报经批准后，借记"待处理财产损溢"科目，贷记"管理费用"科目。

【例 7-3】 某企业在财产清查中，发现乙材料盘盈 50 件，单价 50 元，计 2500 元。

应根据"实存账存对比表"编制记账凭证，并据以入账，编制会计分录如下：

借：原材料——乙材料	2500

贷：待处理财产损溢　　　　　　　　　2500

经查明属于平时收发计量上的差错所造成，经有关部门批准后，作为冲减管理费用处理。根据审批文件，编制会计分录如下：

借：待处理财产损溢　　　　　　　　　2500

　　贷：管理费用　　　　　　　　　　　　　2500

（2）存货盘亏或毁损的处理。

清查中发现存货发生的盘亏或毁损，应先借记"待处理财产损溢"，贷记"原材料"、"库存商品"等科目。按管理权限报经批准后，根据造成存货盘亏或毁损的原因，分别以下情况进行处理：

①属于计量、收发差错和管理不善等原因造成的存货短缺或毁损，应先扣除残料价值，能确定过失人的，由过失人赔偿，借记"其他应收款——××人"账户；属于保险范围内的，应向保险公司索赔，借记"其他应收款——××保险公司"账户；扣除过失人、保险公司的赔偿以及残料价值后的差额，即净损失，借记"管理费用"账户；贷记"待处理财产损溢"账户。

②属于自然损耗产生的定额内合理损失，经批准后计入管理费用。①

③属于自然灾害、意外事故等非常原因造成的存货毁损，应先扣除处置收入（如残料价值）、可以收回的保险赔偿和过失人赔偿，将净损失计入营业外支出。②

【例7-4】　某企业在财产清查中，发现甲材料短缺5吨，每吨1000元。

上项盘亏在报经批准前，根据实存账存对比表编制记账凭证，并据以入账。编制会计分录如下：

借：待处理财产损溢　　　　　　　　　5000

　　贷：原材料———甲材料　　　　　　　　5000

经查明盘亏的原因是：①保管人员小李失职造成的损失1000元；②非常事故造成损失4000元，保险公司同意赔款3000元，残料作价400元入库。

经有关部门批复后，据此编制记账凭证，结转待处理财产损溢。编制会计分录如下：

借：其他应收款——小李　　　　　　　1000

　　保险公司　　　　　　　　　　　　3000

　　原材料　　　　　　　　　　　　　 400

　　营业外支出　　　　　　　　　　　 600

　　贷：待处理财产损溢　　　　　　　　　　5000

----

① 存货入库前的合理损耗，计入存货的成本。

② 因非常原因导致的存货盘亏或毁损，按规定不能抵扣的增值税进项税额应当予以转出。相关处理将在《财务会计》中介绍。

3. 固定资产清查结果的账务处理

固定资产是一种价值较高、使用期限较长的有形资产，因此，对于管理规范的企业而言，盘盈、盘亏的固定资产较为少见。如果清查中发现固定资产损溢的应及时查明原因，在期末结账前处理完毕。

企业在财产清查中盘亏的固定资产，按盘亏固定资产的账面价值，借记"待处理财产损溢——待处理固定资产损溢"科目，按已计提的累计折旧，借记"累计折旧"科目，按固定资产原价，贷记"固定资产"科目。按管理权限报经批准后处理时，按可收回的保险赔偿或过失人赔偿，借记"其他应收款"科目，按应计入营业外支出的金额，借记"营业外支出——盘亏损失"科目，贷记"待处理财产损溢"科目。[①]

【例 7-5】 甲公司年末对固定资产进行清查时，发现丢失一台冷冻设备。该设备原价 52000 元，已计提折旧 20000 元。经查，冷冻设备丢失的原因在于保管员看守不当。经批准，由保管员赔偿 10000 元。有关账务处理如下（不考虑增值税）：

（1）发现冷冻设备丢失时：

借：待处理财产损溢——待处理固定资产损溢——冷冻设备　　32000
　　累计折旧　　　　　　　　　　　　　　　　　　　　　　20000
　　　贷：固定资产——冷冻设备　　　　　　　　　　　　　　　　52000

（2）报经批准后：

借：其他应收款——×××　　　　　　　　　　　　　　　　　10000
　　营业外支出——盘亏损失　　　　　　　　　　　　　　　　22000
　　　贷：待处理财产损溢——待处理固定资产损溢——冷冻设备　32000

企业盘盈的固定资产，应作为前期差错在"以前年度损益调整"账户中核算。

第四节　期末账项调整

一、期末账项调整的意义

在持续经营假设下，为了准确、及时地提供会计信息，需要将持续不断的生

[①] 固定资产还需对增值税进行账务处理；如果企业计提有固定资产减值准备，也需要进行结转。相关内容将在《财务会计》中介绍。

产经营活动划分为一定的会计期间，按照权责发生制来划分收入和费用的归属期。但是，企业的收入和费用是随着经济业务不断发生的，划分会计期间使会计核算必然涉及划分本期和非本期的收入、费用等问题。同时，由于日常会计核算是根据有关原始凭证反映的交易或事项来记录收入和费用，而有些交易事项虽然在本期没有收到或支付款项，没有取得原始凭证，但根据权责发生制应在本期确认收入或费用，应计入相关的账户；有的款项虽然本期收到但却不属于本期的收入，不应计入本期的收入账；有些款项虽然本期支付但不属于本期的费用，不应计入本期的费用账。所以需要在期末结账前，按照权责发生制要求对日常的账簿记录进行调整。

期末账项调整是指会计期末结账前，按照权责发生制原则，确定本期的应得收入和应负担的费用，并据以对账簿记录的有关账项作出必要调整的会计处理方法。账项调整编制的会计分录为调整分录。

二、期末账项调整的目的和依据

账项调整的目的是为了正确地分期计算损益，即正确地划分相邻会计期间的收入和费用，使应属报告期的收入和成本费用相配比，以便正确地结算各期的损益，比较真实地反映企业的经营成果和财务状况。

持续经营和会计分期是会计核算的两个会计假设。基于这两个会计假设，会计核算要求遵循权责发生制基础和配比原则，即将某一会计期间的成本费用与其有关的收入相互配合比较，以正确计算该期的损益。企业在日常的会计工作中，对某项业务是否进行期末账项调整还需要遵循重要性原则，当某账项调整对于会计信息使用者的决策产生影响时，该调整就具有重要性，应进行期末账项调整；反之，可以不必调整。

三、期末账项调整的内容

（一）应计收入的账项调整

应计收入是那些已在本期实现，但由于尚未完成结算过程，或延期付款的原因，致使尚未收到相应款项，而没有登记入账的收入。如应收商业银行的存款利息、应收的销售货款、应收的租金收入等。按权责发生制原则，凡属于本期的收入，不管其款项是否收到，都应作为本期收入，期末时将尚未收到的款项调整入账。应计收入的调整一方面增加收入，另一方面增加资产。

【例7-6】 2013年9月28日，慧华物业公司与本市工业展览馆签订合约，为该馆提供全面物业管理服务，从本年第四季度开始，合同期一年。物业管理费全年40万元分两次支付。合同约定第一次支付日为2014年4月1日。

（1）2013 年末，根据确认的业务收入：

借：应收账款　　　　　　　　　　　　　　100000

　　贷：主营业务收入　　　　　　　　　　　　　100000

（2）2014 年 4 月 1 日，收到展览馆第一次支付的物业费：

借：银行存款　　　　　　　　　　　　　　200000

　　贷：应收账款　　　　　　　　　　　　　　　100000

　　　　主营业务收入　　　　　　　　　　　　　100000

（二）应计费用的账项调整

应计费用是指那些在本期已耗用，或本期已受益的支出，因款项尚未支付，而在日常的账簿记录中尚未登记入账的费用。如银行借款的借款利息、房屋的租金、大修理支出等。按权责发生制的规定，凡属于本期的费用，不管其款项是否支付，都应作为本期费用处理。期末应将那些属于本期费用，而尚未支付的费用调整入账。应计费用的调整一方面确认费用，另一方面也会增加负债。

【例 7-7】　月初公司向慧华租赁公司租赁生产设备一台（当即投入使用），租期半年，每月租金 3000 元（约定租赁期满租金一次付清）。

月末应作如下处理：

借：制造费用——租赁费　　　　　　　　　3000

　　贷：其他应付款——固定资产租金　　　　　　3000

【例 7-8】　2013 年 1 月 4 日，甲公司与 A 传媒服务公司签订一项服务合同，由 A 公司为其进行广告宣传，为期两年，甲公司到期一次性支付全部广告费 48000 元。

（1）2013 年 12 月 31 日，确认本年度应负担的广告费：

借：销售费用　　　　　　　　　　　　　　24000

　　贷：其他应付款　　　　　　　　　　　　　　24000

（2）服务期满，实际支付全部广告费时：

借：销售费用　　　　　　　　　　　　　　24000

　　其他应付款　　　　　　　　　　　　　　24000

　　贷：银行存款　　　　　　　　　　　　　　　48000

（三）收入分摊的账项调整

企业已经收取有关款项，但因未向付款单位完成销售商品或提供劳务，或提供财产物资使用权，不属于或不完全属于本期收入，收到的款项是一种负债性质的预收款项，应在向付款单位完成提供商品、劳务或财产物资使用权的期间确认收入。在计算本期收入时，应该将这部分预收款项进行账项调整。由于预收款项不属于或不完全属于本期收入，因此在收到款项时不能全部确认本期收入，应记入负债类的"预收账款"科目进行核算，等满足收入确认条件时，再从"预收账款"科目转入有关收入科目。

【例 7-9】 年初甲公司出租房屋，租期为一年，收到一年的租金 120000 元（每月 10000 元）。

年初收到租金时账务处理如下：

借：银行存款　　　　　　　　　　　　120000
　　贷：预收账款　　　　　　　　　　　　120000

1~12 月，各月末都应进行预收租金的期末账项调整：

借：预收款项　　　　　　　　　　　　10000
　　贷：其他业务收入——租金收入　　　　10000

【例 7-10】 慧华律师事务所预收甲企业半年的顾问费 18000 元，每月的顾问费为 3000 元。

年初收到款项时：

借：银行存款　　　　　　　　　　　　18000
　　贷：预收账款　　　　　　　　　　　　18000

1~6 月，各月末都应进行预收款项的期末账项调整：

借：预收账款　　　　　　　　　　　　3000
　　贷：营业收入　　　　　　　　　　　　3000

（四）费用分摊的账项调整

企业已经支付的款项，能使若干会计期间受益，因而不属于或不完全属于本期，不能直接全部计入本期有关费用，应将这些款项在其受益的会计期间进行分摊。预付的各项支出即不属于或不完全属于本期费用，就不能直接全部记入本期有关费用账户，应先记入资产类"待摊费用"账户。根据权责发生制，将属于本期负担的费用，采用一定的方法分摊计入本期的费用。具体的会计处理详见本书相关章节。

【例 7-11】 金欣公司为增设一处零售点签订了一份房屋租赁合同，租约的条款内容是：租期自 2013 年 11 月 1 日起，为期一年，年租金 60000 元，分两期支付，每期支付 50%，第一期租金 2013 年 11 月 1 日支付。

（1）2013 年 11 月 1 日支付首期租金时：

借：预付账款——预付房租费　　　　　30000
　　贷：银行存款　　　　　　　　　　　　30000

（2）2013 年 12 月 31 日，结转应由当年分摊的房租费：

借：销售费用　　　　　　　　　　　　10000
　　贷：预付账款——预付房租费　　　　　10000

（五）其他账项调整

在会计期末，企业需调整的账项除上述项目之外，为了使费用与收入的配比符合权责发生制的要求，正确计算各期盈亏，真实反映各期的财务状况和经营成果，还需要对其他一些账项进行调整，包括固定资产折旧的计提、应收账款坏账准备的计提、所得税的计算缴纳等，具体会计处理将在《财务会计》中介绍。

【本章小结】

财产清查，就是通过对实物、库存现金的实地盘点和对银行存款、债权债务的询证核对，来查明各项财产物资、货币资金和债权债务的实有数与账面数是否相符的一种会计方法。

财产清查按其清查范围分为全部清查和局部清查，按其清查时间可分为定期清查和不定期清查。

财产清查一般包括成立清查组织、业务准备工作、实施财产清查三个步骤。

财产清查的具体方法包括对货币资金、实物资产、债权债务等的清查方法。存货的盘存制度是指企业确定存货期末结存数量的方法，通常有"实地盘存制"和"永续盘存制"两种。对银行存款的清查要采取与银行核对账目的方法来进行，如不相符，就需要编制银行存款余额调节表。

为了正确反映财产物资的盘盈、盘亏、毁损及其处理情况，企业应该设置"待处理财产损溢"账户。财产清查的会计处理须在报请批准以前和批准以后分两个阶段进行。

期末账项调整是指会计期末结账前，按照权责发生制原则，确定本期的应得收入和应负担的费用，并据以对账簿记录的有关账项作出必要调整的会计处理方法。账项调整编制的会计分录为调整分录。期末账项调整的内容包括应计收入、应计费用、收入分摊、费用分摊及其他等的账项调整。

【拓展阅读材料】

1. 李晓慧. 审计案例与实训 [J]. 北京：中国人民大学出版社，2012.

2. 财政部. 内部会计控制规范——基本规范、内部会计控制具体规范. 2001.

3. 财政部. 行政事业单位资产清查暂行办法. 2006.

4. 财政部. 行政事业单位资产核实暂行办法. 2007.

5. 财政部. 中央级事业单位国有资产管理暂行办法. 2008.

6. 国务院国有资产监督管理委员会. 国有企业清产核资办法. 2003.

【复习思考题】

1. 什么是财产清查？为什么要进行财产清查？

2. 什么是未达账项？未达账项有哪几种类型？

3. 永续盘存制与实地盘存制有什么区别？各适用于哪些情况？

4. 如何进行财产清查的会计处理？

5. 怎样进行存货盈亏、盘盈账务处理？

6. 为什么要进行期末账项调整？期末账项调整包括哪些内容？

【练习题】

一、单项选择题

1. （　　　）是指对所有的财产物资进行全面的盘点与核对。

A. 定期盘存　　　　　　　　　B. 不定期盘存

C. 全面清查　　　　　　　　　D. 局部清查

2. 企业在遭受自然灾害后，对其受损的财产物资进行的清查，属于（　　　）。

A. 局部清查和定期清查　　　　B. 全面清查和定期清查

C. 局部清查和不定期清查　　　D. 全面清查和不定期清查

3. 对应收账款进行清查时，应采用的方法是（　　　）。

A. 与记账凭证核对　　　　　　B. 函证法

C. 实地盘点法　　　　　　　　D. 技术推算法

4. 银行存款的清查是将银行存款日记账与（　　　）核对，以查明账实是否相符。

A. 银行存款凭证　　　　　　　B. 银行存款总账

C. 银行存款备查账　　　　　　D. 银行对账单

5. 对库存现金清查（　　　）。

A. 出纳员必须在场　　　　　　B. 会计和出纳不必在场

C. 出纳员不必自始至终在场　　D. 出纳员和会计部门领导必须在场

6. 对于大量成堆难以逐一清点的财产物资的清查，一般采用（　　　）方法进行清查。

A. 实地盘点　　　B. 抽样检验　　　C. 询证核对　　　D. 技术推算盘点

7. 盘亏的存货，在减去过失人或者保险公司等赔款和残料价值之后，属于非常损失的应计入（　　　）。

A. 管理费用　　　B. 营业外支出　　　C. 营业费用　　　D. 其他业务支出

8. 一般情况下，企业单位撤销、合并或改变隶属关系时，要进行（　　　）。

A. 全面清查　　　B. 局部清查　　　C. 实地盘点　　　D. 技术推算

9. 现金盘点后，应根据盘点结果及与现金日记账核对的情况，填写（　　　）。

A. 盘存单　　　　　　　　　　　　B. 实存账存对比表

C. 财产盘亏报告表　　　　　　　　D. 库存现金盘点报告表

10. 产生未达账项的原因是（　　　）。

A. 某一方或双方记账错误　　　　　B. 取得凭证的时间不一致

C. 双方结账时间不一致　　　　　　D. 双方对账时间不一致

11. 库存现金清查中，无法查明原因的溢余，应记入（　　　）账户核算。

A. 其他应付款　　B. 其他应收款　　C. 管理费用　　　D. 营业外收入

12. 盘亏的固定资产净损失，报经批准转销时，应借记的账户是（　　　）。

A. 资本公积　　B. 管理费用　　　C. 其他业务支出　　D. 营业外支出

13. 库存商品因管理不善盘亏，经批准核销时，应借记（　　　）账户。

A. 管理费用　　B. 营业外支出　　C. 库存商品　　　D. 待处理财产损溢

14. 在存货的清查中，短缺的存货是由于自然损耗造成的，经批准后一般应（　　　）。

A. 增加管理费用　　　　　　　　　B. 冲减管理费用

C. 列入营业外支出　　　　　　　　D. 计入存货成本

15. 账项调整的会计核算基础是（　　　）。

A. 现金收付制　　B. 权责发生制　　C. 历史成本原则　　D. 重要性原则

二、多项选择题

1. 下列项目中，属于不定期并且全面清查的是（　　　）。

A. 单位合并、撤销以及改变隶属关系

B. 年终决算之前

C. 企业股份制改制前

D. 单位主要领导调离时

2. 在银行存款对账中，未达账项包括（　　　）。

A. 银行已收款入账，企业未收款入账

B. 企业未付款入账，银行已付款入账

C. 企业未付款入账，银行也未付款入账

D. 银行已收款入账，企业也收款入账

3. 财产清查按照清查时间划分为（　　　）。

A. 全部清查　　B. 不定期清查　　C. 定期清查　　　D. 局部清查

4. 下列各种情况，需要进行财产全面清查的有（　　　）。

A. 企业改变隶属关系时　　　　　　B. 企业合并前

C. 出纳人员调离工作前　　　　　　D. 公司总经理调离工作前

5. "待处理财产损溢"账户的借方核算（　　　）。

A. 发生的财产盘盈数　　　　　　　B. 发生的财产盘亏和毁损数

C. 处理的财产盘盈数　　　　　　　D. 处理的财产盘亏和毁损数

6. 银行存款日记账与银行对账单不一致的原因有（　　　）。

A. 企业或银行出现记账错误　　　　B. 出现未达账项

C. 出现已达账项　　　　　　　　　D. 以上均是

7. 财产清查前，要做好组织准备和业务准备，主要包括（　　　）。

A. 会计人员保证账证、账账之间相符

B. 实物保管人员对各项实物排列整齐

C. 制定盘点计划、安排人员

D. 准备清理财产登记表册

8. 存货的盘存制度包括（　　　）。

A. 实地盘存制　　B. 永续盘存制　　C. 权责发生制　　D. 收付实现制

9. 财产清查的内容包括（　　　）。

A. 货币资金　　　B. 实物资产　　　C. 债权债务　　　D. 对外投资

10. 期末账项调整的内容主要包括（　　　）。

A. 应计收入　　　B. 应计费用　　　C. 收入分摊　　　D. 费用分摊

三、判断题

1. 企业更换资产或库存现金保管人员时，应进行定期或全面的盘存。

（　　　）

2. 采用永续盘存制的企业，能及时反映各项资产的结存额，所以不需要对存货进行定期或不定期的清查盘点。　　　　　　　　　　　　　（　　　）

3. 出纳员保管的库存现金，应由出纳员每月进行一次清查。　（　　　）

4. 银行存款账实不符肯定是因为存在未达账项。　　　　　　（　　　）

5. 在银行存款的清查中，对于未达账项的原因予以查明后，编制银行存款余额调节表，并据以调整有关账簿记录，做到与银行账目相符。　　（　　　）

6. 银行存款的清查，是将各单位的银行存款账簿与银行的账簿相核对。

（　　　）

7. 在清查实物资产时，可以由清查人员单独清点。　　　　　（　　　）

8. 造成账实不符的原因只是受自然因素的影响。　　　　　　（　　　）

9. 未达账项是指企业与银行之间由于记账的时间不一致，而发生的一方已登记入账，另一方漏记的项目。　　　　　　　　　　　　　　　（　　　）

10. 在企业撤销或合并时，要对企业的部分财产进行重点清查。（　　　）

11. 财产清查中，发现有盘亏盘盈情况，在审批前可以先调整资产的账面余

额数，使账实相符。 （　　）

12."待处理财产损溢"账户属于损益类账户。 （　　）

13.财产清查的结果无论是盘亏还是盘盈，都要通过"待处理财产损溢"账户进行核算。 （　　）

14.大中型企业对实物资产的管理，一般宜采用实地盘存制。 （　　）

15.账项调整是基于收付实现制进行调整的。 （　　）

四、业务题

业务题一：

目的：练习银行存款余额调整表的编制方法。

资料：慧华公司20×4年6月30日银行存款日记账余额37685元，银行送来的对账单余额为47570元。经逐笔核对，发现两者有下列不符之处：

1.月末本公司开出转账支票一张向A公司购买文具用品，价值1045元，A公司尚未到银行办理转账手续。

2.月末本公司委托银行代收一笔货款7800元，款项银行已收妥入账，公司尚未收到通知入账。

3.月末收到甲公司交来的转账支票4700元，本公司已送交银行办理，并已入账，但银行尚未入账。

4.月末银行扣收手续费12元，公司尚未入账。

5.月末银行代付水电费3456元，公司尚未收到通知入账。

6.本月银行存款利息208元，公司尚未收到通知入账。

要求：根据上述资料，编制银行存款余额调节表。

业务题二：

目的：练习财产清查结果的会计处理方法。

资料：某企业20×3年底进行财产清查，发现下列问题：

1.盘亏A材料一批，买价为3600元，经查，其中300元为定额内的自然损耗；1400元为管理不善造成的损失；其余为非常灾害损失。

2.盘盈乙产品20件，单位实际成本为20元。

3.盘亏机器1台，原价7000元，已提折旧2500元。

4.丙材料账面结存数量300千克，每千克10元，价值3000元；实存310千克，盘盈10千克，价值100元。经查明为收发计量差错造成的，经批准转销处理。

上列盘盈、盘亏损失，经查明原因属实，报经审批后做如下会计处理：

1.材料的定额内损耗和管理不善造成的损失计入企业的管理费用；保管人员失职损失部分应由过失人赔偿；灾害损失的流动资产全部为非保险财产，计入营业外支出。

2. 盘盈的乙产品和丙材料，冲减企业管理费用。

3. 盘亏的固定资产，列作营业外支出。

要求：

1. 按上列清查结果，编制审批前的会计分录。

2. 根据报经批准结果，编制会计分录。

业务题三：

目的：练习期末账项调整的处理。

资料：某公司 20×3 年 12 月需要调整的有关项目如下：

1. 去年底曾预付本年底财产保险费 12000 元；

2. 7 月份预收货款中有 34000 元本月已实现销售；

3. 计提本月办公设备折旧费 7450 元；

4. 本月 1 日与金欣公司签订合同，将部分闲置厂房出租给该公司，期限从当年 12 月到次年 11 月，并预收半年租金 66000 元；

5. 经计算本月应付职工薪酬为 81500 元。

要求：根据上述资料，编制相应的调整分录。

【案例分析】

星海公司出纳员小王由于刚参加工作不久，对于货币资金业务管理和核算的相关规定不甚了解，所以出现一些不应有的错误，有两件事情让他印象深刻，至今记忆犹新。

第一件事是在 2005 年 6 月 8 日和 10 日两天的现金业务结束后例行的现金清查中，分别发现现金短缺 50 元和现金溢余 20 元的情况，对此他经过反复思考也弄不明白原因。为了保全自己的面子和息事宁人，同时又考虑到两次账实不符的金额又很小，他决定采取下列办法进行处理：现金短缺 50 元，自掏腰包补齐；现金溢余 20 元，暂时收起。

第二件事是星海公司经常对其银行存款的实有额心中无数，甚至有时会影响到公司日常业务的结算，公司经理因此指派有关人员检查一下小王的工作，结果发现，他每次编制银行存款余额调节表时，只根据公司银行存款日记账的余额加或减对账单中企业的未入账款项来确定公司银行存款的实有数，而且每次做完此项工作以后，小王就立即将这些未入账的款项登记入账。

(资料来源：百度文库.)

思考：

1. 小王对上述两项业务的处理是否正确，为什么？

2. 你能给出正确答案吗？

【附录】

某公司财产清查制度

第一章　总则

第一条　为提高××有限公司的经营管理水平，保证各类财产的安全与完整，确保账实相符、会计资料真实可靠，根据《中华人民共和国会计法》及相关制度的规定，结合本单位实际情况，制定本制度。

第二条　本制度适用于××有限公司。

第三条　各单位财产清查坚持统一领导、归口管理的原则，由公司财务处牵头，其他部门配合。

公司负责人为财产清查工作的负责人，有关处室（单位）按照各自担负的职能进行分工，领导、监督本系统和本部门的财产清查工作。

第二章　财产清查的组织程序

第四条　公司在进行财产清查时，应根据财产清查的需要成立相应的财产清查机构，指定财产清查人员。财产清查必须有公司主要负责人、各职能部门负责人参加。

第五条　公司应在财产清查工作开始前，制定财产清查方案，经公司负责人批准后实施。财产清查方案一般包括：财产清查的目的、方法、步骤、人员及要求等。

第六条　为保证财产清查工作的顺利进行，公司内部与财产清查有关的财会、实物保管等部门要在实施财产清查前做好各项准备工作。

第七条　对在财产清查工作中发现的问题，财产清查机构或财产清查人员要查明原因、及时处理；无权处理的，应立即向公司负责人报告。

第八条　通过清查、核实，要查明财产物资的实存数量与账面数量是否一致、各项结算款项的拖欠情况及其原因、材料物资的实际储备情况、各项投资是否达到预期目的、固定资产的使用情况及其完好程度等。在清查、核实后，财产清查机构或财产清查人员要出具清查报告，将清查、核实的结果及其处理办法向上级报告。

第三章　财产清查范围

第九条　财产清查范围如下：

1. 流动资产：

（1）存货类：原料、燃料、辅助材料、产成品、自制半成品、备品备件、仪器仪表、低值易耗品、委托加工材料。

（2）往来账项：包括应收账款、预付账款、其他应收款、应付账款、预收账款、其他应付款等。

2. 固定资产：

包括房屋及建筑物、机器设备、运输设备、工具器具、电子设备及其他，以及在建工程、工程物资等。

3. 无形资产：

包括专利权、著作权、商标权、商誉权、非专利权、土地使用权。

4. 长期投资：

包括长期股权投资、长期债权投资等。

第四章　财产清查时间

第十条　财产清查时间如下：

财产清查采用定期清查和不定期清查两种方法：

1. 定期清查以每年 11 月 30 日（存货类以 12 月 31 日零点）为时点；

2. 不定期清查根据公司安排或各部门需要可随时进行。

第五章　财产清查归口

第十一条　财产清查归口部门：

1. 物资供应部门：原材料、燃料、边角料、辅助材料、低值易耗品、包装物、备品备件、不构成固定资产的小型机电产品、在低值易耗品中核算的大宗件等。

2. 生产部门：自制半成品。

3. 销售部门：产成品。

4. 工程管理部门：在建工程、工程物资。

5. 设备管理部门：固定资产。

6. 技术管理部门：无形资产。

7. 财务部门、销售部门、物资供应部门共同负责：应收账款、预付账款、其他应收款、应付账款、预收账款、其他应付款等。

8. 财务部门：长期投资、货币资金、应收票据、应付票据、长期应付款、专项应付款等。

第六章 财产清查的方法

第十二条 财产清查要实事求是，如实填报。属核算不规范的，要在清查之前进行账务调整。

第十三条 财产清查的方法，可采用实地盘点法和技术推算法。

1. 实物财产的清查：物资管理人员首先对各项财产逐项盘点，进行账、物、卡三方核对，分细类汇总，然后与财务账面核对，尤其要对未达账项认真核对、调整，经财务部门确认后盖章。对盘盈、盘亏、积压、需报废的财产，要分析原因，列出明细单独上报。属于人为因素造成的不良资产要追究当事人责任，并附处理意见。

2. 货币资金的清查包括现金、银行存款和其他货币资金的清查：

现金清查要通过实际盘点法确定库存现金的实存数，并与现金日记账的金额相核对。

银行存款的清查要把银行对账单和银行存款日记账相核对，查明经过未达账项的调节后是否相符。

其他货币资金的清查可参照银行存款的清查方法，与银行进行核对。

3. 往来款项的清查：要采用与对方单位核对账目的方法进行清查。

清查时，要按明细填报，同时标明发生时间。已确定无法收回的应收账款、预付账款、其他应收款，要写明原因。经法律部门确认的坏账，要附上法律文书复印件或破产、关闭等有关说明。有关单位清欠或抵账回收的各类资产，能办理入库进账的，必须在 11 月 30 日之前办妥；不具备办理入库条件的，要填报物资清单，注明交货单位、原欠款金额、拟抵账金额等事项。

4. 长期投资的清查：主要包括被投资单位的资金去向、经营状况和盈利水平等。

第七章 财产清查结果的处理

第十四条 财产盈亏、报废处理方法：

对于盘盈、盘亏、毁损及报废的各类财产，需编制清查盈、亏、毁损报告表，并及时查明原因，写出书面专题分析，并根据管理权限，经公司总经理、董事会批准后，在期末结账前处理完毕。

审批权限规定如下：

1. 一次性处理流动资产账面价值在 10 万元以下，公司总经理行使审批权；一次性处理流动资产账面价值在 10 万元以上 20 万元以下，公司经理行使审核权，并报××上级部门总经理和财务部长审批联签；一次性处理流动资产账面价值在 20 万元以上，××上级部门总经理和财务部长行使审核权，并报××上级部门董事会审批通过。

2. 一次性处理固定资产账面价值在 50 万元以下，公司经理行使审批权；一次性处理固定资产账面价值在 50 万元以上 100 万元以下，公司经理行使审核权，并报××上级部门总经理审批联签；一次性处理固定资产账面价值在 100 万元以上，××上级部门总经理行使审核权，并报××上级部门董事会审批通过。

3. 在期末结账前尚未经批准的，在对外提供财务会计报告时应按上述规定进行处理，并在财务报表附注中作以说明；如果其后批准处理的金额与已处理的金额不一致，要按其差额调整财务报表相关项目的年初数。

4. 流动资产盘盈、盘亏的处理：

（1）原材料库、成品库、辅料库、备件库盘盈、盘亏、毁损和报废扣除过失人或保险公司赔偿和残料价值后，计入管理费用。

（2）物资盘盈、盘亏，属于内部计量误差形成的，调整生产成本或制造费用，属于管理不善形成的，调整管理费用。

（3）非正常损失部分，扣除过失人或保险公司赔偿后计入营业外支出。

5. 固定资产盘盈、盘亏的处理。

（1）盘盈的固定资产，需填报固定资产盘盈报告，说明盘盈原因以及资产的重置价值和预计可使用的年限等，估算累计折旧和净值，将原值计入"固定资产"、已提折旧计入"累计折旧"，净值计入"待处理财产损溢"，待上报批准后，由"待处理财产损溢"转入"营业外收入"。

（2）固定资产的盘亏，要查出盘亏原因和责任并填报固定资产盘亏报告，根据公司的管理权限，经董事会、××上级部门总经理、本公司总经理批准后，在期末结账前处理完毕。

（3）公司财务处要按照××上级部门规定的时间和要求将清查结果上报，并写出书面分析报告，针对查出问题，制定出相应的改进措施。

第十五条 相关责任人员的处理：

由于人为原因给单位造成损失的，由有关部门视情节轻重对相关责任人给予通报批评、经济处罚、调离岗位、解除劳动合同等处分；给单位造成重大损失，构成犯罪的，移交司法部门依法追究其刑事责任。

第八章　附则

第十六条 本制度由××公司财务处负责解释、修订。

第十七条 本制度自发布之日起执行。

（资料来源：百度文库.）

第八章 财务报表

【学习要点】

● 了解编制财务报表的意义；

● 理解财务报表的分类；

● 熟悉财务报表的构成、编制要求；

● 掌握资产负债表、利润表、现金流量表、所有者权益变动表、附注的定义、结构和编制方法。

【关键概念】

财务会计报告　资产负债表　利润表　现金流量表　所有者权益变动表　附注

【开章案例】

蓝田股份事件是中国证券市场一系列欺诈案之一。被称为"老牌绩优"股的蓝田巨大泡沫的破碎，是继银广夏之后，中国股市上演的又一出丑剧，成为2002年中国经济界一个重大事件。与银广夏相同的是，蓝田股份玩的也是编造业绩神话的伎俩。

最先挑破这个破绽的是一个叫刘姝威的女人，她为此获得了由中央电视台评选的"2002中国经济年度人物"，并被称为"中国股市的良心"。2001年12月，她以一篇600字的短文对蓝田神话直接提出了质疑，这篇600字的短文是刘姝威写给《金融内参》的，它的标题是《应立即停止对蓝田股份发放贷款》。文章在对蓝田的资产结构、现金流向情况和偿债能力作了详尽分析后，得出结论是蓝田业绩有虚假成分，而业绩神话完全依靠银行贷款，20亿元贷款蓝田根本无力偿还。

一篇短文好似一根银针扎在了蓝田股份这个巨大的肥皂泡上。一幕股市丑剧由此开始被揭开，蓝田的贷款黑洞被公之于众。此后不久，有关银行相继停止对蓝田股份发放新的贷款。由此，蓝田赖以生存的资金链断裂。最早在公开场合提出蓝田资金链断裂的，是中国蓝田的掌门人瞿兆玉，2001年11月底，蓝田股份召开临时股东大会，瞿兆玉承认由于银行不再给蓝田发放贷款，导致蓝田陷入困境。2002 年 1 月 21 日、22 日以及 23 日上午，蓝田股份被强制停牌。

（资料来源：摘自《蓝田股份事件 中国股市又一丑剧》，华股财经，2012-8-31.）

思考：

1. 财务报表由哪些部分组成？

2. 财务报表有什么作用？

第一节 财务报表概述

一、财务报表的意义

财务报表，也称财务会计报表，或财务会计报告（简称会计报告），是指企业对外提供的反映企业某一特定日期的财务状况和某一会计期间的经营成果、现金流量等会计信息的文件。财务报表是会计部门提供财务会计信息资料的一种重要手段，所以，编制财务报表是财务会计工作的一项重要内容。

通过日常会计核算，会计主体的经济活动和财务收支在会计凭证和账簿中得到序时、连续、系统的归集和记录，但这些会计资料还比较分散，不能集中、概括地反映会计主体的经济活动和财务收支全貌，不便于理解和使用。因此，为了会计信息使用者的需要，必须在日常核算的基础上，定期对日常会计核算资料进行加工处理和分类最终形成财务报表。财务报表可以概括、综合、清晰地反映会计主体的财务状况、经营成本和现金流量的情况。

二、财务报表的分类

财务报表的内容比较丰富，报告的使用者较多，因而可以根据不同的标准进行分类。

（一）根据财务报表所反映的经济内容进行分类

根据财务报表所反映的经济内容可分为资产负债表、利润表、所有者权益变动表、现金流量表。

资产负债表，是指反映企业在某一特定日期的财务状况的会计报表。

利润表，是指反映企业在一定会计期间的经营成果的会计报表。

所有者权益变动表，是指反映一定时期构成所有者权益的各组成部分的增减变动情况的报表。

现金流量表，是指反映企业在一定会计期间的现金和现金等价物流入和流出的会计报表。

这四类报表还可以按照所反映的内容特点划分为静态报表和动态报表，前者是指综合反映某一特定时点企业的资产、负债和所有者权益的报表，即资产负债表；后者是反映企业在一定时期内相关指标的变动情况，包括利润表、所有者权益变动表和现金流量表。

（二）根据财务报表编制的时期进行分类

按照财务报表编制的时期可分为年度财务报表、中期财务报表。

年度财务报表，是指按年编制的财务报表。

中期财务报表，是指以短于一个完整的会计年度的报告期间为基础编制的财务报表，包括周报、月报、季报和半年报等。

（三）根据财务报表编制的主体不同进行分类

根据财务报表编制的主体不同，可以分为个别财务报表、合并财务报表、汇总财务报表。

个别财务报表，是指独立核算单位编制的，用以反映某一会计主体的财务状况、经营活动成果和费用支出及成本完成情况的报表。

合并财务报表，是指反映母公司和其全部子公司形成的企业集团整体财务状况、经营成果和现金流量的财务报表。①

汇总财务报表，是指由上级主管部门将其所属各基层经济单位的会计报表，与其本身的会计报表汇总编制的，用以反映一个部门或一个地区经济情况的会计报表。

本章介绍个别财务报表的相关内容。

三、对外报送的财务会计报告的构成

我国会计准则规定，财务会计报告（财务报表）包括会计报表及其附注和其他应当在财务会计报告中披露的相关信息和资料。会计报表至少应当包括资产负债表、利润表、现金流量表等报表。

附注是对在资产负债表、利润表、现金流量表和所有者权益变动表等报表中列示项目的文字描述或明细资料，以及对未能在这些报表中列示项目的说明等。附注应当披露财务报表的编制基础，相关信息应当与资产负债表、利润表、现金流量表和所有者权益变动表等报表中列示的项目相互参照。

除上述信息外，企业还应针对会计信息使用者的需要披露一些相关信息。

---

① 《企业会计准则第 33 号——合并财务报表》对合并财务报表的编制要求作了相应规定。

四、财务报表的编制要求

(一) 依据各项会计准则确认和计量的结果编制财务报表

企业应当根据实际发生的交易和事项，按照会计准则的规定进行确认和计量，并在此基础上编制财务报表。企业不应以在附注中披露代替对交易和事项的确认和计量。也就是说，如果企业采用不恰当的会计政策，不得通过在附注中披露等其他形式予以更正。

(二) 列报基础

企业应当以持续经营为基础编制财务报表。在编制财务报表的过程中，企业管理层应当利用所有可获得的信息来评价企业自报告期末起至少 12 个月的持续经营能力。评价时需要考虑宏观政策风险、市场经营风险、企业目前或长期的盈利能力、偿债能力、财务弹性以及企业管理层改变经营政策的意向等因素。如果评价结果表明对持续经营能力产生重大怀疑的，企业应当在附注中披露导致对持续经营能力产生重大怀疑的因素以及企业拟采取的改善措施。

企业正式决定或被迫在当期或将在下一个会计期间进行清算或停止营业的，则表明以持续经营为基础编制财务报表不再合理。比如，企业处于破产状态时，其资产应当采用可变现净值计量、负债应当按照其预计的结算金额计量等。在这种情况下，企业应当采用其他基础编制财务报表，并在附注中声明财务报表未以持续经营基础编制的事实、披露未以持续经营基础编制的原因和财务报表的编制基础。

(三) 重要性判断

关于项目在财务报表中是单独列报还是合并列报，应当依据重要性原则来判断。重要性，是指在合理预期下，财务报表某项目的省略或错报会影响使用者据此作出经济决策的，该项目就具有重要性。

重要性应当根据企业所处的具体环境，从项目的性质和金额两方面予以判断，且对各项目重要性的判断标准一经确定，不得随意变更。判断项目性质的重要性，应当考虑该项目在性质上是否属于企业日常活动，是否显著影响企业的财务状况、经营成果和现金流量等因素；判断项目金额大小的重要性，应当考虑该项目金额占资产总额、负债总额、所有者权益总额、营业收入总额、营业成本总额、净利润、综合收益总额等直接相关项目金额的比重或所属报表单列项目金额的比重。

性质或功能不同的项目，一般应当在财务报表中单独列报，比如存货和固定资产在性质上和功能上都有本质差别，必须分别在资产负债表上单独列报。但是不具有重要性的项目可以合并列报。

性质或功能类似的项目，一般可以合并列报，但是对其具有重要性的类别应该单独列报。比如原材料、在产品等项目在性质上类似，均通过生产过程形成企业的产品存货，因此可以合并列报，合并之后的类别统称为"存货"在资产负债表上列报。

项目单独列报的原则不仅适用于报表，还适用于附注。某些项目的重要性程度不足以在资产负债表、利润表、现金流量表或所有者权益变动表中单独列报，但是可能对附注而言却具有重要性，在这种情况下应当在附注中单独披露。

（四）列报的一致性

可比性是会计信息质量的一项重要质量要求，目的是使同一企业不同期间和同一期间不同企业的财务报表相互可比。因此，财务报表项目的列报应当在各个会计期间保持一致，不得随意变更，但下列情况除外：会计准则要求改变财务报表项目的列报；企业经营业务的性质发生重大变化或对企业经营影响较大的交易或事项发生后，变更财务报表项目的列报能够提供更可靠、更相关的会计信息。

（五）财务报表项目金额间的相互抵销

财务报表中的资产项目和负债项目的金额、收入项目和费用项目的金额、直接计入当期利润的利得项目和损失项目的金额不得相互抵销，但其他会计准则另有规定的除外。

下列两种情况不属于抵销：①资产或负债项目按扣除备抵项目后的净额列示。对资产计提减值准备，表明资产的价值确实已经发生减损，按扣除减值准备后的净额列示，才能反映资产当时的真实价值。②非日常活动产生的利得和损失，以同一交易形成的收益扣减相关费用后的净额列示更能反映交易实质的。非日常活动的发生具有偶然性，并非企业主要的业务，从重要性来讲，非日常活动产生的损益以收入扣减费用后的净额列示，更有利于报表使用者的理解。

（六）比较信息的列报

企业在列报当期财务报表时，至少应当提供所有列报项目上一个可比会计期间的比较数据，以及与理解当期财务报表相关的说明，但其他会计准则另有规定的除外。目的是向报表使用者提供对比数据，提高信息在会计期间的可比性，以反映企业财务状况、经营成果和现金流量的发展趋势，提高报表使用者的判断与决策能力。

如果财务报表的列报项目发生变更的，应当至少对可比期间的数据按照当期的列报要求进行调整，并在附注中披露调整的原因和性质，以及调整的各项目金额。但是，如果由于某种原因对上期比较数据进行调整是难以实现的，则应当在附注中披露不能调整的原因。

（七）报告期间

企业至少应当按年编制财务报表。根据《会计法》的规定，会计年度自公历1月1日起至12月31日止。如果年度财务报表涵盖的期间短于一年的，如企业在年度中间（如5月15日）开始设立等，企业应当披露年度财务报表涵盖期间短于一年的原因，并说明由此引起财务报表项目与比较数据不具可比性这一事实。

（八）披露要求

企业应当在财务报表的显著位置至少披露下列各项：编报企业的名称；资产负债表日或财务报表涵盖的会计期间；人民币金额单位；财务报表是合并财务报表的，应当予以标明。

【阅读材料】
提供虚假财会报告罪

提供虚假财会报告罪，是指公司向股东和社会公众提供虚假的或者隐瞒重要事实的财务会计报告，严重损害股东或者其他人利益的行为。

《刑法》第一百六十一条规定，依法负有信息披露义务的公司、企业向股东和社会公众提供虚假的或者隐瞒重要事实的财务会计报告，或者对依法应当披露的其他重要信息不按照规定披露，严重损害股东或者其他人利益，或者有其他严重情节的，对其直接负责的主管人员和其他直接责任人员，处三年以下有期徒刑或者拘役，并处或者单处二万元以上二十万元以下罚金。

第二节　资产负债表

一、资产负债表的作用

资产负债表是指反映企业在某一特定日期的财务状况的会计报表。某一特定日期是指编制报表这一天，如月末、季末、年末等，因此，资产负债表是静态报表。财务状况主要指的是企业的资产、负债和所有者权益的总额和构成情况。例如，公历每年12月31日的财务状况，它反映的就是该日的情况。资产负债表的编制原理是"资产=负债+所有者权益"这一基础会计等式。

资产负债表是企业一张最主要的财务报表，它所提供的信息资料，对于管理层、投资者、主管部门、税务部门等，都有重要的作用。利用资产负债表的资料，可以了解企业资产的构成及其状况，分析企业在某一日期所拥有的经济资源及其分布情况；可以提供某一日期的负债总额及其结构，表明企业未来需要用多少资产或劳务清偿债务以及清偿时间；可以考察所有者权益的变动情况，据以判断资本保值增值的情况以及对负债的保障程度；可以预测企业未来的财务状况；可以反映企业的变现能力、偿债能力和资金周转能力，从而有助于报表使用者作出经济决策。

二、资产负债表项目的分类列报

资产负债表应该按资产、负债、所有者权益分类列报，并分别结出总额。其中资产和负债应当根据流动性分为流动资产和非流动资产、流动负债和非流动负债分别列示。

资产类至少应当单独列示反映下列信息的项目：货币资金、以公允价值计量且其变动计入当期损益的金融资产、应收款项、预付款项、存货、被划分为持有待售的非流动资产及被划分为持有待售的处置组中的资产、可供出售金融资产、持有至到期投资、长期股权投资、投资性房地产、固定资产、生物资产、无形资产、递延所得税资产。

负债类至少应当单独列示反映下列信息的项目：短期借款、以公允价值计量且其变动计入当期损益的金融负债、应付款项、预收款项、应付职工薪酬、应交税费、被划分为持有待售的处置组中的负债、长期借款、应付债券、长期应付款、预计负债、递延所得税负债。

所有者权益类至少应当单独列示反映下列信息的项目：实收资本（或股本）、资本公积、盈余公积、未分配利润。

银行、保险公司和非银行金融机构等由于在经营内容上不同于一般的工商企业，导致其资产、负债、所有者权益的构成项目也不同于一般的工商企业，具有特殊性。但是，在资产负债表上列示时，资产和负债通常也按流动性大小进行列示；所有者权益也是按实收资本、资本公积、盈余公积、未分配利润等项目分项列示。

三、资产负债表的格式

资产负债表一般有两种格式：报告式和账户式。

报告式资产负债表，也称垂直式资产负债表，是将资产、负债、所有者权益采用垂直分列的形式排列于表格的上下两部分，上半部分列示资产，下半部分列示负债和所有者权益。具体排列形式又分为两种：一是按"资产=负债+所有者权益"的原理排列；二是按"资产−负债=所有者权益"的原理进行排列，其简化格式如表 8−1 所示。

表 8−1　资产负债表

编制单位：　　　　　　　　　　　年　月　日　　　　　　　　　　单位：元

资产
　流动资产
　非流动资产
　资产合计

负债
　流动负债
　非流动负债
　负债合计

所有者权益
　实收资本
　资本公积
　盈余公积
　未分配利润
　所有者权益合计

　　账户式资产负债表，是将资产、负债、所有者权益采用平行排列的形式，即资产类项目列示在左方，即丁字形账户的左方，按资产的流动性大小排列；负债类项目和所有者权益类项目列示在右方，即丁字形账户的右方，负债按流动性大小排列。账户式资产负债表左方和右方平衡，即资产总计等于负债和所有者权益总计。通过账户式资产负债表，可以比较直观地反映资产、负债、所有者权益之间的内在关系。我国主要采用账户式资产负债表。另外，为了使报表使用者通过比较不同时点资产负债表的数据，掌握企业财务状况的变动情况及发展趋势，企业需要提供比较资产负债表，各项目分为"年初余额"和"期末余额"两栏分别填列。一般企业的资产负债表格式如表 8−2 所示。

表 8−2　资产负债表

编制单位：　　　　　　　　　　　年　月　日　　　　　　　　　　单位：元

资产	期末余额	年初余额	负债和所有者权益 （或股东权益）	期末余额	年初余额
流动资产：			流动负债：		
货币资金			短期借款		
交易性金融资产			交易性金融负债		

续表

资产	期末余额	年初余额	负债和所有者权益 （或股东权益）	期末余额	年初余额
应收票据			应付票据		
应收账款			应付账款		
预付款项			预收款项		
应收利息			应付职工薪酬		
应收股利			应交税费		
其他应收款			应付利息		
存货			应付股利		
一年内到期的非流动资产			其他应付款		
其他流动资产			一年内到期的非流动负债		
流动资产合计			其他流动负债		
非流动资产：			流动负债合计		
可供出售金融资产			非流动负债：		
持有至到期投资			长期借款		
长期应收款			应付债券		
长期股权投资			长期应付款		
投资性房地产			专项应付款		
固定资产			预计负债		
在建工程			递延所得税负债		
工程物资			其他非流动负债		
固定资产清理			非流动负债合计		
生产性生物资产			负债合计		
油气资产			所有者权益（或股东权益）：		
无形资产			实收资本（或股本）		
开发支出			资本公积		
商誉			减：库存股		
长期待摊费用			盈余公积		
递延所得税资产			未分配利润		
其他非流动资产			所有者权益（或股东权益）合计		
非流动资产合计					
资产总计			负债和所有者权益（或股东权益）总计		

在实务中，由于受页面宽度的限制，常常将资产、负债、所有者权益垂直排列。

四、资产负债表的填列方法

（一）资产负债表"年初余额"栏的填列方法

资产负债表中的"年初余额"栏通常根据上年末有关项目的期末余额填列，且与上年末资产负债表"期末余额"栏一致。如果企业发生了会计政策变更、前期差错更正，应当对"年初余额"栏中的有关项目进行相应调整。此外，如果企业上年度资产负债表规定的项目名称和内容与本年度不一致，应当对上年年末资产负债表相关项目的名称和数字按照本年度的规定进行调整，填入"年初余额"栏。

（二）资产负债表"期末余额"栏的填列方法

资产负债表"期末余额"栏内各项数据主要来自会计账簿记录，一般应根据资产、负债和所有者权益类科目的期末余额填列，有时应按有关科目合并分析或调整后填列。

1. 根据总账科目期末余额直接填列

"交易性金融资产"、"工程物资"、"固定资产清理"、"递延所得税资产"、"短期借款"、"交易性金融负债"、"应付票据"、"应付职工薪酬"、"应交税费"、"应付利息"、"应付股利"、"其他应付款"、"专项应付款"、"预计负债"、"递延所得税负债"、"实收资本（或股本）"、"资本公积"、"库存股"、"盈余公积"等项目，应根据有关总账科目的余额填列。

2. 根据同类总账科目期末余额合并计算填列

"货币资金"项目，应根据"库存现金"、"银行存款"、"其他货币资金"三个总账科目的期末余额的合计数填列；"其他非流动资产"、"其他流动负债"项目，应根据有关科目的期末余额分析填列。

3. 根据明细账科目期末余额调整计算填列

"开发支出"项目，应根据"研发支出"科目中所属的"资本化支出"明细科目期末余额填列；"应付账款"项目，应根据"应付账款"和"预付账款"两个科目所属的相关明细科目的期末贷方余额合计数填列；"预收款项"项目，应根据"预收账款"和"应收账款"科目所属各明细科目的期末贷方余额合计数填列；"一年内到期的非流动资产"、"一年内到期的非流动负债"项目，应根据有关非流动资产或非流动负债项目的明细科目余额分析填列；"长期借款"、"应付债券"项目，应分别根据"长期借款"、"应付债券"科目的明细科目余额分析填列；"未分配利润"项目，应根据"利润分配"科目中所属的"未分配利润"明细科目期末余额填列。

4. 根据总账科目和明细账科目余额分析计算填列

"长期借款"项目，应根据"长期借款"总账科目余额扣除"长期借款"科目所属的明细科目中将在资产负债表日起一年内到期且企业不能自主地将清偿义务展期的长期借款后的金额计算填列；"长期待摊费用"项目，应根据"长期待摊费用"科目的期末余额减去将于一年内（含一年）摊销的数额后的金额填列；"其他非流动负债"项目，应根据有关科目的期末余额减去将于一年内（含一年）到期偿还数额后的金额填列。

5. 根据有关科目余额减去其备抵科目余额后的净额填列

"可供出售金融资产"、"持有至到期投资"、"长期股权投资"、"在建工程"、"商誉"项目，应根据相关科目的期末余额填列，已计提减值准备的，还应扣减相应的减值准备；"固定资产"、"无形资产"、"投资性房地产"、"生产性生物资产"、"油气资产"项目，应根据相关科目的期末余额扣减相关的累计折旧（或摊销、折耗）填列，已计提减值准备的，还应扣减相应的减值准备，采用公允价值计量的上述资产，应根据相关科目的期末余额填列；"长期应收款"项目，应根据"长期应收款"科目的期末余额，减去相应的"未实现融资收益"科目和"坏账准备"科目所属相关明细科目期末余额后的金额填列；"长期应付款"项目，应根据"长期应付款"科目的期末余额，减去相应的"未确认融资费用"科目期末余额后的金额填列。

6. 综合运用上述填列方法分析填列

主要包括："应收票据"、"应收利息"、"应收股利"、"其他应收款"项目，应根据相关科目的期末余额，减去"坏账准备"科目中有关坏账准备期末余额后的金额填列；"应收账款"项目，应根据"应收账款"和"预收账款"科目所属各明细科目的期末借方余额合计数，减去"坏账准备"科目中有关应收账款计提的坏账准备期末余额后的金额填列；"预付款项"项目，应根据"预付账款"和"应付账款"科目所属各明细科目的期末借方余额合计数，减去"坏账准备"科目中有关预付款项计提的坏账准备期末余额后的金额填列；"存货"项目，应根据"材料采购"、"原材料"、"发出商品"、"库存商品"、"周转材料"、"委托加工物资"、"生产成本"、"受托代销商品"等科目的期末余额合计，减去"受托代销商品款"、"存货跌价准备"科目期末余额后的金额填列，材料采用计划成本核算，以及库存商品采用计划成本核算或售价核算的企业，还应按加或减材料成本差异、商品进销差价后的金额填列。

第三节 利润表

一、利润表的作用

利润表，也称损益表，是指反映企业在一定会计期间（月份、季度、半年度、年度等）的经营成果的会计报表。

利润表也是主要财务报表之一，利润表可以反映企业一定会计期间的收入实现情况、费用耗费情况和生产经营活动的成果。将利润表中的信息与资产负债表中的信息相结合，还可以提供财务分析的基本资料。利用利润表的资料，可以了解企业盈余（或亏损）的形成情况，据以分析、考核企业经营目标及利润计划的执行结果，分析企业利润增减变动的原因，以促进企业改善经营管理，不断提高管理水平和盈利水平；可以预测企业在未来期间的经营状况和盈利趋势。

二、利润表的结构和内容

利润表有单步式和多步式两种结构形式。单步式结构是将当期全部收入减去全部费用，一次计算求得最终损益。这种格式比较简单，便于理解，但不便于分析企业利润的构成情况。多步式结构是通过对当期的收入、费用、支出项目按性质加以归类，按利润形成的主要环节列示一些中间性利润指标，分步计算当期净损益。多步式能全面反映企业损益及其构成项目的形成情况，更重要的是有助于正确评估企业管理业绩和预测未来收益及盈利能力。

目前我国采用的是多步式结构。利润表主要反映以下几方面的内容：①营业收入，包括主营业务收入和其他业务收入。②营业利润，即营业收入减去营业成本（包括主营业务成本、其他业务成本）、营业税金及附加、销售费用、管理费用、财务费用、资产减值损失，加上公允价值变动收益、投资收益。③利润总额，即营业利润加上营业外收入，减去营业外支出。④净利润，即利润总额减去所得税费用。⑤每股收益，普通股或潜在普通股已公开交易的企业，以及正处于公开发行普通股或潜在普通股过程中的企业，还应当在利润表中列示每股收益信息，包括基本每股收益和稀释每股收益。⑥综合收益，包括其他综合收益和综合收益总额。

此外，企业需要提供比较利润表，即利润表各项目应包括"本期金额"和

"上期金额"两栏,以使报表使用者能够通过比较不同期间利润的实现情况,判断企业经营成果的未来发展趋势。利润表的基本格式如表8-3所示。

表 8-3 利润表

编制单位: 年 月 日 单位:元

项目	本期金额	上期金额
一、营业收入		
减:营业成本		
营业税金及附加		
销售费用		
管理费用		
财务费用		
资产减值损失		
加:公允价值变动收益(损失以"-"号填列)		
投资收益(损失以"-"号填列)		
其中:对联营企业和合营企业的投资收益		
二、营业利润(亏损以"-"号填列)		
加:营业外收入		
减:营业外支出		
其中:非流动资产处置损失		
三、利润总额(亏损总额以"-"号填列)		
减:所得税费用		
四、净利润(净亏损以"-"号填列)		
五、每股收益:		
(一)基本每股收益		
(二)稀释每股收益		
六、综合收益		
(一)其他综合收益		
(二)综合收益总额		

在合并利润表中,企业应当在净利润项目之下单独列示归属于母公司所有者的损益和归属于少数股东的损益,在综合收益总额项目之下单独列示归属于母公司所有者的综合收益总额和归属于少数股东的综合收益总额。

三、利润表的填列方法

利润表的栏目分为"本期金额"栏和"上期金额"栏。"本期金额"栏的填列方法包括:

（1）根据账户发生额分析填列。"营业收入"、"营业成本"、"营业税金及附加"、"销售费用"、"管理费用"、"财务费用"、"资产减值损失"、"公允价值变动损益"、"营业外收入"、"营业外支出"、"所得税费用"等根据账户的发生额分析填列。

（2）根据报表项目之间的关系计算填列。"营业利润"、"利润总额"、"净利润"项目根据利润表中相关项目计算填列。

（3）根据相关规定计算填列。"基本每股收益"、"稀释每股收益"应根据每股收益准则的规定计算，按其计算结果填列。

"上期金额"栏应根据上年该期利润表"本期金额"栏内所列数字填列。如果上年该期利润表规定的各个项目的名称和内容同本期不相一致，应对上年该期利润表各项目的名称和数字按本期的规定进行调整，填入"上期金额"栏。

第四节 现金流量表

一、现金流量表的作用

现金流量表是指反映企业在一定会计期间的现金和现金等价物流入和流出的会计报表。为更好地理解和运用现金流量表，必须正确界定如下概念：

（1）现金，是指企业库存现金以及可以随时用于支付的存款。不能随时用于支付的存款不属于现金。如不能随时支取的定期存款，不应作为现金；而提前通知金融企业便可支取的定期存款，则应包括在现金范围内。

（2）现金等价物，是指企业持有的期限短、流动性强、易于转换为已知金额现金、价值变动风险很小的投资。期限短，一般是指从购买日起三个月内到期。现金等价物通常包括三个月内到期的债券投资等。权益性投资变现的金额通常不确定，因而不属于现金等价物。企业应当根据具体情况，确定现金等价物的范围，一经确定不得随意变更。

（3）现金流量，是指现金和现金等价物的流入和流出。需要注意的是，企业现金形式的转换不会产生现金的流入和流出，如企业从银行提取现金，是企业现金存放形式的转换，并未流出企业，不构成现金流量；同样，现金和现金等价物之间的转换也不属于现金流量，比如，企业用现金购买将于三个月到期的国库券。现金流量表应当分别经营活动、投资活动和筹资活动列报现金流量。

从编制原则上看，现金流量表是按照收付实现制原则，将权责发生制下的盈利信息调整为收付实现制下的现金流量信息，便于信息使用者了解企业净利润的质量。通过现金流量表，报表使用者能够了解现金流量的影响因素，评价企业的支付能力、偿债能力和周转能力，预测企业未来现金流量，也便于使用者评估报告期内与现金有关和无关的投资及筹资活动，为其决策提供有力依据。

二、现金流量表的结构和内容

现金流量表格式分别一般企业、商业银行、保险公司、证券公司等企业类型予以规定。企业应当根据其经营活动的性质，确定本企业适用的现金流量表格式。本书以一般企业现金流量表为例来进行阐述。现金流量表的结构包括主表和附表（即补充资料）两部分。

主表包括六项内容：

1. 经营活动产生的现金流量

经营活动，是指企业投资活动和筹资活动以外的所有交易和事项。企业应当采用直接法列示经营活动产生的现金流量。经营活动产生的现金流量至少应当单独列示反映下列信息的项目：

销售商品、提供劳务收到的现金；

收到的税费返还；

收到其他与经营活动有关的现金；

购买商品、接受劳务支付的现金；

支付给职工以及为职工支付的现金；

支付的各项税费；

支付其他与经营活动有关的现金。

2. 投资活动产生的现金流量

投资活动，是指企业长期资产的购建和不包括在现金等价物范围的投资及其处置活动。投资活动产生的现金流量至少应当单独列示反映下列信息的项目：

收回投资收到的现金；

取得投资收益收到的现金；

处置固定资产、无形资产和其他长期资产收回的现金净额；

处置子公司及其他营业单位收到的现金净额；

收到其他与投资活动有关的现金；

购建固定资产、无形资产和其他长期资产支付的现金；

投资支付的现金；

取得子公司及其他营业单位支付的现金净额；

支付其他与投资活动有关的现金。

3. 筹资活动产生的现金流量

筹资活动，是指导致企业资本及债务规模和构成发生变化的活动。筹资活动产生的现金流量至少应当单独列示反映下列信息的项目：

吸收投资收到的现金；

取得借款收到的现金；

收到其他与筹资活动有关的现金；

偿还债务支付的现金；

分配股利、利润或偿付利息支付的现金；

支付其他与筹资活动有关的现金。

4. 汇率变动对现金及现金等价物的影响

5. 现金及现金等价物净增加额

6. 期末现金及现金等价物余额

现金流量表的一般格式如表8-4所示，具体的填制将在《财务会计》中介绍。

表8-4 现金流量表

编制单位：　　　　　　　　年　月　日　　　　　　　　单位：元

项目	本期金额	上期金额
一、经营活动产生的现金流量：		
销售商品、提供劳务收到的现金		
收到的税费返还		
收到其他与经营活动有关的现金		
经营活动现金流入小计		
购买商品、接受劳务支付的现金		
支付给职工以及为职工支付的现金		
支付的各项税费		
支付其他与经营活动有关的现金		
经营活动现金流出小计		
经营活动产生的现金流量净额		
二、投资活动产生的现金流量：		
收回投资收到的现金		
取得投资收益收到的现金		
处置固定资产、无形资产和其他长期资产收回的现金净额		
处置子公司及其他营业单位收到的现金净额		
收到其他与投资活动有关的现金		
投资活动现金流入小计		
购建固定资产、无形资产和其他长期资产支付的现金		
投资支付的现金		

项目	本期金额	上期金额
取得子公司及其他营业单位支付的现金净额		
支付其他与投资活动有关的现金		
投资活动现金流出小计		
投资活动产生的现金流量净额		
三、筹资活动产生的现金流量：		
吸收投资收到的现金		
取得借款收到的现金		
收到其他与筹资活动有关的现金		
筹资活动现金流入小计		
偿还债务支付的现金		
分配股利、利润或偿付利息支付的现金		
支付其他与筹资活动有关的现金		
筹资活动现金流出小计		
筹资活动产生的现金流量净额		
四、汇率变动对现金及现金等价物的影响		
五、现金及现金等价物净增加额		
加：期初现金及现金等价物余额		
六、期末现金及现金等价物余额		

现金流量表附表（即补充资料）包括四项内容：一是将净利润调节为经营活动现金流量的信息；二是当期取得或处置子公司及其他营业单位的相关信息；三是不涉及当期现金收支但影响企业财务状况或在未来可能影响企业现金流量的重大投资和筹资活动；四是现金和现金等价物净变动情况。现金流量表补充资料如表 8-5 所示。

表 8-5　现金流量表补充资料

补充资料	本期发生额	上期发生额
1. 将净利润调节为经营活动现金流量：		
净利润		
加：资产减值准备		
固定资产折旧、投资性房地产折旧		
无形资产摊销		
长期待摊费用摊销		
处置固定资产、无形资产和其他长期资产的损失（收益以"-"号填列）		
固定资产报废损失（收益以"-"号填列）		
公允价值变动损失（收益以"-"号填列）		

补充资料	本期发生额	上期发生额
财务费用（收益以"－"号填列）		
投资损失（收益以"－"号填列）		
递延所得税资产减少（增加以"－"号填列）		
递延所得税负债增加（减少以"－"号填列）		
存货的减少（增加以"－"号填列）		
经营性应收项目的减少（增加以"－"号填列）		
经营性应付项目的增加（减少以"－"号填列）		
其他		
经营活动产生的现金流量净额		
2. 不涉及现金收支的重大投资和筹资活动：		
债务转为资本		
一年内到期的可转换公司债券		
融资租入固定资产		
3. 现金及现金等价物净变动情况：		
现金的期末余额		
减：现金的期初余额		
加：现金等价物的期末余额		
减：现金等价物的期初余额		
现金及现金等价物净增加额		

第五节　所有者权益变动表和附注

一、所有者权益变动表

（一）所有者权益变动表的内容

所有者权益变动表是指反映所有者权益的各组成部分当期的增减变动情况的会计报表。所有者权益变动表应当反映构成所有者权益的各组成部分当期的增减变动情况，不仅包括所有者权益总量的增减变动，还包括所有者权益增减变动的重要结构性信息，特别是要反映直接计入所有者权益的利得和损失，让报表使用者准确理解所有者权益增减变动的根源。

所有者权益变动表至少应当单独列示反映下列信息的项目：①综合收益总额；②会计政策变更和前期差错更正的累积影响金额；③所有者投入资本和向所

有者分配利润等；④按照规定提取的盈余公积；⑤所有者权益各组成部分的期初和期末余额及其调节情况。

（二）所有者权益变动表的结构

为了清楚地表明构成所有者权益的各组成部分当期的增减变动情况，所有者权益变动表应当以矩阵的形式列示：一方面，列示导致所有者权益变动的交易或事项，改变了以往仅仅按照所有者权益的各组成部分反映所有者权益变动情况，而是从所有者权益变动的来源对一定时期所有者权益变动情况进行全面反映；另一方面，按照所有者权益各组成部分（包括实收资本、资本公积、盈余公积、未分配利润和库存股）及其总额列示交易或事项对所有者权益的影响。此外，企业还需要提供比较所有者权益变动表，所有者权益变动表还就各项目再分为"本年金额"和"上年金额"两栏分别填列。

所有者权益变动表的具体编制将在《财务会计》中说明。

二、附注

附注是对在资产负债表、利润表、现金流量表和所有者权益变动表等报表中列示项目的文字描述或明细资料，以及对未能在这些报表中列示项目的说明等。附注是财务报表的重要组成部分。附注应当按照如下顺序披露有关内容，且相关信息应当与资产负债表、利润表、现金流量表和所有者权益变动表等报表中列示的项目相互参照：

1. 企业的基本情况

（1）企业注册地、组织形式和总部地址。

（2）企业的业务性质和主要经营活动。

（3）母公司以及集团最终母公司的名称。

（4）财务报告的批准报出者和财务报告批准报出日，或者以签字人及其签字日期为准。

（5）营业期限有限的企业，还应当披露有关其营业期限的信息。

2. 财务报表的编制基础

3. 遵循企业会计准则的声明

企业应当声明编制的财务报表符合企业会计准则的要求，真实、完整地反映了企业的财务状况、经营成果和现金流量等有关信息。

4. 重要会计政策和会计估计

重要会计政策的说明，包括财务报表项目的计量基础和在运用会计政策过程中所做的重要判断等。重要会计估计的说明，包括可能导致下一个会计期间内资产、负债账面价值重大调整的会计估计的确定依据等。

企业应当披露采用的重要会计政策和会计估计，并结合企业的具体实际披露其重要会计政策的确定依据和财务报表项目的计量基础，及其会计估计所采用的关键假设和不确定因素。

5. 会计政策和会计估计变更以及差错更正的说明

企业应当按照《企业会计准则第 28 号——会计政策、会计估计变更和差错更正》的规定，披露会计政策和会计估计变更以及差错更正的情况。

6. 报表重要项目的说明

企业应当按照资产负债表、利润表、现金流量表、所有者权益变动表及其项目列示的顺序，对报表重要项目的说明采用文字和数字描述相结合的方式进行披露。报表重要项目的明细金额合计，应当与报表项目金额相衔接。

企业应当在附注中披露费用按照性质分类的利润表补充资料，可将费用分为耗用的原材料、职工薪酬费用、折旧费用、摊销费用等。

7. 或有和承诺事项、资产负债表日后非调整事项、关联方关系及其交易等需要说明的事项

8. 有助于财务报表使用者评价企业管理资本的目标、政策及程序的信息

9. 关于其他综合收益各项目的信息

（1）其他综合收益各项目及其所得税影响；

（2）其他综合收益各项目原计入其他综合收益、当期转出计入当期损益的金额；

（3）其他综合收益各项目的期初和期末余额及其调节情况。

10. 终止经营的收入、费用、利润总额、所得税费用和净利润，以及归属于母公司所有者的终止经营利润

11. 在资产负债表日后、财务报告批准报出日前提议或宣布发放的股利总额和每股股利金额（或向投资者分配的利润总额）

第六节　财务报表的复核、报送、审批

为了充分发挥财务报表的作用，各个单位应当根据法律、行政法规和国家统一的会计制度等关于财务报表提供期限和程序的规定，及时对外提供财务报表。

一、财务报表的复核

复核是保证会计报表质量的一项重要措施。企业会计报表编制完成后，在报

送之前，必须由单位会计主管人员和单位负责人进行复核。会计报表复核的内容主要包括：

（1）报表所列金额与账簿记录是否一致；

（2）报表的项目是否填列齐全；

（3）报表的各项数字计算是否正确；

（4）内容是否完整，相关报表之间的有关数字的勾稽关系是否正确与衔接一致；

（5）会计报表的附注是否符合有关要求。

财务报表需要经注册会计师审计的，企业应当聘请有相关资质的会计师事务所进行审计。

二、财务报表的报送

经审查无误或审计后，对外提供的财务报表应当依次编定页数，加具封面，装订成册，加盖公章。封面上应当注明：企业名称、企业统一代码、组织形式、地址、报表所属年度或者月份、报出日期，并由企业负责人和主管会计工作的负责人、会计机构负责人、会计主管人员签名并盖章；设置总会计师的企业还应当由总会计师签名并盖章。单位负责人对会计报表的合法性、真实性负法律责任。

应向哪些单位报送会计报表，这与各单位的隶属关系、经济管理和经济监督的需要有关。

国有企业一般要向上级主管部门、开户银行、财政、税务和审计机关报送会计报表。国务院派出监事会的国有重点大型企业、国有重点金融机构和省、自治区、直辖市人民政府派出监事会的国有企业，应当依法定期、如实向监事会报送财务会计报告。

根据《公司法》的规定，有限责任公司应当依照公司章程规定的期限将财务会计报告送交各股东；股份有限公司的财务会计报告应当在召开股东大会年会的二十日前置备于本公司，供股东查阅；公开发行股票的股份有限公司必须公告其财务会计报告。同时应向债权人以及其他与企业有关的报表使用者提供会计报表。股份有限公司还应向证券交易所和证券监督管理机构提供会计报表。根据法律和国家有关规定，对会计报表必须进行审计的单位应先委托会计师事务所进行审计，将注册会计师及其会计师事务所出具的审计报告随同财务会计报告一并对外提供。

【阅读材料】

我国企业年度检验制度的改革

2014 年 2 月 7 日，国务院印发《注册资本登记制度改革方案》，改革工商登记制度，推进工商注册制度便利化，其中的一项重要内容是改革年度检验验照制度。具体是：

将企业年度检验制度改为企业年度报告公示制度。企业应当按年度在规定的期限内，通过市场主体信用信息公示系统向工商行政管理机关报送年度报告，并向社会公示，任何单位和个人均可查询。企业年度报告的主要内容应包括公司股东（发起人）缴纳出资情况、资产状况等，企业对年度报告的真实性、合法性负责，工商行政管理机关可以对企业年度报告公示内容进行抽查。经检查发现企业年度报告隐瞒真实情况、弄虚作假的，工商行政管理机关依法予以处罚，并将企业法定代表人、负责人等信息通报公安、财政、海关、税务等有关部门。对未按规定期限公示年度报告的企业，工商行政管理机关在市场主体信用信息公示系统上将其载入经营异常名录，提醒其履行年度报告公示义务。企业在三年内履行年度报告公示义务的，可以向工商行政管理机关申请恢复正常记载状态；超过三年未履行的，工商行政管理机关将其永久载入经营异常名录，不得恢复正常记载状态，并列入严重违法企业名单（"黑名单"）。

改革个体工商户验照制度，建立符合个体工商户特点的年度报告制度。

三、财务报表的审批

上级主管部门或母公司、财政、税务和金融部门，对各企业报送的会计报表应当认真审核。主要审核会计报表的编制是否符合会计准则和会计制度的有关规定，审查和分析会计报表的指标内容，以便对报送单位的财务活动情况进行监督。在审核过程中，如果发现报表编制有错误或不符合制度的要求，应及时通知报送单位进行更正，错误较多的应当重新编报。如果发现有违反法律和财经纪律、弄虚作假的现象，应查明原因，及时纠正，严肃处理。

【阅读材料】

《萨班斯法案》中对财务报告责任的规定

为了应对安然财务丑闻及随后的一系列上市公司财务欺诈事件所造成的美国

股市危机，重树投资者对股市的信心，2002年7月26日，美国国会以绝对多数通过了关于会计和公司治理一揽子改革的《萨班斯—奥克斯利公司治理法案》（简称《萨班斯法案》）。四天后，布什总统在白宫签署法案，使其正式生效。

《萨班斯法案》是一部涉及会计职业监管、公司治理、证券市场监管等方面改革的重要法律。其中一项重要内容就是加大公司的财务报告责任，包括：

（1）要求公司的审计委员会负责选择和监督会计师事务所，并决定会计师事务所的付费标准。

（2）要求公司首席执行官和财务总监对呈报给美国证券交易委员会（SEC）的财务报告"完全符合证券交易法，以及在所有重大方面公允地反映了财务状况和经营成果"予以保证。对违反证券法规而重编会计报表后发放的薪酬和红利应予退回。

（3）公司财务报告必须反映会计师事务所做出的所有重大调整，年报和季报要披露重大表外交易，以及与未合并实体之间发生的对现在或将来财务状况具有重大影响的其他关系。

（4）SEC有权对违反证券法规者担任公司的董事或管理人员采取禁入措施。

（5）强制要求公司高级财务人员遵循职业道德规则。

（6）禁止公司给高层管理者或董事贷款，并要求公司管理层在买卖公司股票后立即告知SEC。

同时该法案规定：公司首席执行官和财务总监必须对报送给SEC的财务报告的合法性和公允表达进行保证。违反此项规定，将处以50万美元以下的罚款，或判处入狱5年。

【本章小结】

财务报表是指企业对外提供的反映企业某一特定日期的财务状况和某一会计期间的经营成果、现金流量等会计信息的文件。

会计准则规定，财务报表至少应当包括资产负债表、利润表、现金流量表等报表、所有者权益（或股东权益）变动表、附注。

资产负债表是指反映企业在某一特定日期的财务状况的会计报表。资产负债表有账户式和报告式两种格式，使用较多的是账户式。其基本结构是左方反映资产情况，右方反映负债及所有者权益情况。

利润表，也称损益表，是指反映企业在一定会计期间（月份、季度、半年度、年度等）的经营成果的会计报表。利润表有单步式和多步式两种结构形式，一般采用多步式，依照一定的标准和次序，将企业一定期间的收入、费用和利润予以适当排列。

现金流量表是指反映企业在一定会计期间的现金和现金等价物流入和流出的会计报表。现金流量表的结构包括主表和附表两部分，主表包括六项内容：经营活动产生的现金流量、投资活动产生的现金流量、筹资活动产生的现金流量、汇率变动对现金及现金等价物的影响、现金及现金等价物净增加额、期末现金及现金等价物余额。

所有者权益变动表是指反映所有者权益的各组成部分当期的增减变动情况的会计报表。

附注是对在资产负债表、利润表、现金流量表和所有者权益变动表等报表中列示项目的文字描述或明细资料，以及对未能在这些报表中列示项目的说明等。

【拓展阅读材料】

1. 财政部. 企业会计准则第 30 号——财务报表列报. 2014.

2. 财政部.《企业会计准则第 30 号——财务报表列报》应用指南. 2006.

3. 财政部. 企业会计准则第 33 号——合并财务报表. 2014.

4. 上海证券交易所. 上市公司日常信息披露工作备忘录第二号——信息披露业务办理指南（2013 年 12 月修订）.

5. 中国证券监督管理委员会. 公开发行证券公司信息披露编报规则第 6 号——证券公司财务报表附注特别规定. 2000-11-02.

6. 中国证券监督管理委员会. 公开发行证券公司信息披露编报规则第 2 号——商业银行财务报表附注特别规定. 2000-11-02.

7. 中国证券监督管理委员会. 公开发行证券公司信息披露编报规则第 11 号——从事房地产开发业务的公司财务报表附注特别规定. 2001-02-08.

8. 漳州片仔癀药业股份有限公司（股票代码：600436）2013 年年度报告，http：//www. zzpzh. com/upfile/81034_q1.pdf.

9. 国务院. 注册资本登记制度改革方案. 2014-02-07.

10. 国家税务总局. 纳税人财务会计报表报送管理办法. 2005-03-01.

【复习思考题】

1. 什么是财务报表？编制财务报表有何意义？

2. 财务报表应如何分类？具体分为哪几类？

3. 什么是资产负债表？其有哪些格式？

4. 什么是利润表？主要内容是什么？这些内容如何排列？

5. 试述现金流量表的定义、结构。

6. 财务报表附注的主要内容包括哪些？

【练习题】

一、单项选择题

1. 资产负债表中资产的排列是依据（　　　）。

A. 项目收益性　　　B. 项目重要性　　　C. 项目流动性　　　D. 项目时间性

2. 我国资产负债表的格式一般采用（　　　）。

A. 账户式　　　　　B. 报告式　　　　　C. 单步式　　　　　D. 多步式

3. 以"资产=负债+所有者权益"为理论依据，编制的报表是（　　　）。

A. 资产负债表　　　　　　　　　　B. 利润表

C. 现金流量表　　　　　　　　　　D. 所有者权益变动表

4. 以下项目中，属于资产负债表中流动负债项目的是（　　　）。

A. 长期借款　　　B. 长期应付款　　　C. 应付股利　　　D. 应付债券

5. 下列项目在资产负债表中只需要根据某一个总分类账户就能填列的项目是
（　　　）。

A. 应收账款　　　B. 短期借款　　　C. 预付款项　　　D. 预收款项

6. 资产负债表中的"未分配利润"项目，应根据（　　　）填列。

A."利润分配"科目余额

B."本年利润"科目余额

C."本年利润"和"利润分配"科目的余额计算后

D."盈余公积"科目余额

7. 利润表反映企业的（　　　）。

A. 财务状况　　　B. 经营成果　　　C. 财务状况变动　　D. 现金流动

8. 利润表的格式通常采用（　　　）。

A. 账户式　　　　　B. 报告式　　　　　C. 单步式　　　　　D. 多步式

9. 支付的在建工程人员的工资属于（　　　）产生的现金流量。

A. 筹资活动　　　B. 经营活动　　　C. 汇率变动　　　D. 投资活动

10. 编制现金流量表时，企业的罚款收入应在（　　　）项目反映。

A. 销售商品、提供劳务收到的现金

B. 收到的其他与经营活动有关的现金

C. 支付的其他与经营活动有关的现金

D. 购买商品、接受劳务支付的现金

11. 下列各项中，属于经营活动产生的现金流量的是（　　　）。

A. 销售商品收到的现金　　　　　　B. 发行债券收到的现金

C. 发生筹资费用所支付的现金　　　D. 分得股利所收到的现金

12. 下列资产负债项目中，应根据多个总账科目余额计算填列的是（　　　）。

A. 应付账款　　　B. 盈余公积　　　C. 未分配利润　　D. 长期借款

13. 某企业 2007 年发生的营业收入为 1000 万元，营业成本为 600 万元，销售费用为 20 万元，管理费用为 50 万元，财务费用为 10 万元，投资收益为 40 万元，资产减值损失为 70 万元（损失），公允价值变动损益为 80 万元（收益），营业外收入为 25 万元，营业外支出为 15 万元。该企业 2007 年的营业利润为（　　）万元。

A. 370　　　　B. 330　　　　C. 320　　　　D. 390

14. 某企业"应收账款"科目月末借方余额 20000 元，其中："应收甲公司账款"明细科目借方余额 35000 元，"应收乙公司账款"明细科目贷方余额 15000 元，"预收账款"科目月末贷方余额 15000 元，其中："预收 A 工厂账款"明细科目贷方余额 25000 元，"预收 B 工厂账款"明细科目借方余额 10000 元。该企业月末资产负债表中"应收账款"项目的金额为（　　）元。

A. 40000　　　　B. 25000　　　　C. 15000　　　　D. 45000

二、多项选择题

1. 下列资产负债表项目中，根据总账科目余额直接填列的有（　　）。

A. 短期借款　　　B. 实收资本　　　C. 应收票据　　D. 应收账款

2. 财务报表按其反映的经济内容，可分为（　　）。

A. 资产负债表　　　　　　　　B. 利润表

C. 现金流量表　　　　　　　　D. 所有者权益变动表

3. 下列各资产负债表项目中，应根据明细科目余额计算填列的有（　　）。

A. 应收票据　　　B. 预收款项　　　C. 应收账款　　　D. 应付账款

4. 下列项目中，属于资产负债表中"流动资产"项目的有（　　）。

A. 预付款项　　　B. 应收票据　　　C. 预收款项　　　D. 存货

5. 下列各项，可以通过资产负债表反映的有（　　）。

A. 某一时点的财务状况　　　　B. 某一时点的偿债能力

C. 某一期间的经营成果　　　　D. 某一期间的获利能力

6. 下列各项目中，与计算利润总额有关的是（　　）。

A. 营业利润　　　B. 营业外收入　　　C. 营业外支出　　D. 所得税费用

7. 下列各项目中，影响企业营业利润的项目有（　　）。

A. 销售费用　　　B. 管理费用　　　C. 投资收益　　　D. 所得税费用

8. 属于筹资活动产生的现金流量的有（　　）。

A. 支付的现金股利　　　　　　B. 取得短期借款

C. 增发股票收到的现金　　　　D. 偿还公司债券支付的现金

9. 属于现金流量表中现金的有（　　）。

A. 银行存款　　　B. 银行汇票存款　C. 库存现金　　　　D. 现金等价物

10. 属于现金流量表中投资活动产生的现金流量的有（　　　　）。

A. 购建固定资产支付的现金

B. 转让无形资产所有权收到的现金

C. 购买三个月内到期的国库券支付的现金

D. 收到分派的现金股利

三、判断题

1. 资产负债表是反映企业某一会计期间财务状况的财务报表。　　　（　　　）

2. 利润表是反映企业某一特定时点经营成果的财务报表。　　　　　（　　　）

3. 企业应该以持续经营为基础编制财务报表。　　　　　　　　　　（　　　）

4. 财务报表中的列报和分类应在各个会计期间之间保持一致性，不准变动。
（　　　）

5. "长期借款"项目，根据"长期借款"总账科目余额填列。　　　（　　　）

6. 资产负债表中确认的资产都是企业拥有的。　　　　　　　　　　（　　　）

7. 作为现金流量表编制基础的现金是指现金及现金等价物。　　　　（　　　）

8. 我国《企业会计准则——现金流量表》在要求企业按间接法编制现金流量表的同时，还要求企业在补充资料中按直接法将净利润调节为经营活动的现金流量。
（　　　）

9. 现金流量表是反映企业一定时期现金及其等价物流入和流出的报表。
（　　　）

10. 企业重大的投资和融资活动应在会计报表附注中披露。　　　　（　　　）

11. 披露会计政策是会计报表附注的主要内容之一。　　　　　　　（　　　）

12. 有限责任公司应当依照公司章程规定的期限将财务会计报告送交各股东。
（　　　）

四、实务题

实务题一：

目的：练习资产负债表的编制。

资料：某公司 20×3 年 12 月 31 日有关资产、负债、所有者权益类账户的期末余额资料如下：

某公司账户期末余额表

科目名称	借方余额	贷方余额
库存现金	5000	
银行存款	802845	
其他货币资金	23500	

续表

科目名称	借方余额	贷方余额
应收票据	76000	
应收账款	590000	
坏账准备	−18000	
预付账款	90000	
其他应收款	15000	
材料采购	275000	
原材料	45000	
周转材料	38050	
库存商品	2334150	
其他流动资产	100000	
长期股权投资	250000	
固定资产	1401000	
累计折旧	−200000	
工程物资	300000	
在建工程	428000	
无形资产	600000	
递延所得税资产	65000	
其他长期资产	210000	
短期借款		500000
应付票据		100000
应付账款		953800
其他应付款		50000
应付职工薪酬		180000
应交税费		226745
应付股利		32216
长期借款		710000
股本		4000000
盈余公积		146304
利润分配（未分配利润）		196480

要求：根据上述资料编制该公司 20×3 年 12 月 31 日的资产负债表。

实务题二：

目的：练习利润表的编制。

资料：某公司 20×3 年 12 月 31 日有关损益类科目本年累计发生净额资料如下：

损益类科目年度累计发生净额

科目名称	借方发生额	贷方发生额
主营业务收入		1305000
主营业务成本	750000	
营业税金及附加	20000	
销售费用	35000	
管理费用	157100	
财务费用	21500	
资产减值损失	30900	
投资收益		21500
营业外收入		30000
营业外支出	29700	

要求：根据上述资料编制该公司 20×3 年 12 月 31 日的利润表（该企业的所得税税率为 25%）。

【网络链接】

请在上海证券交易所网站（http: //www. sse. com. cn/disclosure/listedinfo/reg-ular/）查找你感兴趣的上市公司，下载其年度报告并仔细阅读，查找财务报表，并思考：

1. 上市公司年度报告应在什么时候披露？

2. 上市公司年度报告包括哪些内容？

3. 上市公司财务报表包括哪些？格式如何？

第九章　会计核算组织程序

【学习要点】
- ● 了解建立合理会计核算形式的意义和要求；
- ● 理解会计核算形式的原则和种类；
- ● 熟悉汇总记账凭证核算组织程序、科目汇总表核算组织程序、日记总账核算组织程序的设计要求、记账程序及其优缺点与适用范围；
- ● 掌握记账凭证核算组织程序的设计要求、记账程序及其优缺点与适用范围。

【关键概念】
会计核算组织程序　记账凭证核算组织程序　科目汇总表核算组织程序　汇总记账凭证核算组织程序　日记总账核算组织程序

【开章案例】
我国企业与澳大利亚企业的账务处理程序是不同的。

澳大利亚企业没有"记账凭证"这种载体，因而其账务处理就没有审核、填制"记账凭证"这道程序，而是直接根据原始凭证逐笔登记七种日记账，然后将各日记账期末余额过入明细分类账。除总分类日记账，其他六类特种日记账没有借贷栏，即在登记日记账时仅仅根据经济业务发生的先后顺序记"流水账"，并不体现复式记账原则。然而，在将日记账期末余额过入明细分类账之前，需要进行借贷分析，根据复式记账原则记入相应的分类账。

我国企业的账务处理程序中有"记账凭证"这个关键的数据载体和填制环节，企业日常发生的大量经济业务，首先要按照复式记账原则将其登记在记账凭证中，然后根据记账凭证逐笔登记现金、银行存款日记账和各明细分类账，现金、银行存款日记账和明细分类账是平行登记的。

由此可见，对于日常发生的业务，两国企业会计处理程序的起点均为原始凭证，终点均为各分类账，结果一样，不同的仅是过程。澳大利亚企业会计没有记账凭证这一数据载体和环节，但是其从日记账过入分类账过程中所进行的"借贷分析"相当于我国企业会计的填制记账凭证。不同的是，澳大利亚企业会计的借贷分析过程并未形成原始档案，而我国企业会计的记账凭证将"借贷分析"形成书面文件，作为会计核算的重要档案，为会计监督提供依据，并可明确经济责任。

(资料来源：赵琳，宋绍亮. 中澳企业账务核算程序及方法比较 [J]. 财会月刊, 2010 (1).)

思考：

1. 什么是账务处理程序？
2. 我国企业的账务处理程序是什么？

第一节　会计核算组织程序概述

一、会计核算组织程序的含义及其意义

从前面的学习中我们知道，企业在经济业务发生后，通过设置会计科目、复式记账、填制会计凭证、登记各种账簿、成本计算等一系列会计核算的专门方法取得了日常核算资料。特别是经过填制会计凭证、登记账簿，对经济业务进行分类、汇总，最后在账簿中形成比较系统的核算资料，并通过编制财务报表将这些资料形成系统的指标体系并对外公布。在对日常经济业务的逐层加工、汇总、综合的过程中，填制会计凭证是核算资料的收集及初步分类，登记账簿是核算资料的分类整理，编制会计报表是核算资料的加工。

会计核算组织程序，又称会计核算组织形式或账务处理程序，是指在会计核算中规定凭证、账簿的种类、格式和登记方法，各种凭证之间、账簿之间和各种凭证与账簿之间，各种报表之间，各种账簿与报表之间的相互联系及编制的程序。

科学地确定会计核算组织程序，对规范会计核算组织工作，保证会计核算质量，提高会计工作效率，充分发挥会计的核算和监督职能，具有重要意义。会计核算组织程序可以发挥如下作用：

(1) 可以使会计数据的处理过程有条不紊地进行，确保会计记录正确、完整，会计信息相关、可靠；

(2) 可以减少不必要的会计核算环节和手续，节约人力、物力和财力，提高会计工作效率；

(3) 对会计核算工作的分工协作、责任划分，充分发挥会计工作的监督职

能，也有重要意义。

二、会计核算组织程序的原则

科学、合理的会计核算组织程序是做好会计工作的重要前提之一。企业在确定本单位的会计核算组织程序时，应遵循以下原则：

第一，要与本单位的经济性质、经营特点、规模及业务的繁简程度相适应，应有利于会计工作的分工协作和岗位责任制的落实，并有利于内部控制制度的实施。

第二，应能够及时、准确、全面、系统地提供会计信息，满足内部经营管理及外部有关各方进行宏观管理和经营决策的需要。

第三，应在保证会计工作质量的前提下，力求简化会计核算手续，节约人力、物力和财力，提高会计核算工作效率。

三、会计核算组织程序的种类

我国会计核算工作在长期实践中，形成了四种主要的会计核算组织程序：

（1）记账凭证核算组织程序；

（2）科目汇总表核算组织程序；

（3）汇总记账凭证核算组织程序；

（4）日记总账核算组织程序。

以上四种账务处理程序既有共同点，又有各自的特点。其中，记账凭证核算组织程序是最基本的一种，其他核算组织程序都是由此发展、演变而来的。在实际工作中，企业可根据实际需要选择其中一种核算组织程序，也可将多种核算组织程序的优点结合起来使用，以满足本单位经营管理的需要。

第二节　记账凭证核算组织程序

一、记账凭证核算组织程序的设计要求

记账凭证核算组织程序是直接根据各种记账凭证逐笔登记总分类账，它是最基本的一种账务处理程序，也是其他核算组织程序的基础。

在记账凭证核算组织程序下，需设置收款凭证、付款凭证和转账凭证，也可采用通用记账凭证，作为登记总分类账的依据。同时应当设置现金日记账、银行

存款日记账、明细分类账和总分类账。现金日记账和银行存款日记账一般采用三栏式；总分类账采用三栏式，并按每一总分类账科目开设账页；明细分类账可根据需要采用三栏式、数量金额式和多栏式。

二、记账凭证核算组织程序的记账程序

记账凭证核算组织程序的基本程序如图 9-1 所示。

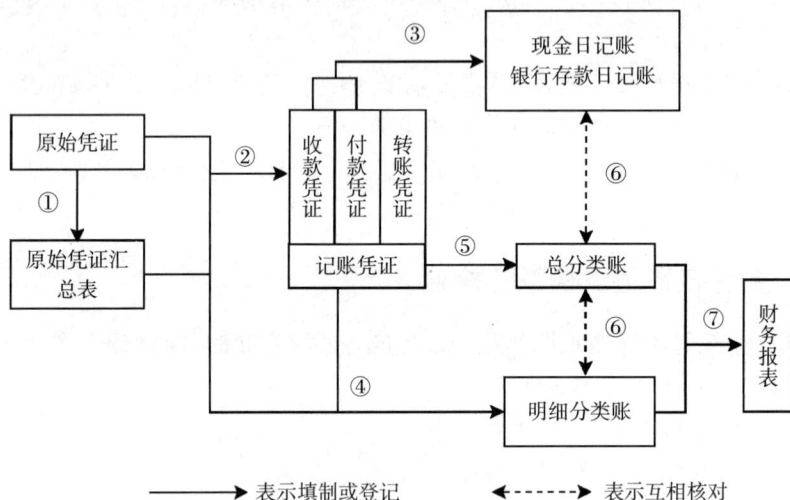

图 9-1 记账凭证核算组织程序

对图 9-1 中的各程序说明如下：

①根据部分原始凭证编制原始凭证汇总表；

②根据原始凭证或原始凭证汇总表填制记账凭证（包括收款凭证、付款凭证和转账凭证）；

③根据收款凭证、付款凭证逐笔登记现金日记账和银行存款日记账；

④根据原始凭证、原始凭证汇总表或记账凭证登记各种明细分类账；

⑤根据记账凭证逐笔登记总分类账；

⑥月末，将现金日记账、银行存款日记账和各种明细分类账的余额与总分类账中相关账户的余额进行核对；

⑦月末，根据核对无误的总分类账和明细分类账的相关资料，编制财务报表。

三、记账凭证核算组织程序的优缺点及适用范围

记账凭证核算组织程序的特点是根据记账凭证逐步地登记总分类账。因而，这种账务处理程序的主要优点是简单明了，方法易学，容易理解，便于掌握。但

是，当会计主体的业务量较大时，会增加登记总分类账的工作量。这种程序一般适用于规模小、业务量少、凭证不多的企业。

四、多栏式日记账核算组织程序

为了减少登记总分类账的工作量，简化核算手续，可以设置多栏式的现金日记账和银行存款日记账，并据以登记总账。对于转账业务，可以根据转账凭证逐笔登记总账，或根据转账凭证编制科目汇总表，据以登记总账。这种根据多栏式日记账登记总分类账的程序称为多栏式日记账核算组织程序。

采用这种核算组织程序时，除需设置多栏式现金日记账和多栏式银行存款日记账及其过账方法外，所设置的账簿、各种账簿的格式以及记账凭证的种类和格式基本上与记账凭证核算组织程序相同。

多栏式日记账核算组织程序的基本内容如图 9-2 所示。

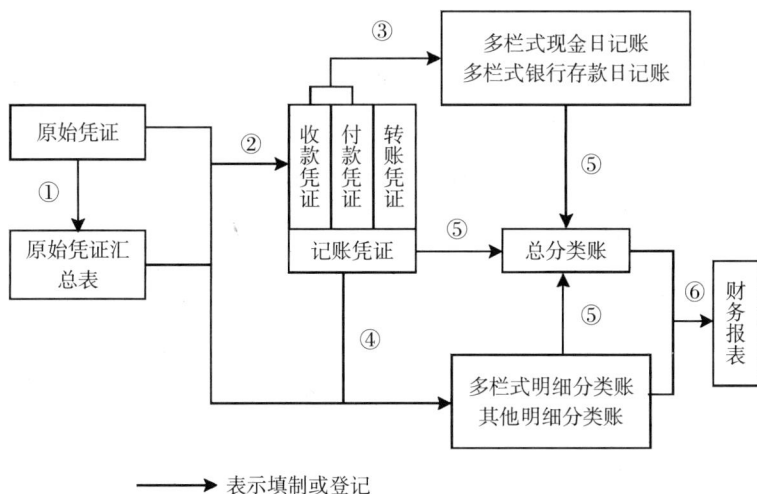

图 9-2 多栏式日记账核算组织程序

对图 9-2 中的各程序说明如下：

①根据部分原始凭证编制原始凭证汇总表；

②根据原始凭证或原始凭证汇总表填制记账凭证；

③根据收款凭证、付款凭证逐笔登记多栏式现金日记账和多栏式银行存款日记账；

④根据原始凭证、原始凭证汇总表或记账凭证登记多栏式明细分类账和其他明细分类账；

⑤根据多栏式现金日记账、多栏式银行存款日记账、多栏式明细分类账及有

关记账凭证登记总分类账；

⑥月末，根据核对无误的总分类账和明细分类账的相关资料，编制财务报表。

多栏式日记账核算组织程序可以简化总分类账的登记工作，便于核算工作的分工，可以分别反映各类经济业务的情况。但多栏式日记账中会计科目的数量受到一定的限制，不可太多。因而，其主要适用于涉及会计科目不多的企业。

第三节 科目汇总表核算组织程序

一、科目汇总表核算组织程序的设计要求

科目汇总表核算组织程序是定期将所有记账凭证汇总编制成科目汇总表，然后根据科目汇总表登记总分类账的核算组织程序。

采用科目汇总表核算组织程序时，其账簿设置、各种账簿的格式以及记账凭证的种类和格式基本上与记账凭证账务处理程序相同，但应增设科目汇总表，以作为登记总分类账的依据。

二、科目汇总表核算组织程序的记账程序

科目汇总表核算组织程序的基本程序如图 9-3 所示。

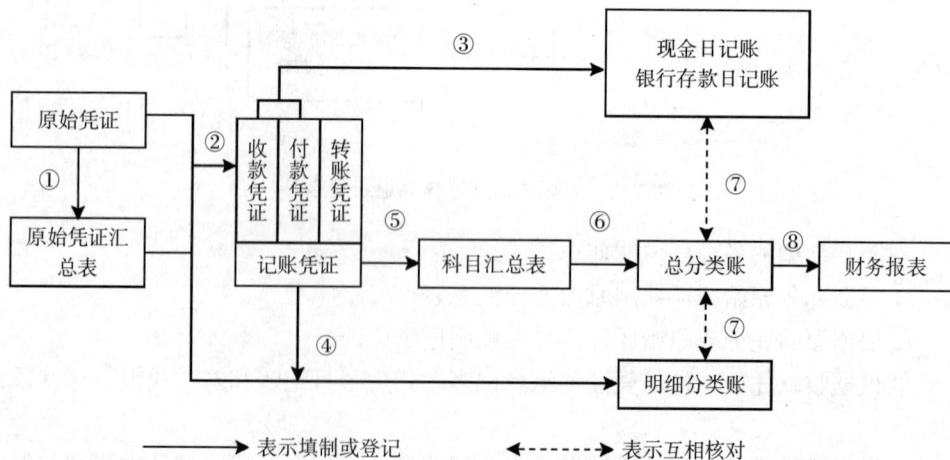

图 9-3 科目汇总表核算组织程序

对图 9-3 中各项程序的说明如下：

①根据部分原始凭证编制原始凭证汇总表；

②根据原始凭证或原始凭证汇总表填制记账凭证；

③根据收款凭证和付款凭证逐笔登记现金日记账和银行存款日记账；

④根据原始凭证、原始凭证汇总表或记账凭证登记各种明细分类账；

⑤根据记账凭证定期汇总编制科目汇总表；

⑥月末，根据科目汇总表登记总分类账；

⑦月末，将现金日记账、银行存款日记账和各种明细分类账的余额与总分类账中相关账户的余额进行核对；

⑧月末，根据核对无误的总分类账和明细分类账的相关资料，编制财务报表。

三、科目汇总表的编制方法

科目汇总表是根据一定时期内的全部记账凭证，按相同科目归类，定期汇总每一个会计科目的借方本期发生额和贷方本期发生额的一种汇总表。科目汇总表的编制时间根据企业经济业务量的多少而定，可以每月汇总一次编制一张，也可以每 1 天、3 天、5 天、10 天汇总一次，每月编制一张。科目汇总表根据汇总天数而采用不同的格式，一般有两种格式，如表 9-1、表 9-2 所示。

表 9-1 科目汇总表 （格式一）

年　月　日至　　日　　　　　　　　　　第　　号

会计科目	账页	本期发生额		记账凭证起讫号数
		借方	贷方	
合计				

表 9-2 科目汇总表 （格式二）

年　月　日至　　日　　　　　　　　　　第　　号

会计科目	账页	1~10 日		11~20 日		21~30 日		本月合计	
		借方	贷方	借方	贷方	借方	贷方	借方	贷方
合计									

格式二适用于按旬汇总的企业，即对记账凭证按旬汇总，每月编制一次科目汇总表；其他的多采用格式一，定期汇总，每月编制若干科目汇总表。

编制科目汇总表时，首先，将汇总期内各项经济业务所涉及的会计科目填列在科目汇总表的"会计科目"栏内，填列的顺序最好与总分类账上会计科目的顺序相同，以便于登记总分类账；然后，依据汇总期内所有的记账凭证，按照相同的会计科目归类，分别计算各会计科目的借方发生额和贷方发生额，并将其填入科目汇总表的相应栏内；最后，进行本期发生额试算平衡，在科目汇总表内，借方、贷方发生额的合计数应该相等。试算无误后，据以登记总分类账。

四、科目汇总表核算组织程序的优缺点及适用范围

科目汇总表核算组织程序的特点是根据记账凭证汇总编制科目汇总表，根据科目汇总表登记总分类账。这种核算组织程序可以大大地简化总分类账的登记工作，减少登记总分类账的工作，手续比较简便，而且科目汇总表可进行试算平衡，及时发现差错。但是，科目汇总表只反映各科目的借方、贷方发生额，不能明确反映各个科目的对应关系及经济业务的来龙去脉，不便于了解经济业务的具体内容，不便于查对账目。因此，这种核算组织程序主要适用于业务量较大、记账凭证较多的企业。

第四节　汇总记账凭证核算组织程序

一、汇总记账凭证核算组织程序的设计要求

汇总记账凭证核算组织程序是定期根据原始凭证或原始凭证汇总表编制记账凭证，定期根据记账凭证分类编制汇总收款凭证、汇总付款凭证和汇总转账凭证，再根据汇总记账凭证登记总分类账的一种核算组织程序。

采用汇总记账凭证核算组织程序时，其账簿设置、各种账簿的格式以及记账凭证的种类和格式基本上与记账凭证账务处理程序相同。但应增设汇总收款凭证、汇总付款凭证和汇总转账凭证，以作为登记总分类账的依据。另外，总分类账的账页格式必须增设"对方科目"专栏。

二、汇总记账凭证核算组织程序的记账程序

汇总记账凭证核算组织程序的基本程序如图 9-4 所示。

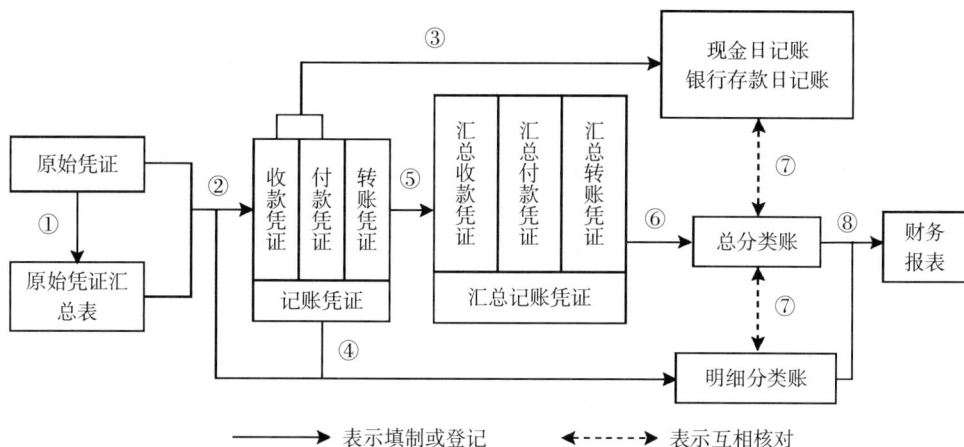

图 9-4 汇总记账凭证核算组织程序

对图 9-4 中的各项程序说明如下：

①根据部分原始凭证编制原始凭证汇总表。

②根据原始凭证或原始凭证汇总表填制记账凭证。在这种记账程序中，收款凭证按一个借方科目与一个或几个贷方科目相对应填制，付款凭证按一个贷方科目与一个或几个借方科目相对应填制，转账凭证按一借一贷或多借一贷相对应填制。

③根据收款凭证、付款凭证逐笔登记现金日记账和银行存款日记账。

④根据原始凭证、原始凭证汇总表或记账凭证登记各种明细分类账。

⑤根据记账凭证定期汇总编制各种汇总记账凭证。

⑥月末，根据各种汇总记账凭证登记总分类账。

⑦月末，将现金日记账、银行存款日记账、各种明细分类账的余额分别与总分类账中相关账户的余额核对相符。

⑧月末，根据核对无误的总分类账和明细分类账的资料编制财务报表。

三、汇总记账凭证及其编制方法

汇总记账凭证是一种累计汇总的记账凭证，是登记总分类账的直接依据。它分为汇总收款凭证、汇总付款凭证和汇总转账凭证三种。

汇总收款凭证的格式如表 9-3 所示，它是根据一定期间全部的收款凭证汇总编制的。汇总收款凭证按借方科目"库存现金"、"银行存款"设置，按其相对应的贷方科目进行归类，定期汇总，按月编制。月末，结算出汇总收款凭证的合计数，并据以分别记入总分类账户中现金和银行存款账户的借方以及各对应账户的贷方。

表 9-3　汇总收款凭证

借方科目：库存现金　　　　　　　　　年　月　　　　　　　　汇收第　　号

贷方科目	金额				总账页数	
	1~10 日收款凭证号~ 号	11~20 日收款凭证号~ 号	21~30 日收款凭证号~ 号	合计	借方	贷方
合计						

　　汇总付款凭证的格式如表 9-4 所示，它是根据一定期间的全部付款凭证汇总编制的。付款凭证是按贷方科目设置，汇总付款凭证也按贷方科目"库存现金"、"银行存款"设置，按其相对应的借方科目进行归类，定期汇总，按月编制。月末，结算出汇总付款凭证中各借方科目的合计数，并据以分别记入总分类账户中现金和银行存款账户的贷方以及各对应账户的借方。

　　在填制时，若现金和银行存款之间有相互划转业务，则应按付款凭证进行汇总，以免重复。如将现金存入银行的业务，只须根据现金付款凭证汇总，银行存款收款凭证就不再汇总。

表 9-4　汇总付款凭证

贷方科目：库存现金　　　　　　　　　年　月　　　　　　　　汇付第　　号

借方科目	金额				总账页数	
	1~10 日付款凭证号~ 号	11~20 日付款凭证号~ 号	21~30 日付款凭证号~ 号	合计	借方	贷方
合计						

　　汇总转账凭证的格式如表 9-5 所示，它是根据一定期间的全部转账凭证汇总编制的。转账凭证的借方、贷方都没有规律性，为避免混乱，规定汇总转账凭证全部按转账凭证的贷方科目分别设置，按对应借方科目进行归类，定期汇总，按月编制。月末，结算出汇总转账凭证的合计数，分别记入该汇总转账凭证所开设的应贷账户总分类账的贷方，以及其各对应账户总分类账的借方。

表 9-5　汇总转账凭证

贷方科目：　　　　　　　　　　　年　月　　　　　　　汇转第　　号

借方科目	金额				总账页数	
	1~10 日 转账凭证 号~　号	11~20 日 转账凭证 号~　号	21~30 日 转账凭证 号~　号	合计	借方	贷方
合计						

四、汇总记账凭证核算组织程序的优缺点及适用范围

汇总记账凭证核算组织程序的主要优点是：减轻了登记总分类账的工作量，能通过汇总记账凭证中有关科目的对应关系，了解经济业务的来龙去脉，而且可大大地简化总分类账的登记工作。但由于汇总转账凭证是根据每一贷方科目归类汇总，不考虑经济业务的性质，故不利于会计分工，而且编制汇总转账凭证的工作量也较大。因此，一般适用于规模较大、经济业务较多的企业。

第五节　日记总账核算组织程序

一、日记总账核算组织程序的设计要求

日记总账核算组织程序，也称为日记总账账务处理程序，它是将所有的经济业务按所涉及的科目，以分录的形式记入日记账，再根据日记账的记录过入总分类账户的核算组织程序。

采用日记总账核算组织程序，其账簿设置、各种账簿的格式以及记账凭证的种类和格式基本上与记账凭证账务处理程序相同。但应开设日记总账，以代替总分类账。

二、日记总账核算组织程序的记账程序

日记总账核算组织程序的基本程序如图 9-5 所示。

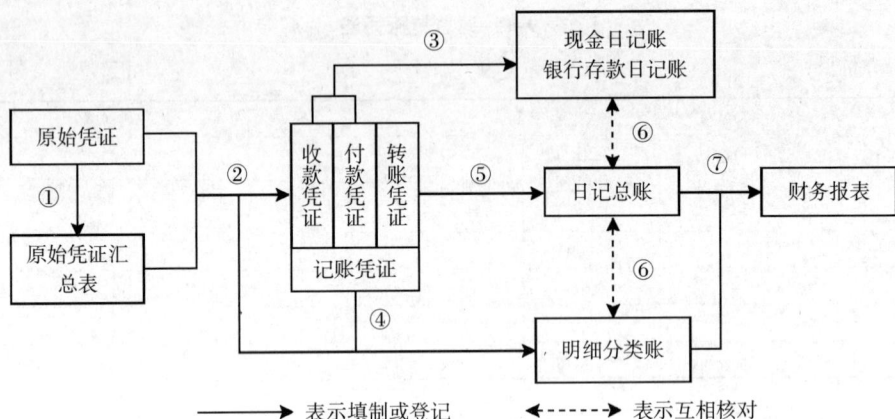

图 9-5　日记总账核算组织程序

对图 9-5 中的各项程序说明如下：

①根据部分原始凭证编制原始凭证汇总表；

②根据原始凭证或原始凭证汇总表填制各种记账凭证；

③根据收款凭证和付款凭证逐笔登记现金日记账和银行存款日记账；

④根据原始凭证、原始凭证汇总表或记账凭证登记各种明细分类账；

⑤根据记账凭证逐日逐笔登记日记总账；

⑥月末，将现金日记账、银行存款日记账以及各明细分类账的余额与日记总账的有关账户余额核对相符；

⑦月末，根据核对无误的日记总账和明细分类账的相关资料，编制财务报表。

三、日记总账的填制方法

日记总账是序时账簿与总分类账簿相结合、兼有序时账簿和总分类账簿作用的一种联合账簿，它将全部总账科目集中在一张账页中，根据记账凭证对全部经济业务进行逐笔序时登记，最后按各科目进行汇总，分别计算出借、贷方发生额和期末余额。它既是日记账，又是总分类账，其格式如表 9-6 所示。

表 9-6　日记总账

20　年		凭证		摘要	发生额	库存现金		银行存款		应收账款		原材料		……	
月	日	字	号			借方	贷方	借方	贷方	借方	贷方	借方	贷方	借方	贷方
				本月合计											
				月末合计											

登记日记总账时，对每一笔经济业务的借、贷方发生额，都应分别登记到同一行对应科目的借方栏或贷方栏内。发生转账业务时，应根据转账凭证逐日、逐笔地登记日记总账。对于收、付款业务，可以根据收、付款凭证逐日汇总登记日记总账，也可以在月末根据多栏式现金日记账、银行存款日记账汇总登记。月终，结算出各科目本期借、贷方发生额和余额。其中，"发生额"一栏的当月合计数应该与全部科目的借方发生额合计数、贷方发生额合计数分别核对相符。

四、日记总账核算组织程序的优缺点及适用范围

日记总账核算组织程序比较简单，日记总账按全部总账科目分借、贷方设置，且直接根据记账凭证逐日逐笔进行登记，便于了解各项经济业务的来龙去脉，有利于会计资料的分析和运用。但由于所有会计科目都集中在一张账页上，总分类账的账页过长，不便于记账的分工与查阅。因而，其主要适用于规模小、经济业务简单、使用会计科目不多的企业。

【本章小结】

本章介绍了会计核算组织程序的知识。会计核算组织程序，又称会计核算组织形式或账务处理程序，是指在会计核算中规定凭证、账簿的种类、格式和登记方法，各种凭证之间、账簿之间和各种凭证与账簿之间，各种报表之间，各种账簿与报表之间的相互联系及编制的程序。本章分别介绍了记账凭证核算组织程序、科目汇总表核算组织程序、汇总记账凭证核算组织程序、日记总账核算组织程序的设计要求、记账程序、优缺点和适用范围。企业可根据实际需要选择其中一种核算组织程序，也可将多种核算组织程序的优点结合起来使用，以满足本单位经营管理的需要。

【拓展阅读材料】

1. 钟瑶. 浅析我国企业会计核算存在的问题及对策 [J]. 中国总会计师，2013（12）.

2. 张前. IT 环境下账务处理程序的变革 [J]. 对外经贸财会，2001（5）.

3. 耿文莉. 会计信息化中账务处理程序的转变 [J]. 哈尔滨商业大学学报（社会科学版），2008（2）.

4. 张弛. 中西方会计循环差异性分析 [J]. 商业会计，2013（24）.

5. 李善恩. 谈账务处理程序乱象及治理 [J]. 现代经济信息，2014（1）.

6. 彭晓燕主编. 会计学基础 [M]. 北京：北京大学出版社，2012.

【复习思考题】

1. 什么是会计核算组织程序？简述会计核算组织程序的意义。

2. 简述记账凭证核算组织程序的记账程序、优缺点及适用范围。

3. 简述科目汇总表核算组织程序的记账程序、优缺点及适用范围。

4. 简述日记总账核算组织程序的记账程序、优缺点及适用范围。

5. 简述汇总记账凭证核算组织程序的记账程序、优缺点及适用范围。

【练习题】

一、单项选择题

1. （　　　　）是会计核算中最基本的一种会计核算组织程序。

A. 记账凭证会计核算组织程序　　　B. 汇总记账凭证会计核算组织程序

C. 科目汇总表会计核算组织程序　　D. 多栏式日记总账会计核算组织程序

2. 在（　　　　）下，记账凭证可采用收款凭证、付款凭证、转账凭证，或者采用通用记账凭证。

A. 记账凭证会计核算组织程序　　　B. 科目汇总表会计核算组织程序

C. 汇总记账凭证会计核算组织程序　D. 日记总账会计核算组织程序

3. 使用会计科目少、业务量小的单位可以采用（　　　　）。

A. 记账凭证核算组织程序　　　　　B. 科目汇总表核算组织程序

C. 汇总记账凭证核算组织程序　　　D. 日记总账核算组织程序

4. 企业的会计凭证、会计账簿、会计报表相结合的方式称为（　　　　）。

A. 账簿组织　　　　　　　　　　　B. 会计核算组织程序

C. 记账工作步骤　　　　　　　　　D. 会计组织

5. 下列各项中，不属于设计账务处理程序原则的是（　　　　）。

A. 应从本会计主体的实际出发　　　B. 应以保证会计核算质量为立足点

C. 多数单位采用的账务处理程序　　D. 力求降低会计核算成本

6. 科目汇总表汇总的是（　　　　）。

A. 全部科目的借方发生额　　　　　B. 全部科目的贷方发生额

C. 全部科目的借、贷方余额　　　　D. 全部科目的借、贷方发生额

7. 汇总记账凭证核算形式的适用范围是（　　　　）。

A. 规模较大、业务较多的单位　　　B. 规模较小、业务较少的单位

C. 规模较大、业务较少的单位　　　D. 规模较小、业务较多的单位

8. 各种会计核算组织程序的主要区别是（　　　　）。

A. 登记总账的依据和方法不同

B. 登记日记账的依据和方法不同

C. 登记明细账的依据和方法不同

D. 编制账务报表的依据和方法不同

9. 记账凭证核算组织程序的特点是根据记账凭证逐笔登记（　　　）。

A. 总分类账　　　　　　　　　　B. 日记账

C. 明细账　　　　　　　　　　　D. 总分类账和明细分类账

10. 在各种账务处理程序下，下列不可以作为登记总分类账依据的有（　　　）。

A. 记账凭证　　　B. 科目汇总表　　　C. 汇总记账凭证　D. 原始凭证

11. 会计凭证方面，科目汇总表账务处理程序比记账凭证账务处理程序增设了（　　　）。

A. 原始凭证汇总表　　　　　　　B. 汇总原始凭证

C. 科目汇总表　　　　　　　　　D. 汇总记账凭证

12. 科目汇总表账务处理程序的特点是（　　　）。

A. 根据科目汇总表登记总账　　　B. 根据记账凭证登记总账

C. 根据日记总账登记总账　　　　D. 根据汇总记账凭证登记总账

二、多项选择题

1. 汇总记账凭证核算组织程序的优点是（　　　）。

A. 能反映账户对应关系

B. 能减少登记总账的工作量

C. 对于编制的汇总记账凭证的工作量小

D. 有利于会计工作的分工

E. 能起到入账前的试算平衡作用

2. 在汇总记账凭证核算组织程序下，应设置的凭证及账簿有（　　　）。

A. 收、付款凭证　　　　　　　　B. 汇总的收、付款凭证

C. 转账凭证及汇总转账凭证　　　D. 科目汇总表

E. 现金、银行存款日记账

3. 确定企业的会计核算组织程序时，应满足的要求有（　　　）。

A. 与本单位的经济性质、经营特点、规模及业务的繁简程度相适应

B. 应能够及时、准确、全面、系统地提供会计信息

C. 力求简化会计核算手续，节约人力、物力和财力

D. 手续力求简便，有利于节约记账时间

E. 既要符合国家的统一规定，又要结合本单位实际情况

4. 规模大、业务多的单位，应该采用的核算组织程序是（　　　）。

A. 记账凭证核算组织程序　　　　B. 科目汇总表核算组织程序

C. 汇总记账凭证核算组织程序　　D. 日记总账核算组织程序

E. 以上各种核算组织程序均可以

5. 记账凭证核算形式需要设置的凭证有（　　　）。

A. 收款凭证　　　B. 科目汇总表　　　C. 付款凭证　　　D. 转账凭证

E. 汇总转账凭证

6. 会计核算组织程序是指（　　　）的合理组织过程。

A. 会计凭证　　　B. 会计科目　　　C. 会计账簿　　　D. 会计方法

E. 会计报表

三、判断题

1. 企业采用何种会计核算形式，不要求统一，应根据各单位规模大小、业务繁简、工作基础强弱、经营业务特点而定。　　　　　　　　　　（　　　）

2. 记账凭证核算组织程序下由于总账是根据记账凭证登记的，因而，会计期末不需要对有关账簿的记录进行核对。　　　　　　　　　　　（　　　）

3. 科目汇总表汇总了有关科目的借、贷方发生额和余额。　　（　　　）

4. 不论哪种会计核算组织程序，在编制会计报表之前都要进行对账工作。

（　　　）

5. 日记总账既是序时账簿，又是分类账簿。　　　　　　　（　　　）

6. 采用科目汇总表核算形式，总分类账和明细分类账以及日记账都应该根据科目汇总表登记。　　　　　　　　　　　　　　　　　　　　（　　　）

7. 由于汇总记账凭证核算组织程序大大减少了登记总账的工作量，因而这种核算组织程序适用于大、中、小所有的单位。　　　　　　　　　（　　　）

8. 在各种会计核算组织程序中，原始凭证都不能直接用来登记总账和明细账。

（　　　）

9. 所有的会计核算形式，第一步都是必须将全部原始凭证汇总编制为汇总原始凭证。　　　　　　　　　　　　　　　　　　　　　　　　（　　　）

10. 汇总收款凭证、汇总付款凭证和汇总转账凭证应每月分别编制一张。

（　　　）

四、实务题

根据第四章练习题业务题中资料一的特点，你认为该企业适宜采用哪种会计核算组织程序，并根据你选定的会计核算组织程序对第四章的练习题进行会计核算。

【案例分析】

学过"会计核算组织程序"一章的内容以后，小董基本掌握了记账凭证核算组织程序、汇总记账凭证核算组织程序和科目汇总表核算组织程序的内容，但将几种会计核算组织程序进行对比后，小董觉得最容易操作的还是第一种程序。在这种程序下，是依据填制好的记账凭证直接登记有关账户。而在另外两种程序下，都需要先对填制好的记账凭证进行汇总，之后才能根据汇总的数字登记有关总账账户，而编制汇总记账凭证和科目汇总表又比较繁琐，处理起来会增加不少工作量。

于是，小董产生了这样的想法：第一种核算组织程序既简便又适用，如果我毕业后从事会计工作的话，一定要选用这种会计核算组织程序。

(资料来源：陈文铭主编. 基础会计习题与案例 [M]. 大连：东北财经大学出版社，2009.)

思考：

小董的想法对吗？你认为一个企业应当怎样选择恰当的会计核算组织程序？

第十章　会计工作组织

【学习要点】

● 了解会计工作组织的意义和要求，会计人员职业道德；

● 理解组织会计工作应遵循的要求、会计人员职业道德的作用；

● 熟悉会计人员应具备的素质、会计法规、会计档案的内容及重要会计档案的保管期限；

● 掌握会计人员的职责与权限，会计机构的设置。

【关键概念】

会计工作组织　会计法律制度　会计机构　会计人员　总会计师　会计从业资格证书　会计档案

【开章案例】

公司副总兼财务科长，"80后"莫某某的这份工作令同龄人无比美慕，但他头顶的光环却因赌博而褪去。因为迷恋赌博，莫某某利用职务之便，挪用了1000多万元的公款用于网络赌球，全部输光。2014年6月27日，从南宁市公安局经侦支队获悉，莫某某因涉嫌职务侵占已被警方执行逮捕。因为深陷赌博泥潭而触犯法律失去自由，此案留下的深刻教训值得每一个人吸取。

1. 挪用千万公款赌球

生于1982年的莫某某是广西某水电投资有限公司的副总经理兼财务科长，他2005年进入公司工作，算是一名老员工。但在2014年4月份，这名老员工的工作却出了岔子。当时，公司需要向外支付一些资金，董事长莫某交代莫某某安排款项支付，但钱却迟迟没有付出。莫某觉得奇怪，因为公司的账户上有足够的资金来支付。这事一直拖到5月份，莫某某眼看已经无法以各种理由来拖延了，只好如实交代：公司账户上的1000多万元已经被他挪用于赌球了。

2. 迫于法律威严自首

这个消息让包括董事长莫某在内的所有人大吃一惊，因为他跟莫某某不仅仅是工作上的关系，两人还是亲戚关系。因为涉案金额巨大，2014年5月董事长莫某来到南宁市公安局经侦支队，就莫某某私自挪用公款占为己有一事报案。5月16日，经侦警方对莫某某涉嫌职务侵占立案侦查，莫某某迫于法律的威严投案自首。

3. 为求翻本动用公款

警方调查发现，莫某某赌博已有相当长一段时间，其中尤为沉迷赌球。他向警方供认，2013年间曾通过网络赌球赢过一些钱。这看起来似乎很美好，但实际上他在赌博的过程中还是输多赢少。为了把以前自己输的钱赢回来，莫某某萌生了挪用公款翻本的念头。身为公司的副总兼财务科长，莫某某的手上掌管着公司的支票、印章、U盾、密码等关键财务信息，只要他不说，没人知道他动了公司的钱。更何况有亲戚这一层关系在里面，董事长莫某对他很是信任。莫某某交代，从2014年2月份开始，他利用职务便利，在办理公司资金周转往来的业务时，私自将公司1000余万元公款转至个人账号里。

（资料来源：80后公司高管挪千万公款赌球 [N].南宁晚报，2014-06-28.）

思考：

1. 莫某某的行为违反了哪些职业道德？

2. 公司的制度存在哪些缺陷为莫某某的行为提供了便利？

第一节　会计工作组织的意义和要求

会计工作组织就是指如何安排、协调和管理会计工作。广义上，凡是与组织会计工作有关的所有事项都可以包括进来。狭义上，会计工作组织的内容主要包括会计机构的设置、会计人员的配备、会计制度的制定、会计法规的制定与执行、会计档案的保管、会计信息系统的建立等工作。一般所讲的会计工作组织指的是狭义上的会计工作组织。

一、会计工作组织的意义

为了更好地完成会计任务，发挥会计在经济管理中的作用，每个单位都必须结合本单位的特点和会计工作的具体情况，合理组织本单位的会计工作。会计工作组织是一项专业性很强的经济管理工作，正确、科学地组织会计工作，对于实现会计职能、促进经济管理效率的提高具有十分重要的意义。

（一）有利于提高会计工作的质量和效率

会计所反映的经济活动是错综复杂的，它为经营管理所提供的会计信息要经过凭证、账簿、报表等一系列确认、计量、分类、汇总、检查的手续和处理程序。这些手续、程序之间存在着紧密的联系。在任何一个环节上出现差错或者脱节，都会导致会计信息不正确、不及时。科学地组织会计工作，能够使会计工作按预先规定的方法和处理程序有序地进行，有效地防止出现问题，即使出现问题，也能尽快检查并纠正。

（二）有利于协调与其他经济管理工作的关系

会计工作既独立于其他经济管理工作，又同其他经济管理工作有着非常密切的关系。它们在加强科学管理、提高效率的共同目标之下，相互补充，相互促进，又相互影响。科学地组织会计工作，可以使会计工作同其他经济管理工作更好地分工协作，相互配合，共同完成好经济管理的任务，提高企业的经济效益。

（三）有利于加强经济责任制

实行内部经济责任制离不开会计。科学的经济预测，正确的经济决策，以及业绩评价考核等，都需要会计部门提供翔实、有效的数据。科学地组织会计工作，可以促使会计单位内部及有关部门管好用好资金，增收节支，提高管理水平，提高经济效益，加强各单位内部的经济责任制。

二、组织会计工作应遵循的要求

科学地组织会计工作，应遵循以下几项要求：

（一）遵守国家对会计工作的统一规定

为了充分发挥会计的作用，会计工作要由国家统一管理，按照"统一领导，分级管理"的原则建立会计工作的管理体制。国家对会计工作的重要方面都做了统一的规定，相继出台了《会计法》、《会计准则》、《企业会计制度》、《事业单位会计制度》等法规性的文件。各单位在组织会计工作时，必须严格符合国家会计工作的统一要求，才能满足社会各方面的组织和人员对会计信息的要求。

（二）根据各单位经营管理的特点来组织会计工作

各个会计主体的经营活动范围、业务内容各不相同，对会计信息的要求也有差别，因此，各单位必须结合本单位自身的特点，在遵循国家对会计工作的统一要求下，根据本单位业务经营的特点和经营规模的大小等具体情况，确定本企业的会计制度，对会计机构的设置和会计人员的配备作出切合实际的安排。

（三）在保证会计工作质量的前提下，讲求工作效率，节约费用

会计信息既要满足股东、债权人、国家等利益相关者的需要，也要满足本单位经营管理的需要。提供会计信息的会计工作是一项要求严密而又细致的工作，需要精心设计，科学组织。因此，要求严密地组织会计工作，细致地制定和执行各项会计手续和工作程序，会计核算形式也力求简化，使会计工作的重点从单纯的事后算账转向以事前预测、控制为主，提高会计工作的质量。在保证会计工作质量的前提下，应注意提高工作效率，对机构设置、人员配备等要精简和合理，避免机构臃肿，防止出现手续繁杂、重复劳动等不合理现象。

第二节　会计法律制度

会计法律制度是指国家权力机关和行政机关制定的各种会计规范性文件的总称。

一、会计法律制度的意义和种类

建立健全会计法律制度，可以保证会计工作贯彻执行国家有关的财政方针、政策，执行财经纪律；可以使会计提供的会计资料和会计信息真实、及时，更好地满足各个方面的需要；可以保障会计人员依法行使职权，充分发挥会计人员的作用。完善的会计法规体系是保证会计工作有组织、有秩序进行的必要条件。

我国会计法律制度的基本构成如下：

（一）会计法律

会计法律是指由全国人民代表大会及其常委会经过一定立法程序制定的有关会计工作的法律。《中华人民共和国会计法》（以下简称《会计法》），是会计法律制度中层次最高的法律规范，是制定其他会计法规的依据，也是指导会计工作的最高准则。

（二）会计行政法规

会计行政法规是指由国务院制定并发布或者国务院有关部门拟订并经国务院批准发布，调整经济生活中某些方面会计关系的法律规范。会计行政法规的制定依据是《会计法》。例如，国务院发布的《企业财务会计报告条例》、《总会计师条例》等。

（三）国家统一的会计制度

国家统一的会计制度指国务院财政部门根据《中华人民共和国会计法》制定的关于会计核算、会计监督、会计机构和会计人员以及会计工作管理的制度，包括会计部门规章和会计规范性文件。

会计部门规章是根据《中华人民共和国会计法》规定的程序，由财政部制定，并由部门首长签署命令予以公布的制度办法，例如，《会计从业资格管理办法》、《财政部门实施会计监督办法》、《企业会计准则——基本准则》等。

会计规范性文件是指主管全国会计工作的行政部门即国务院财政部门以文件形式印发的制度办法。例如,《企业会计准则第 1 号——存货》等 41 项具体准则》、《企业会计准则——应用指南》、《企业会计制度》、《会计基础工作规范》、《会计从业资格管理办法》,以及财政部与国家档案局联合发布的《会计档案管理办法》等。会计规范性文件的制定依据是会计法律、会计行政法规和会计规章。

(四) 地方性会计法规

地方性会计法规指省、自治区、直辖市人民代表大会及其常委会在与会计法律、会计行政法规不相抵触的前提下制定的地方性会计法规,它是我国会计法律制度的重要组成部分。

二、会计法

《会计法》的目的是为了规范会计行为,保证会计资料真实、完整,加强经济管理和财务管理,提高经济效益,维护社会主义市场经济秩序。《会计法》是我国会计工作的基本法规,是制定其他会计法规的依据,也是指导会计工作的最高准则。

《会计法》于 1985 年 1 月 21 日由第六届全国人民代表大会常务委员会第九次会议通过,同年 5 月 1 日施行。1993 年 12 月 29 日,第八届全国人民代表大会常务委员会第五次会议通过了《关于修改〈中华人民共和国会计法〉的决定》对《会计法》进行修正,并自公布之日起施行。1999 年 10 月 31 日,第九届全国人民代表大会常务委员会第十二次会议再次对《会计法》修订,于 2000 年 7 月 1 日施行。《会计法》的制定、颁布与修订完善,标志着我国会计工作法制化管理逐渐趋于成熟。

现行的《会计法》共有 7 章 52 条,7 章分别为:总则;会计核算;公司、企业会计核算的特别规定;会计监督;会计机构和会计人员;法律责任;附则。

【阅读材料】
《会计法》修订工作正式启动

再次修订《会计法》的步伐正在加快。在全国人大财经委、法工委以及国务院法制办的支持下,日前,财政部邀集包括部分全国政协委员在内的相关专家召开座谈会,就《会计法》的再次修订进行研讨。此举标志着此次《会计法》的修订工作正式启动。

座谈中,专家们提出了一系列均需通过《会计法》修订来解决的问题,并提出了诸多建议。比如,如何保障《会计法》的强制力,如何确立立法宗旨,如何确定《会计法》的边界，如何确立《会计法》的法律定位，如何界定会计目标，如何解决会计责任与权利匹配的问题，如何保证财务报表信息完整，如何解决会计违法赔偿机制的问题，如何规范会计业务外包行为，如何解决国际上对中国会计信息质量的信任问题，如何解决与《公司法》、《证券法》、《税收征收管理法》等相关法律以及与现行企业会计准则的协调问题。

另外，现行《会计法》对会计工作涉及的新领域，如政府会计、管理会计、会计信息化、内部控制等内容没有作出具体规范，造成相关工作缺少法律依据和顶层设计，不能适应经济社会发展的实际需要。

（资料来源：中国会计报，2014-07-07.）

三、企业会计准则

为规范企业会计确认、计量和报告行为，保证会计信息质量，根据《中华人民共和国会计法》和其他有关法律、行政法规，财政部制定了《企业会计准则》。它是会计人员进行会计活动所应遵循的规范和标准，也是对会计工作进行评价和鉴定的依据。会计准则体系的总体目标是规范会计行为，提高会计信息质量，满足投资人、债权人、社会公众、有关部门和管理当局对会计信息的需求。

为适应我国社会主义市场经济发展的需要，统一会计核算标准，保证会计信息质量，1992年11月30日，经国务院批准，财政部以部长令的形式签发了《企业会计准则》，要求从1993年7月1日起全面施行。随着经济发展的需要，1997~2001年间，财政部陆续出台了部分具体准则，2005年，财政部开始对《企业会计准则》进行修订。2006年2月25日，财政部颁布了修订后的《企业会计准则——基本准则》和38项具体准则，自2007年1月1日起在上市公司范围内施行，鼓励其他企业执行；国有大中型企业一律实行《企业会计准则》。执行具体准则的企业不再执行《企业会计制度》和《金融企业会计制度》。

2014年又陆续颁布了《企业会计准则第39号——公允价值计量》、《企业会计准则第40号——合营安排》、《企业会计准则第41号——在其他主体中权益的披露》三个新的准则，并对长期股权投资、职工薪酬、财务报表列报、合并财务报表四个具体准则进行了修订。企业会计准则是我国现阶段的财务会计框架，它既立足于中国国情，又努力实现了与国际会计惯例的趋同。

我国企业会计准则分为基本会计准则和具体会计准则两个层次。

基本会计准则在整个准则体系中起统驭作用，主要规范会计目标、会计基本假设、会计信息质量要求、会计要素的确认和计量原则、财务会计报告体系等。

　　具体会计准则是根据会计基本准则的原则要求，对经济业务的会计处理及其核算程序和方法作出具体的规定，是处理会计事项的操作性规范，是对具体会计事项进行会计确认、会计计量、会计报告的具体标准。到2014年6月，我国共有41项具体会计准则。

表 10-1　具体会计准则

序号	准则名称	序号	准则名称	序号	准则名称
1	存货	15	建造合同	29	资产负债表日后事项
2	长期股权投资	16	政府补助	30	财务报表列报
3	投资性房地产	17	借款费用	31	现金流量表
4	固定资产	18	所得税	32	中期财务报告
5	生物资产	19	外币折算	33	合并财务报表
6	无形资产	20	企业合并	34	每股收益
7	非货币性资产交换	21	租赁	35	分部报告
8	资产减值	22	金融工具确认和计量	36	关联方披露
9	职工薪酬	23	金融资产转移	37	金融工具列报
10	企业年金基金	24	套期保值	38	首次执行企业会计准则
11	股份支付	25	原保险合同	39	公允价值计量
12	债务重组	26	再保险合同	40	合营安排
13	或有事项	27	石油天然气开采	41	在其他主体中权益的披露
14	收入	28	会计政策、会计估计变更和会计差错更正		

【阅读材料】

会计准则委员会

　　会计准则委员会是中国会计准则制定的咨询机构，旨在为制定和完善中国的会计准则提供咨询意见和建议。自1998年10月成立以来，会计准则委员会一直致力于为我国会计准则的建设提供支持，组织举办了多次会计准则国际、国内研讨会，通过各种方式积极参与会计的国际协调、交流和合作，为会计准则的建立和完善提供了大量具有建设性的咨询意见，发挥了积极的作用。

（资料来源：会计准则委员会网站，http://www.casc.gov.cn.）

四、小企业会计准则

为了规范小企业会计确认、计量和报告行为，促进小企业可持续发展，发挥小企业在国民经济和社会发展中的重要作用，根据《中华人民共和国会计法》及其他有关法律和法规，财政部制定了《小企业会计准则》并于 2011 年 10 月 18 日颁布。《小企业会计准则》的发布实施有利于加强小企业内部管理，促进小企业又好又快发展；有利于加强小企业税收征管，促进小企业税负公平；有利于加强小企业贷款管理，防范小企业贷款风险。

本准则适用于在中华人民共和国境内依法设立的、符合《中小企业划型标准规定》（工信部联企业〔2011〕300 号）所规定的小型企业标准的企业。下列三类小企业除外：①股票或债券在市场上公开交易的小企业；②金融机构或其他具有金融性质的小企业；③企业集团内的母公司和子公司。符合《中小企业划型标准规定》所规定的微型企业标准的微型企业参照执行本准则。

《小企业会计准则》自 2013 年 1 月 1 日起在小企业范围内施行，鼓励小企业提前执行。2004 年 4 月 27 日发布的《小企业会计制度》（财会〔2004〕2 号）同时废止。

《小企业会计准则》包括总则、资产、负债、所有者权益、收入、费用、利润及利润分配、外币业务、财务报表、附则等 10 章，共计 90 条。与《企业会计准则》相比，《小企业会计准则》的主要亮点有：简化会计核算要求、采用历史成本计量、采用成本法核算长期股权投资、更多使用"营业外收支"、与税法高度一致。

五、企业会计制度

根据实际工作的需要，按照会计改革的总体思路，财政部门在 2000 年制定和发布了《企业会计制度》（财会〔2000〕25 号）。《企业会计制度》包括总则、资产、负债、所有者权益、收入、成本和费用、利润及利润分配、非货币性交易、外币业务、会计调整、或有事项、关联方关系及其交易、财务会计报告、附则等共 14 章，160 条。

《企业会计制度》自 2001 年 1 月 1 日起施行，目前还没有废止，没有执行《企业会计准则》和《小企业会计准则》的企业适用本制度。

六、其他会计规范

会计活动涉及的范围相当广泛，与其有关的会计法规和制度除上述外，还包括《中华人民共和国注册会计师法》、《会计专业职务试行条例》、《总会计师条例》、

《企业财务会计报告条例》、《事业单位会计准则》、《行政单位会计制度》、《民间非营利组织会计制度》、《企业会计信息化工作规范》、《中小学校会计制度》、《彩票机构会计制度》、《高等学校会计制度》、《科学事业单位会计制度》、《会计基础工作规范》、《会计档案管理办法》、《会计从业资格管理办法》、《财政部门实施会计监督办法》、《企业会计准则应用指南》、《代理记账管理办法》、《企业产品成本核算制度（试行）》等。

另外，各级地方政府在不违背国家会计法规的前提下，可以制定地方性会计法规，例如《福建省实施〈中华人民共和国会计法〉办法》、《福建省高级会计师职务任职资格评审办法（试行）》、《福建省会计电算化考试管理办法》等。

企业可以根据统一会计法规、制度，结合各自特点自行制定或委托中介机构制定单位内部的会计制度。

第三节　会计机构

会计机构是各单位办理会计事务的职能机构。各单位应建立健全会计机构，配备与会计工作要求相适应的、具有一定素质和数量的会计人员，这是各单位做好会计工作、充分发挥会计职能作用的重要保证。

一、会计机构的设置

根据会计机构具体管理职能，会计机构可以分为两类：一类是各级政府设立的主管会计工作的机构；另一类是各企业、事业、行政单位设立的会计机构。

根据《会计法》的规定，国务院财政部主管全国的会计工作，这一任务目前主要由财政部下设的会计司来完成。县级以上地方各级人民政府财政部门管理本行政区域内的会计工作。此外，国务院有关部门可以依照本法和国家统一的会计制度制定对会计核算和会计监督有特殊要求的行业实施国家统一的会计制度的具体办法或者补充规定，报国务院财政部门审核批准。

【阅读材料】
财政部会计司主要职能

管理全国会计工作；研究提出会计改革和发展的政策建议；草拟会计法律法规和国家统一的会计制度，并组织贯彻实施；加强会计国际交流，推动会计国际趋同和等效；制定和组织实施内部控制规范及相关实施办法；负责全国会计从业资格和会计专业技术资格考试工作；开展全国高级会计领军（后备）人才培养工作，指导会计人员继续教育；组织全国会计人员表彰评比；制定注册会计师行业发展规划和政策措施，办理相关行政许可事项的审批、注册备案和管理工作；指导会计理论研究等。

（资料来源：财政部会计司网站，http：//kjs.mof.gov.cn/.）

各单位应根据其业务特点、类型、规模等设置会计机构，会计机构设置可以分为以下几种类型：

（1）单独设置会计机构。对于规模较大、会计业务复杂且量大的单位，应单独设置会计机构，配备会计工作人员，负责组织本单位会计工作，实行有效的会计核算与监督，以保证会计工作的效率和会计信息的质量。

（2）配备专职会计人员。对于经济业务规模较小、会计业务比较简单的单位，可以不单独设置会计机构，但要在单位内部的相关部门配备专职会计人员，并指定会计主管人员，负责组织和管理本单位的会计核算与监督工作。

（3）委托代理记账。对于因业务规模很小等原因，没有必要或条件单独设置会计机构和配备专职会计人员的小型经济组织，应当根据《代理记账管理办法》的规定，委托持有代理记账许可证书的会计师事务所等中介机构进行代理记账。

【阅读材料】

代理记账机构的条件和业务

第四条 设立代理记账机构，除国家法律、行政法规另有规定外，应当符合下列条件：

（一）3名以上持有会计从业资格证书的专职从业人员；

（二）主管代理记账业务的负责人具有会计师以上专业技术职务资格；

（三）有固定的办公场所；

（四）有健全的代理记账业务规范和财务会计管理制度。

第十二条 代理记账机构可以接受委托，受托办理委托人的下列业务：

（一）根据委托人提供的原始凭证和其他资料，按照国家统一的会计制度的规定进行会计核算，包括审核原始凭证、填制记账凭证、登记会计账簿、编制财务会计报告等；

（二）对外提供财务会计报告；

（三）向税务机关提供税务资料；

（四）委托人委托的其他会计业务。

（资料来源：摘自《代理记账管理办法》.)

二、会计工作的组织形式

会计工作的组织形式是指独立设置会计机构的企业组织和管理会计工作的具体形式。组织形式根据单位具体情况不同，有独立核算和非独立核算、集中核算和非集中核算等形式。

（一）独立核算和非独立核算

独立核算是指对本单位的业务经营过程及其结果，进行全面的、系统的会计核算。实行独立核算的单位称为独立核算单位。它的特点是具有一定的资金，在银行单独开户，独立经营、计算盈亏，具有完整的凭证、账户、报表系统，全面地进行记账工作，并定期编制财务会计报表，并对其经营活动进行分析检查等。独立核算单位应单独设置会计机构，配备必要的会计人员，如果会计业务不多，也可不单独设置专门的会计机构，而只配备专职的会计人员。

非独立核算又称报账制。实行非独立核算的单位称为报账单位，它是由上级拨给一定的备用金和物资，平时只进行原始凭证的填制、整理和汇总，以及现金账、实物账等登记工作，定期将收入、支出向上级报销，由上级汇总，不独立计算盈亏，也不单独编制财务报表。如商业企业所属的分销店就属于非独立核算单位。非独立核算单位一般不设置专门的会计机构，但需配备专职会计人员，负责处理日常的会计事务。

（二）集中核算和非集中核算

独立核算单位的会计工作组织形式，一般分为集中核算和非集中核算两种。

（1）集中核算就是将单位的主要会计工作都集中在企业会计机构内进行。单位内部的各部门、各单位一般不进行单独核算，只是对所发生的经济业务进行原始记录，办理原始凭证的取得、填制、审核和汇总工作，并定期将这些资料报送会计部门进行明细分类核算和总分类核算。会计机构负责对原始凭证进行审核，并编制记账凭证，登记账簿，编制财务报表。

实行集中核算，可以减少核算层次，精简会计人员，提高工作效率，其缺点是单位会计部门工作量较大，不利于调动各部门经济核算的积极性，不利于全面开展经济核算。

（2）非集中核算又称分散核算，是指将会计工作分散在各有关部门进行，各职能部门或下属单位在会计机构的指导下负责本单位范围内的会计工作，单位会计机构汇总核算单位整体的会计业务，负责总分类核算及一部分明细核算，并编制财务报表。在非集中核算形式下，企业单位除需要设置总的会计机构以外，还需要在相关部门和下属单位设置会计分支机构。

实行非集中核算，有利于企业开展全面的经济核算，有利于加强企业内部的会计监督，落实责任制；缺点是增加了核算层次、核算的工作量以及会计人员配备，从而使会计核算成本加大。随着会计信息化的推广运用，非集中核算形式的局限性逐步得以改善。

三、总会计师

总会计师的提法源自苏联的计划经济体制，我国从 1961 年开始在规模较大的国营企业中逐步试行总会计制度。1978 年，国务院颁布施行的《会计人员职权条例》中规定，企业要建立总会计师的经济责任制。1990 年 12 月，国务院发布了《总会计师条例》，规定：全民所有制大、中型企业设置总会计师；事业单位和业务主管部门根据需要，经批准可以设置总会计师；总会计师是单位行政领导成员，协助单位主要行政领导人工作，直接对单位主要行政领导人负责；总会计师组织领导本单位的财务管理、成本管理、预算管理、会计核算和会计监督等方面的工作，参与本单位重要经济问题的分析和决策。《会计法》规定，国有的和国有资产占控股地位或者主导地位的大、中型企业必须设置总会计师。企业的总会计师由本单位主要行政领导人提名，政府主管部门任命或者聘任；免职或者解聘程序与任命或者聘任程序相同。事业单位和业务主管部门的总会计师依照干部管理权限任命或者聘任；免职或者解聘程序与任命或者聘任程序相同。

总会计师是一个行政职位，而不是会计人员专业技术职务。但是，总会计师必须是取得会计师任职资格后，主管一个单位或者单位内一个重要方面的财务会计工作时间不少于三年。

【阅读材料】

总会计师的职责和权限

总会计师的职责：

（1）总会计师负责组织本单位的下列工作：编制和执行预算、财务收支计划、信贷计划，拟订资金筹措和使用方案，开辟财源，有效地使用资金；进行成本费用预测、计划、控制、核算、分析和考核，督促本单位有关部门降低消耗、节约费用、提高经济效益；建立、健全经济核算制度，利用财务会计资料进行经济活动分析；承办单位主要行政领导人交办的其他工作。

（2）负责对本单位财会机构的设置和会计人员的配备、会计专业职务的设置和聘任提出方案；组织会计人员的业务培训和考核；支持会计人员依法行使职权。

（3）协助单位主要行政领导人对企业的生产经营、行政事业单位的业务发展以及基本建设投资等问题作出决策。总会计师参与新产品开发、技术改造、科技研究、商品（劳务）价格和工资奖金等方案的制定；参与重大经济合同和经济协议的研究、审查。

总会计师的权限：

（1）对违反国家财经法律、法规、方针、政策、制度和有可能在经济上造成损失、浪费的行为，有权制止或者纠正。制止或者纠正无效时，提请单位主要行政领导人处理。

（2）有权组织本单位各职能部门、直属基层组织的经济核算、财务会计和成本管理方面的工作。

（3）主管审批财务收支工作。除一般的财务收支可以由总会计师授权的财会机构负责人或者其他指定人员审批外，重大的财务收支须经总会计师审批或者由总会计师报单位主要行政领导人批准。

（4）预算、财务收支计划、成本和费用计划、信贷计划、财务专题报告、会计决算报表，须经总会计师签署。涉及财务收支的重大业务计划、经济合同、经济协议等，在单位内部须经总会计师会签。

（5）会计人员的任用、晋升、调动、奖惩，应当事先征求总会计师的意见。财会机构负责人或者会计主管人员的人选，应当由总会计师进行业务考核，依照有关规定审批。

（资料来源：摘自《总会计师条例》.)

四、会计监督和稽核制度

《会计法》规定，各单位应当建立、健全本单位内部会计监督制度。单位内部会计监督制度应当符合下列要求：记账人员与经济业务事项和会计事项的审批人员、经办人员、财物保管人员的职责权限应当明确，并相互分离、相互制约；重大对外投资、资产处置、资金调度和其他重要经济业务事项的决策和执行的相互监督、相互制约程序应当明确；财产清查的范围、期限和组织程序应当明确；对会计资料定期进行内部审计的办法和程序应当明确。

稽核即稽查和复核。会计稽核制度是会计机构本身对于会计核算工作进行的一种自我检查或审核工作。会计稽核是会计工作的重要内容，也是规范会计行为、提高会计资料质量的重要保证。通过会计稽核，对日常会计核算工作中出现的疏忽、错误等及时加以纠正或者制止，以提高会计核算工作的质量。《会计法》规定，会计机构内部应当建立稽核制度。会计机构内部稽核制度的主要内容包括：稽核工作的组织形式和具体分工；稽核工作的职责、权限；稽核工作的程序和基本方法；稽核结果的处理和使用等。

第四节 会计人员

会计人员是从事会计工作的专业技术人员。在会计机构内配备适当的会计人员，是实现会计管理的基础。

一、会计人员的职责与权限

根据《会计法》的规定，会计人员的主要职责有以下几个方面：

（1）进行会计核算。会计人员对单位的经济业务事项进行确认、计量和记录，反映企业的经营活动，为信息使用者提供会计信息。

（2）进行会计监督。各单位的会计机构、会计人员在日常会计工作中，应依法对企业经营过程实施监督，保证国家各项法律法规的贯彻执行，维护企业财产安全，维护各利益群体的利益。

（3）拟定本单位办理会计事务的具体办法。会计人员根据企业的经营特点，在国家法律法规的许可范围内，建立、健全本单位的会计工作的办法和措施。

（4）参与拟定经济计划、业务计划、考核、分析预算、财务计划的执行情况。会计人员根据岗位职责，参与企业经营计划的制定，并对经营计划的实施与完成情况进行考核，参与企业生产经营的预测与决策。

（5）办理其他会计事务。

为了保障会计人员能够顺利地履行自己的职责，国家赋予了他们必要的工作权限，主要有以下几个方面：

（1）有权要求本单位有关部门、人员遵守国家财经纪律和财务会计制度。对违反财经纪律和会计制度的行为，会计人员有权拒绝付款、报销或执行，并向本单位领导报告。对弄虚作假、营私舞弊等违法行为，会计人员必须坚决拒绝执行，并向本单位领导或有关部门报告。

（2）有权参与本单位编制计划、制定定额和签订经济合同，参加有关生产、经营管理工作会议。

（3）有权监督、检查本单位有关部门的财务收支、资金使用和财产保管、收发、计量、检查等情况。

二、会计人员从业资格

根据《会计法》的规定，我国会计人员实行从业资格证书制度，从事会计工作的人员，必须取得会计从业资格证书。2012 年 12 月 6 日，财政部公布《会计从业资格管理办法》，该办法包括总则、会计从业资格的取得、会计从业资格管理、法律责任、附则 5 章 37 条，自 2013 年 7 月 1 日起施行。

国家实行会计从业资格考试制度。符合下列条件的人员，可以申请参加会计从业资格考试：遵守会计和其他财经法律、法规；具备良好的道德品质；具备会计专业基础知识和技能。考试通过人员在考试结果公布之日起 6 个月内，到指定的会计从业资格管理机构领取会计从业资格证书。取得注册会计师证书，目前尚在从事会计工作的，经本人申请并提供单位证明等相关材料，会计从业资格管理机构核实无误后，发给会计从业资格证书。

为加强会计工作人员的管理，不断提高会计人员的业务素质和企业职业道德水平，适应经济发展对会计工作的需求，已经取得会计证的人员，应当接受继续教育。持证人员参加继续教育采取学分制管理制度。会计人员继续教育的内容主要包括会计理论、政策法规、业务知识、技能训练和职业道德等。

三、会计专业职务

会计专业职务是区分会计人员从事业务工作的技术等级。1986 年 4 月中央职称改革工作领导小组转发财政部制定的《会计专业职务试行条例》规定：会计专业职务分为高级会计师（高级职务）、会计师（中级职务）、助理会计师、会计员（初级职务）。

四、会计人员职业道德

职业道德是社会道德的重要组成部分，是职业品质、工作作风和工作纪律的综合。它是人们在从事职业的过程中形成的一种内在的、非强制性的约束机制。会计职业道德是会计人员职业品德、职业纪律、专业胜任能力及职业责任等的综合体现。它是调整会计人员与国家、会计人员与不同利益和会计人员相互之间的社会关系及社会道德规范的总和，是基本道德规范在会计工作中的具体体现。它既是会计工作要遵守的行为规范和行为准则，也是衡量一个会计工作者工作好坏的标准。《会计法》第三十九条规定"会计人员应当遵守职业道德，提高业务素质"。财政部发布的《会计基础工作规范》中将会计职业道德概括为：

（1）会计人员应当热爱本职工作，努力钻研业务，使自己的知识和技能适应所从事工作的要求。

（2）会计人员应当熟悉财经法律、法规、规章和国家统一会计制度，并结合会计工作进行广泛宣传。

（3）会计人员应当按照会计法律、法规和国家统一会计制度规定的程序和要求进行会计工作，保证所提供的会计信息合法、真实、准确、及时、完整。

（4）会计人员办理会计事务应当实事求是、客观公正。

（5）会计人员应当熟悉本单位的生产经营和业务管理情况，运用掌握的会计信息和会计方法，为改善单位内部管理、提高经济效益服务。

（6）会计人员应当保守本单位的商业秘密。除法律规定和单位领导人同意外，不能私自向外界提供或者泄露单位的会计信息。

财政部门、业务主管部门和各单位应当定期检查会计人员遵守职业道德的情况，并作为会计人员晋升、晋级、聘任专业职务、表彰奖励的重要考核依据。会计人员违反职业道德的，由所在单位进行处罚；情节严重的，由会计证发证机关吊销其会计证。

第五节　会计档案

一、会计档案的内容和管理要求

各单位对会计凭证、会计账簿、财务会计报告和其他会计资料应当建立档案，妥善保管。会计档案是指会计凭证、会计账簿和财务报告等会计核算专业材料，是记录和反映单位经济业务的重要史料和证据。具体包括：

（1）会计凭证类：原始凭证，记账凭证，汇总凭证，其他会计凭证。

（2）会计账簿类：总账，明细账，日记账，固定资产卡片，辅助账簿，其他会计账簿。

（3）财务报告类：月度、季度、年度财务报告，包括会计报表、附表、附注及文字说明，其他财务报告。

（4）其他类：银行存款余额调节表，银行对账单，其他应当保存的会计核算专业资料，会计档案移交清册，会计档案保管清册，会计档案销毁清册。

会计档案是国家经济档案的重要组成部分，也是各单位的重要档案之一。会计档案对于单位总结经济工作，指导单位的生产经营和事业管理，查验经济财务问题，防止贪污舞弊，研究制定经济发展的方针、战略都具有重要作用。因此，各单位必须加强对会计档案的管理，确保会计档案资料的安全和完整。为了加强会计档案的科学管理，统一全国档案工作制度，《会计法》和《会计基础工作规范》都对会计档案管理做出了明确规定，但会计档案管理的具体要求应当依据《会计档案管理办法》。根据《会计档案管理办法》，企业、事业、机关等单位会计档案管理的具体要求如下：

（1）各单位每年形成的会计档案，应当由会计机构按照归档要求，负责整理立卷，装订成册，编制会计档案保管清册。当年形成的会计档案，在会计年度终了后，可暂由会计机构保管一年，期满之后，应当由会计机构编制移交清册，移交本单位档案机构统一保管；未设立档案机构的，应当在会计机构内部指定专人保管。出纳人员不得兼管会计档案。

（2）移交本单位档案机构保管的会计档案，原则上应当保持原卷册的封装。个别需要拆封重新整理的，档案机构应当会同会计机构和经办人员共同拆封整理，以分清责任。

档案部门对于违反会计档案管理制度的，有权进行检查纠正，情节严重的，应当报告本单位领导或财政、审计机关严肃处理。

（3）会计档案必须科学管理，妥善保管，存放有序，查找方便。同时执行安全和保密制度，不得随意堆放，严防毁损、散失和泄密。

（4）各单位保存的会计档案不得借出。如有特殊需要，经本单位负责人批准，可以提供查阅或者复制，并办理登记手续。查阅或者复制会计档案的人员，严禁在会计档案上涂画、拆封和抽换。各单位应当建立健全会计档案查阅、复制登记制度。

（5）采用电子计算机进行会计核算的单位，应当保存打印出的纸质会计档案。实行会计电算化的单位存贮在磁性介质上的会计数据、程序文件及其他会计核算资料均应视同会计档案一并管理。

二、会计档案的保管期限和销毁手续

各种会计档案的保管期限，根据其特点，分为永久、定期两类。定期保管期限分为3年、5年、10年、15年和25年五类。会计档案的保管期限，从会计年度终了后的第一天算起。《会计档案管理办法》对企业和其他组织会计档案保管期限以及财政总预算、行政单位、事业单位和税收会计档案保管期限分别做出了相应规定。

表 10-2　企业和其他组织会计档案保管期限

序号	会计档案名称	保管期限	备注
一	会计凭证类		
1	原始凭证	15 年	
2	记账凭证	15 年	
3	汇总凭证	15 年	
二	会计账簿类		
4	总账	15 年	包括日记总账
5	明细账	15 年	
6	日记账	15 年	现金和银行存款日记账保管 25 年
7	固定资产卡片账		固定资产报废清理后保管 5 年
8	辅助账簿	15 年	
三	财务报告类		包括各级主管部门汇总财务报告
9	月、季度财务报告	3 年	包括文字分析
10	年度财务报告（决算）	永久	包括文字分析
四	其他类		
11	会计移交清册	15 年	
12	会计档案保管清册	永久	
13	会计档案销毁清册	永久	
14	银行存款余额调节表	5 年	
15	银行对账单	5 年	

保管期满的会计档案，应由单位档案管理机构提出销毁意见，会同会计机构共同鉴定，报单位负责人批准后，由单位档案管理机构和会计机构共同派员监销；保管期满但未结清的债权债务原始凭证及其他未了事项的原始凭证，不得销毁，应当单独抽出立卷，保管到未了事项完结时为止；正在项目建设期间的建设单位，其保管期满的会计档案不得销毁。监销人在销毁会计档案前，应当按照会计档案销毁清册所列内容清点核对所要销毁的会计档案；销毁后，应当在会计档案销毁清册上签名盖章，并将监销情况报告本单位负责人。

【阅读材料】

会计档案销毁的程序

会计档案保管期满需要销毁时，可以按照以下程序销毁：

（1）由本单位档案机构提出销毁意见，编制会计档案销毁清册。

（2）单位负责人在会计档案销毁清册上签署意见。

（3）销毁会计档案时，应当由档案机构和会计机构共同派员监销。

（4）监销人在销毁会计档案前，应当按照会计档案销毁清册所列内容清点核对所要销毁的会计档案；销毁后，应当在会计档案销毁清册上签名盖章，并将监销情况报告本单位负责人。

注意：对于保管期满但未结清的债权债务原始凭证，以及涉及到其他未了事项的原始凭证，不得销毁，应单独抽出，另行立卷，由档案部门保管到未了事项完结时为止。单独抽出立卷的会计档案，应当在会计档案销毁清册和会计档案保管清册中列明。

隐匿、故意销毁会计凭证、会计账簿、财务会计报告罪

《刑法》第一百六十二条第二款

隐匿或者故意销毁依法应当保存的会计凭证、会计账簿、财务会计报告，情节严重的，处五年以下有期徒刑或者拘役，并处或者单处二万元以上二十万元以下罚金。

单位犯前款罪的，对单位判处罚金，并对其直接负责的主管人员和其他直接责任人员，依照前款的规定处罚。

《会计法》第四十四条

隐匿或者故意销毁依法应当保存的会计凭证、会计账簿、财务会计报告，构成犯罪的，依法追究刑事责任。

有前款行为，尚不构成犯罪的，由县级以上人民政府财政部门予以通报，可以对单位并处五千元以上十万元以下的罚款；对其直接负责的主管人员和其他直接责任人员，可以处三千元以上五万元以下的罚款；属于国家工作人员的，还应当由其所在单位或者有关单位依法给予撤职直至开除的行政处分；对其中的会计人员，并由县级以上人民政府财政部门吊销会计从业资格证书。

三、会计档案保管中的特殊问题
（一）终止经营企业的会计档案保管问题

《会计档案管理办法》规定，单位因撤销、解散、破产或者其他原因而终止的，在终止和办理注销登记手续之前形成的会计档案，应当由终止单位的业务主管部门或财产所有者代管或移交有关档案馆代管。法律、行政法规另有规定的，从其规定。

《会计基础工作规范》规定，单位撤销时，必须留有必要的会计人员，会同

有关人员办理清理工作，编制决算。未移交前，不得离职。接收单位和移交日期由主管部门确定。单位合并、分立的，其会计工作交接手续比照上述有关规定办理。

（二）企业重组的会计档案保管问题

（1）单位分立后原单位存续的，其会计档案应当由分立后的存续方统一保管，其他方可查阅、复制与其业务相关的会计档案；单位分立后原单位解散的，其会计档案应当经各方协商后由其中一方代管或移交档案馆代管，各方可查阅、复制与其业务相关的会计档案。单位分立中未结清的会计事项所涉及的原始凭证，应当单独抽出由业务相关方保存，并按规定办理交接手续。

（2）单位因业务移交其他单位办理所涉及的会计档案，应当由原单位保管，承接业务单位可查阅、复制与其业务相关的会计档案，对其中未结清的会计事项所涉及的原始凭证，应当单独抽出由业务承接单位保存，并按规定办理交接手续。

（3）单位合并后原各单位解散或一方存续其他方解散的，原各单位的会计档案应当由合并后的单位统一保管；单位合并后原各单位仍存续的，其会计档案仍应由原各单位保管。

（三）建设单位的会计档案保管问题

建设单位在项目建设期间形成的会计档案，应当在办理竣工决算后移交给建设项目的接收单位，并按规定办理交接手续。

（四）会计交接工作

会计交接工作是会计工作中一项非常重要的内容，办好交接工作，有利于会计工作的稳定，有利于保持会计工作的连续性，有利于明确各自的责任。

1. 交接的主要规定

（1）会计人员工作调动或者因故离职，必须将本人所经管的会计工作全部移交给接替人员。没有办清交接手续的，不得调动或者离职。会计人员临时离职或者因病不能工作且需要接替或者代理的，会计机构负责人、会计主管人员或者单位领导人必须指定有关人员接替或者代理，并办理交接手续。临时离职或者因病不能工作的会计人员恢复工作的，应当与接替或者代理人员办理交接手续。移交人员因病或者其他特殊原因不能亲自办理移交的，经单位领导人批准，可由移交人员委托他人代办移交，但委托人应当承担相应的责任。

（2）接替人员应当认真接管移交工作，并继续办理移交的未了事项。移交后，如果发现原经管的会计业务有违反财会制度和财经纪律等问题的，仍由原移交人负责。接替的会计人员应继续使用移交的账簿，不得自行另设新账，以保持会计记录的连续性。

（3）会计人员办理交接手续，必须有监交人负责监交。一般会计人员交接，由单位会计机构负责人、会计主管人员负责监交；会计机构负责人、会计主管人员交接，由单位领导人负责监交，必要时可由上级主管部门派人会同监交。

2. 交接的程序

（1）会计人员办理移交手续前，必须及时做好以下工作：

①已经受理的经济业务尚未填制会计凭证的，应当填制完毕。

②尚未登记的账目，应当登记完毕，并在最后一笔余额后加盖经办人员印章。

③整理应该移交的各项资料，对未了事项写出书面材料。

④编制移交清册，列明应当移交的会计凭证、会计账簿、会计报表、印章、现金、有价证券、支票簿、发票、文件、其他会计资料和物品等内容；实行会计电算化的单位，从事该项工作的移交人员还应当在移交清册中列明会计软件及密码、会计软件数据磁盘（磁带等）及有关资料、实物等内容。

（2）移交人员在办理移交时，要按移交清册逐项移交；接替人员要逐项核对点收。

①现金、有价证券要根据会计账簿有关记录进行点交。库存现金、有价证券必须与会计账簿记录保持一致。不一致时，移交人员必须限期查清。

②会计凭证、会计账簿、会计报表和其他会计资料必须完整无缺。如有短缺，必须查清原因，并在移交清册中注明，由移交人员负责。

③银行存款账户余额要与银行对账单核对，如不一致，应当编制银行存款余额调节表调节相符，各种财产物资和债权债务的明细账户余额要与总账有关账户余额核对相符；必要时，要抽查个别账户的余额，与实物核对相符，或者与往来单位、个人核对清楚。

④移交人员经管的票据、印章和其他实物等，必须交接清楚；移交人员从事会计电算化工作的，要对有关电子数据在实际操作状态下进行交接。

⑤会计机构负责人、会计主管人员移交时，还必须将全部财务会计工作、重大财务收支和会计人员的情况等，向接替人员详细介绍。对需要移交的遗留问题，应当写出书面材料。

（3）交接完毕后，交接双方和监交人员要在移交注册上签名或者盖章，并应在移交注册上注明：单位名称，交接日期，交接双方和监交人员的职务、姓名，移交清册页数以及需要说明的问题和意见等。移交清册一般应当填制一式三份，交接双方各执一份，存档一份。

第六节 与会计相关的考试

作为一个技术性较强的职业，会计必须经过适当的专业培训，而证书是代表培训内容的重要方式之一，虽然证书不能完全代表一个人的实际业务水平。同时，对于从事会计相关职业的人员来说，参加各种考试既是提升自己的需要，也是整个职业环境的要求。证书不仅是进入相关职业的敲门砖，也是提高身价的一条捷径。与会计行业相关的证书有很多，有国内的，也有国外的。每一种证书都有自己的优势和不足，要依据个人工作中主要的服务对象和职业前景来进行选择参与考试。

一、国内相关证书考试

目前，国内与会计相关的证书考试主要有三类：一是会计从业资格证书考试，二是会计职称考试，三是资格考试。

（一）会计从业资格考试

会计从业资格证书，也就是通常所说的《会计证》，根据《会计从业资格管理办法》等规定，在我国所有要从事会计行业的人，必须持有该证书。不具备会计从业资格的人员，不得从事会计工作，不得参加会计专业技术资格考试或评审、会计专业技术职务的聘任，不得申请取得会计人员荣誉证书。

国家实行会计从业资格考试制度，会计从业资格考试一般是每季度举行一次。符合相关条件的人员可以申请参加会计从业资格考试，考试科目包括：财经法规与会计职业道德、会计基础、初级会计电算化。会计从业资格考试大纲、考试合格标准由财政部统一制定和公布；会计从业资格考试科目实行无纸化考试，无纸化考试题库由财政部统一组织建设；会计从业资格各考试科目应当一次性通过。

（二）全国会计专业技术资格考试（职称考试）

会计职称是衡量一个人会计业务水平高低的标准，会计职称越高，表明会计业务水平越高。我国现有会计职称有初级、中级和高级，初级会计职称亦称为助理会计师，中级职称为会计师，高级职称为高级会计师。获取初级和中级职称的人员，必须参加相应的全国会计专业技术资格统一考试；高级会计师资格实行考评结合。

会计专业技术资格实行全国统一组织、统一考试时间、统一考试大纲、统一考试命题、统一合格标准的考试制度。初级会计专业技术资格考试科目为经济法基础、初级会计实务；中级会计专业技术资格考试科目为财务管理、经济法和中级会计实务；高级会计专业技术资格考试科目为高级会计实务。《会计专业技术资格考试暂行规定》对考试的组织、考试科目、报考条件等作了规定；同时也规定取得会计专业技术资格的人员，应按照财政部的有关规定，接受相应级别会计人员的继续教育。

（三）资格类考试

1. 中国注册会计师考试

注册会计师（Certified Public Accountant）考试（也称 CPA 考试）是根据《中华人民共和国注册会计师法》设立的执业资格考试，是取得中国注册会计师（CICPA）执业资格的必备条件。中国注册会计师考试于 1991 年首次举办，到 2013 年已有近 17 万人取得全科合格证书。

CPA 考试一年举行一次，考试分为专业阶段考试和综合阶段考试。考生在通过专业阶段考试的全部科目后，才能参加综合阶段考试。

专业阶段考试科目：会计、审计、财务成本管理、公司战略与风险管理、经济法、税法；综合阶段考试科目：职业能力综合测试（试卷一、试卷二）。

每科考试均实行百分制，60 分为成绩合格分数线。专业阶段考试的单科考试合格成绩 5 年内有效。对在连续 5 个年度考试中取得专业阶段考试全部科目考试合格成绩的考生，财政部考委会颁发注册会计师全国统一考试专业阶段考试合格证书。

【阅读材料】

在校大学生报考 CPA

根据《2014 年度注册会计师全国统一考试报名简章》的规定，报考注册会计师全国统一考试专业阶段考试必须同时符合下列条件：

（1）具有完全民事行为能力；

（2）具有高等专科以上学校毕业学历，或者具有会计或者相关专业中级以上技术职称。

因此，在校大学生只有应届毕业生可以报考。报考时，应届毕业生应当持本人签名的预报名信息表、身份证件原件及复印件、应届毕业生承诺书，到报考所在地方考办指定地点办理资格审核。应届毕业生还应当于 7 月 7 日至 18 日期间，登录网上报名系统录入本人的毕业证书（或学历认证书）编号，不再进行第二次现场资格审核。未录入毕业证书（或学历认证书）编号的，报名资格不予审核通过。填报的毕业证书（或学历认证书）编号，将提交中国高等教育学生信息网进行学历认证。未通过学历认证的报名人员，报名资格不予审核通过，将不能下载打印准考证和参加考试。

2. 注册税务师考试

注册税务师（Certified Tax Agent，简称CTA）是指经全国统一考试合格，取得《注册税务师执业资格证书》并经注册登记的、从事税务代理活动的专业技术人员。国家开始实施注册税务师资格制度，1999年在全国首次实施了注册税务师执业资格考试。考试工作由人事部、国家税务总局共同负责，考试实行全国统一考试制度，每年考试一次，由全国统一组织、统一大纲、统一试题、统一评分标准。

考试科目包括《税法一》、《税法二》、《财务与会计》、《税收相关法律》和《税务代理实务》5个科目。其中，《税务代理实务》为主观题，在试卷上作答；其余4个科目均为客观题，在答题卡上作答。考试成绩为滚动管理，即考5个科目的人员必须在连续3个考试年度内通过全部科目方为合格；只考2个科目的（指符合免试条件只考《税务代理实务》、《税收相关法律》的）须当年通过为合格。

3. 注册资产评估师考试

注册资产评估师（Certified Public Valuer，简称CPV）是指经全国统一考试合格，取得《注册资产评估师执业资格证书》并经注册登记的资产评估人员。1995年国家开始实施资产评估师执业资格制度。注册资产评估师执业资格实行全国统一大纲、统一命题、统一组织的考试制度。每年举行一次，考试时间一般安排在9月。考试设有5个科目：《资产评估》、《经济法》、《财务会计》、《机电设备评估基础》、《建筑工程评估基础》。试卷满分为100分，合格分数一般设在60分。考试以3年为一个周期，参加全部科目考试的人员须在连续3个考试年度内通过全部科目的考试。

【阅读材料】

注册税务师、注册评估师职业资格许可和认定取消

2014年7月22日，国务院发布《关于取消和调整一批行政审批项目等事项的决定》（国发〔2014〕27号），明确取消注册资产评估师、注册税务师职业资格许可。

2014年8月13日，经国务院同意，人社部印发了《人力资源社会保障部关于减少职业资格许可和认定有关问题的通知》（人社部发〔2014〕53号），通知

指出，"行业管理确有需要且涉及人数较多的职业，可报国务院人力资源社会保障部门批准后设置为水平评价类职业资格"。

《人力资源社会保障部关于做好国务院取消部分准入类职业资格相关后续工作的通知》（人社部函［2014］144号）指出，"经与住房城乡建设部、税务总局、国土资源部、财政部等国务相关行业主管部门研究，决定将取消的房地产经纪人、注册税务师、土地登记代理人、矿业权评估师、注册资产评估师等5项准入类职业资格调整为水平评价类职业资格。"通知还指出，"调整为水平评价类的职业资格不再实行执业准入控制，不得将取得职业资格证书与从事相关职业强制挂钩；对取得职业资格证书的人员不再实行注册管理；取得资格人员按照专业技术人员管理规定参加继续教育，不再将职业资格管理与特定继续教育和培训硬性挂钩。"

4. 其他考试

除以上考试外，与会计相关的国内考试还有审计专业技术资格考试、银行业专业人员职业资格考试、证券业从业人员资格考试、基金销售人员从业考试、中国精算师资格考试、理财规划师资格考试等各类考试。

二、国内流行的国外证书

目前，可在国内参加考试、国外认证的与会计相关的资格证书主要有ACCA（英国特许公认会计师）、ACA（英国皇家特许会计师）、AIA（英国国际会计师）、AICPA（美国注册会计师）、CGA（加拿大注册会计师）、CIA（国际注册内部审计师）、CIMA（皇家特许管理会计师）、CMA（美国注册管理会计师）、澳洲CPA（澳大利亚会计师）、澳洲IPA（澳大利亚公共会计师）。每张证书适应的国家和教学、考试内容都有一定的区别。

【阅读材料】
英国特许公认会计师（ACCA）资格考试介绍

英国特许公认会计师公会（The Association of Chartered Certified Accountants）简称ACCA，成立于1904年，是世界上领先的专业会计师团体，也是国际学员最多、学员规模发展最快的专业会计师组织。ACCA总部设在伦敦，在美国洛杉矶、加拿大多伦多、澳大利亚悉尼建有分会，在世界上70多个城市均设有办事处。

ACCA自1988年进入中国以来，经历20余年快速发展，在中国拥有超过20000名会员及34000名学员，并在北京、上海、成都、广州、深圳以及香港设有 6 个办事处，在澳门设有一个联络中心。

ACCA 专业资格考试是最具权威性的国际认证资格考试，在 170 个国家和地区拥有近 32.5 万学员和 12.2 万会员，设有 250 多个考点，操作上具有真正的国际性。

ACCA 的报考资格为：

（1）具有教育部认可的大专以上学历，即可以报名成为 ACCA 的正式学员。

（2）教育部认可的高等院校在校生，且顺利通过第一学年的所有课程考试，即可报名成为 ACCA 正式学员。

（3）未符合以上报名资格的申请者，而年龄在 21 岁以上，可以遵循成年考生（MSER）途径申请入会。该途径允许学生作为 ACCA 校外进修生学习，只须在前两年的四次考试中通过 1.1 和 1.2 两门课程，便能以正式学员身份继续参加其他课程考试。

ACCA 为全球统一考试，每年 6 月、12 月举行两次。ACCA 考试是按现代企业财务人员需要具备的技能和技术的要求而设计的，共有 14 门课程，两门选修课，课程分为三个部分：第一部分涉及基本会计原理；第二部分涵盖专业财会人员应具备的核心专业技能；第三部分培养学员以专业知识对信息进行评估，并提出合理的经营建议和忠告。申请参加 ACCA 考试者，必须首先注册成为 ACCA 学员。学员必须按考试的大纲设置的先后次序报考，即知识课程、技能课程、核心课程和选修课程。在一个课程中可以选择任意顺序报考。除免试和已通过的课程外，每次最多报考 4 门。基础阶段的知识课程考试时间为两小时，基础阶段的技能课程和专业阶段所有课程考试时间为三小时，及格成绩为 50 分（百分制），每科成绩合格后予以保留 10 年。所有 14 门考试必须在学员报名注册后 10 年内完成。

考试的报名时间不同，考试资费标准就不同（该优惠政策仅限网上报名）。较早报名考试，费用会相对较少。报考时间分为提前报名时段、常规报名时段和后期报名时段。

ACCA 学员在通过 ACCA 专业资格考试第一、二部分即前 9 门的考试之后，再提交一份研究和分析报告，就有机会获得牛津·布鲁克斯大学的应用会计（优等）理学士学位。根据中英双方 2003 年 2 月签订的《中华人民共和国政府和大不列颠及北爱尔兰联合王国政府及托管政府关于相互承认高等教育学位证书的协议》，获得牛津·布鲁克斯大学（优等）理学士学位且成绩优异者，在不用取得中国硕士学位的前提下，可以直接参加中国博士生入学考试。

（资料来源：考试吧，http://www.exam8.com/kuaiji/ACCA/.）

【本章小结】

在学习了会计的基本理论和基本方法的基础上，本章阐述会计工作组织的有关内容。会计工作组织就是指如何安排、协调和管理会计工作。广义上，凡是与组织会计工作有关的所有事项都可以包括进来。狭义上，会计工作组织的内容主要包括会计机构的设置、会计人员的配备、会计制度的制定、会计法规的制定与执行、会计档案的保管、会计信息系统的建立等工作。

会计法律制度是指国家权力机关和行政机关制定的各种会计规范性文件的总称，包括会计法律、会计行政法规、会计规章等。

各单位的会计机构可以根据其特点、类型、规模设置，会计机构可以分为以下几种类型：单独设置会计机构、配备专职会计人员、委托代理记账。

会计工作的组织形式是指独立设置会计机构的企业组织和管理会计工作的具体形式，有独立核算和非独立核算、集中核算和非集中核算等形式。

会计人员是从事会计工作的专业技术人员。我国会计人员实行从业资格证书制度，从事会计工作的人员，必须取得会计从业资格证书。会计专业职务分为高级会计师（高级职务）、会计师（中级职务）、助理会计师、会计员（初级职务）。会计人员应遵守会计职业道德。

各单位对会计凭证、会计账簿、财务会计报告和其他会计资料应当建立档案，妥善保管。

【拓展阅读材料】

1. 中华人民共和国会计法.

2. 福建省财政厅. 福建省会计从业资格管理实施办法.

3. 财政部. 企业会计准则——基本准则.

4. 财政部.《企业会计准则第 1 号——存货》等 38 项具体准则.

5. 财政部. 小企业会计准则.

6. 财政部. 事业单位会计准则.

7. 财政部. 会计档案管理办法.

8. 国务院. 企业信息公示暂行条例.

9. 严秋平. 怎样做一名合格的财务总监 [J]. 今日中国论坛，2012 (11).

10. 钟瑞轩. 注册税务师立法迫在眉睫 [J]. 注册税务师，2014 (9).

11. 考试吧，http: //www. exam8. com/.

12. 福建省会计信息网，http: //cz. fjkj. gov. cn/index. cfm.

13. 中国会计视野，http: //www. esnai. com/.

【复习思考题】

1. 简述我国的会计法规体系与内容。

2. 简述会计人员的主要职责和权利。

3. 会计人员应遵守哪些会计职业道德?

4. 我国企业会计准则的构成包括哪些?

5. 会计档案管理办法的主要内容是什么?

6. 会计人员专业职务包括哪些?

【练习题】

一、单项选择题

1. 我国会计核算工作最高层次的规范是（　　）。

A.《企业会计准则》　　　　　　B.《中华人民共和国会计法》

C.《中华人民共和国注册会计师法》　D.《会计基础工作规范》

2. 会计人员专业技术职称主要包括（　　）。

A. 高级会计师、总会计师、会计师、助理会计师

B. 总会计师、高级会计师、注册会计师、会计师

C. 高级会计师、会计师、助理会计师、会计员

D. 注册会计师、高级会计师、会计师、会计员

3. 现行制度规定，应永久保存的会计档案是（　　）。

A. 年度财务报表　　　　　　　　B. 季度、月度财务报表

C. 会计凭证　　　　　　　　　　D. 会计账簿

4. 采用集中核算，整个企业的会计工作主要集中在（　　）进行。

A. 企业的会计机构　　　　　　　B. 企业内部的各职能部门

C. 上级主管部门　　　　　　　　D. 会计师事务所

5. 企业会计账簿的保管年限是（　　）。

A. 3 年　　　　B. 5 年　　　　C. 15 年　　　　D. 永久

6. 现金日记账和银行存款日记账应该保管（　　）。

A. 3 年　　　　B. 5 年　　　　C. 15 年　　　　D. 永久

7.《会计法》规定，管理全国会计工作的部门是（　　）。

A. 国务院　　　　　　　　　　　B. 财政部

C. 全国人民代表大会　　　　　　D. 注册会计师协会

8. 关于非集中核算组织形式，下列说法中正确的是（　　）。

A. 总分类核算和对外报表应由厂级会计部门集中进行

B. 车间级会计部门负责独立组织本车间的全套会计循环

C. 车间级会计部门只负责登记原始记录和填制原始凭证

D. 以上说法都不对

9. 会计人员的职责中不包括（　　　）。

A. 进行会计核算　　　　　　　　B. 实行会计监督

C. 编制预算　　　　　　　　　　D. 决定经营方针

10. 在一些规模小、会计业务简单的单位，可以（　　　）。

A. 单独设置会计机构　　　　　　B. 在有关机构中配备专职会计人员

C. 在单位领导机构中设置会计人员　D. 不进行会计核算

二、多项选择题

1. 会计工作组织的内容包括（　　　）。

A. 会计机构的设置　　　　　　　B. 会计人员的配备

C. 会计规范的制定与执行　　　　D. 会计档案的保管

E. 会计人员的培训

2. 我国会计专业技术职务包括（　　　）。

A. 高级会计师　　B. 会计师　　　　C. 注册会计师　　D. 助理会计师

E. 会计员

3. 会计档案的定期保管期限有（　　　）。

A. 3 年　　　　　　B. 5 年　　　　　C. 10 年　　　　　D. 15 年

E. 永久

4. 会计人员的主要权限有（　　　）。

A. 督促本单位有关部门执行国家财务会计制度

B. 参与本单位编制计划

C. 对外签订经济合同

D. 有权检查本单位有关部门的财务收支

E. 参加有关的业务会议

5. 下列关于总会计师表述正确的是（　　　）。

A. 它是一个专业技术资格

B. 它是一个行政职务

C. 它是一个会计职称

D. 它必须是会计师以上专业技术资格的人员担任

E. 总会计师直接对单位主要行政领导人负责

6. 会计法规包括（　　　）。

A. 会计法　　　　B. 会计准则　　　C. 会计制度　　　D. 其他有关法规

E. 企业财经制度

7. 下列属于会计档案的是（　　　　）。

A. 会计凭证　　　　B. 会计账簿　　　　C. 会计报表　　　　D. 银行对账单

E. 经济合同

8. 下列会计档案应保管 15 年的是（　　　　）。

A. 总账　　　　　　　　　　　B. 会计移交清册

C. 原始凭证　　　　　　　　　D. 银行存款余额调节表

E. 年度会计报表

三、判断题

1. 《中华人民共和国会计法》明确规定，国务院直接管理全国各地区的会计工作。　　　　　　　　　　　　　　　　　　　　　　　　　（　　　）

2. 会计档案的保管期限分为永久保管和定期保管两种，其中定期保管又分为 3 年、5 年、10 年、15 年和 25 年。　　　　　　　　　　　　　（　　　）

3. 银行对账单不属于会计凭证，因而也就不属于会计档案。　（　　　）

4. 《会计法》规定，任何企业单位都必须设置总会计师，其任职资格、任免程序、职责权限由国务院统一规定。　　　　　　　　　　　　　（　　　）

5. 不具备会计机构设置条件的单位，可以委托会计师代理记账。（　　　）

6. 会计档案保管期限届满后，会计人员便可销毁会计档案。　（　　　）

7. 会计人员专业技术职称分为以下几种：总会计师、高级会计师、注册会计师、会计师、助理会计师和会计员。　　　　　　　　　　　　　（　　　）

8. 一个实行独立核算的单位，其工作组织形式既可以选择集中核算形式，也可以选择非集中核算形式。　　　　　　　　　　　　　　　　　（　　　）

9. 目前，在我国取得注册会计师资格的唯一途径和前提是通过全国统一的注册会计师考试。　　　　　　　　　　　　　　　　　　　　　　（　　　）

10. 企业的会计工作的组织形式包括集中核算和非集中核算。　（　　　）

11. 银行存款余额调节表也属于会计档案。　　　　　　　　　（　　　）

12. 为了便于查阅历史证据，各种会计资料应永久保存。　　　（　　　）

13. 《会计法》是我国会计法规体系中最高层次的法律规范。　（　　　）

14. 我国的会计法规制度体系由三个层次构成，即会计法、会计准则、企业财务通则。　　　　　　　　　　　　　　　　　　　　　　　　　（　　　）

15. 会计职业道德是一种强制性规范。　　　　　　　　　　　（　　　）

【案例分析】
"造假王"南纺股份收处罚通知　5年虚增利润3.44亿元

因连续5年业绩造假，累计虚构3.44亿元利润而被封为"造假王"的南纺股份终于为其行为付出代价。证监会近日下发处罚通知，不仅对南纺股份处以50万元罚款，涉及的13人还为业绩造假领罚，其中一人被实施了终身市场禁入。

5年虚增利润3.44亿元

证监会下发的处罚决定书显示，南纺股份自2006年起至2010年连续5年虚构利润，累计虚构利润达3.44亿元。

证监会认定，南纺股份虚构利润的行为违反了《证券法》第六十三条关于上市公司依法披露的信息，必须真实、准确和完整，不得有虚假记载、误导性陈述或者重大遗漏的规定，构成了《证券法》第一百九十三条所述的上市公司报送的报告有虚假记载、误导性陈述或者重大遗漏的违法行为。

13名相关责任人领罚

据了解，在证监会举行的听证会上，南纺股份提出，南纺股份信息披露的违法行为是时任董事长兼总经理单晓钟等人造成的，南纺股份是最大受害者；南纺股份发现问题后积极整改，配合监管部门的调查。南纺股份要求从轻或减轻处罚。

对这起罕见的业绩造假案，证监会最终决定：给予南纺股份警告并处以50万元罚款。另对南纺股份时任董事长、时任董事、时任独立董事、时任副总经理等13人分别给予了30万元至3万元不等的罚款。

此外，证监会认定单晓钟（时任南纺股份董事长、总经理）为证券市场禁入者，自证监会宣布决定之日起，终身不得从事证券业务或者担任上市公司董事、监事、高级管理人员职务。认定丁杰（时任副总经理、财务总监）、刘盛宁（时任副总经理）为证券市场禁入者，10年内不得从事证券业务或者担任上市公司董事、监事、高级管理人员职务。

（资料来源：京华时报，2014-07-09.）

思考：

1. 财务总监的行为违反了会计职业道德的什么规定？
2. 公司的行为是否违反《会计法》？

第十一章　信息技术在会计中的应用

【学习要点】

● 了解会计信息化、网络会计、在线会计的概念和主要特征；
● 熟悉信息技术对会计的影响；
● 理解会计信息化的组成、在线会计的功能、网络会计对传统会计的影响。

【关键概念】

信息技术　会计信息化　会计软件　会计信息系统　网络会计　在线会计

【开章案例】

七匹狼会计信息化提升案例

1. 七匹狼会计信息化提升项目背景

七匹狼，创立于 1990 年，是我国服装行业中的知名企业。

服装业不同于传统的制造业，它虽然也涉及生产、设计、加工等制造环节，但作为服装企业，最重要的还是对商品的流通渠道和对市场流行趋势的把握，这就要求企业建立更为科学、完善的分销系统和决策支持系统。与国内多数企业一样，七匹狼早期的会计信息化建设并没有很好地进行总体规划和统一建设，而是各自为政，有的分公司甚至拥有独立的信息系统，导致公司内部各部门，以及总公司与代理商之间信息很难进行沟通，进而形成信息孤岛。由于系统间缺乏衔接，信息难以流通、传递，从而导致许多数据需要员工重复导出、导入。

另外，七匹狼内部的数据不能及时共享和反馈，其销售部门往往不能及时掌握商品的库存信息，这样就很难及时了解销售订单的处理情况，使得他们无法及时知道产品价格变化情况。仓储部门也很难掌握商品在市场的销售情况及库存情况，使之无法确定一个合理的库存量。同时，七匹狼总部也很难及时了解分公司和代理商的经营状况，不能对企业资金流转状况进行很好的监督和控制，最终可能导致科学的决策无法形成。

为了适应日益激烈的市场竞争，七匹狼开始着手从总体上提升企业的会计信息化水平。

2. 七匹狼会计信息化提升项目实施过程

相比国内其他企业而言，七匹狼较早就引入了通用型 ERP 系统来满足企业管理信息化的需求，这种通用型的 ERP 系统虽然可以满足不同行业的普遍性需求，但在分销流程方面做得不够细致，而这恰好是服装行业体现竞争优势的必要手段，随着企业的发展这种普遍性与特殊性的矛盾日渐凸显。为此，七匹狼公司决定推翻原来的系统重铸新的 ERP 分销系统。图 11-1 描述了七匹狼会计信息化提升项目实施过程。

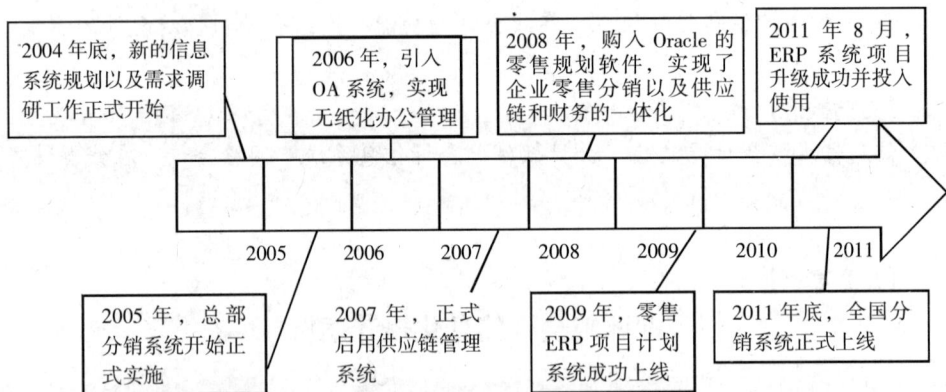

图 11-1　七匹狼会计信息化提升项目实施过程

3. 七匹狼会计信息化提升项目的实施效果

七匹狼会计信息化提升项目的成功实施，为公司成功搭建了零售和批发业务管理平台，并且还建立了七匹狼公司资源协同平台。企业通过强化垂直一体化管理，提高了企业管理控制能力，具体体现在以下几个方面：

（1）提升了企业内部信息共享能力；

（2）提升了企业的供应链管理能力；

（3）提升了企业的市场响应能力；

（4）提升了企业的财务管理能力。

（资料来源：应里孟，林贤顺. 七匹狼会计信息化提升案例分析［J］. 会计之友，2014（4）.）

思考：

1. 什么是会计信息化？企业如何实施会计信息化？

2. 会计信息化对企业有什么影响？

第一节 信息技术对会计的影响

一、信息技术的概念

从广义上讲，凡是能扩展人类信息功能的技术，都是信息技术（Information Technology，简称IT）。具体而言，信息技术是指利用电子计算机和现代通信手段实现获取信息、传递信息、存储信息、处理信息、显示信息、分配信息等的相关技术。

现代信息技术是指20世纪70年代以来，随着微电子技术、计算机技术和通信技术的发展，围绕信息的产生、收集、存储、处理、检索和传递，形成的一个全新的、用以开发和利用信息资源的高技术群，包括微电子技术、新型元器件技术、通信技术、计算机技术、各类软件及系统集成技术、光盘技术、传感技术、机器人技术、高清晰度电视技术等，其中微电子技术、计算机技术、软件技术、通信技术是现代信息技术的核心。

一般认为，信息技术具有两个明显的特点：一是将微电子技术、光电子技术、计算机技术、网络技术、软件开发技术和通信技术紧密地结合在一起。二是把分处异地的许多用户之间的信息传递通过一个转接网，控制在一个系统内，形成互联网络，从而为高效能、大容量地收集、处理、存储信息；为系统、全面、准确地提供和反馈信息；为对大量信息开展综合分析和预测，进而为制定与优选决策方案、检查决策执行情况提供有效的技术保障。

二、信息技术对会计环境的影响

计算机技术、网络技术、软件开发技术和通信技术的高速发展，极大地提高了会计信息处理的能力。与此相对应，人们对会计信息的质量要求也日益提高，会计信息使用者对会计信息的及时性、相关性、可比性等提出了更高的要求。所以信息技术的应用对会计环境发生了改变。

（一）会计信息使用者对会计信息的要求日益提高

计算机技术、网络技术、软件开发技术和通信技术的高速发展，使得许多原来人们难以处理的会计问题变得轻而易举，这极大地提高了会计信息处理的能力。与此相对应，人们对会计信息的质量要求也日益提高，会计信息使用者要求实现会计信息的及时性、相关性、预测性，要求会计信息具有共享化、个性化、数据库化、反映形式的多样化。

（二）导致会计学向边缘学科发展

我国著名的会计学家杨纪琬先生曾预言："在 IT 环境下，会计学作为一门独立的学科将逐步向边缘学科转化。会计学作为管理学的分支，其内容将不断地扩大、延伸，其独立性相对地缩小，而更体现出它与其他经济管理学科相互依赖、相互渗透、相互支持、相互影响、相互制约的关系。"传感技术、通信技术、计算机技术等众多的信息技术推动着会计学向边缘学科发展。

（三）会计信息系统成为企业整体资源管理的一个不可分割的子系统

传统模式下的会计信息系统被用于特定职能部门（例如销售、生产等）的管理工作，而不是为可能跨越几个职能部门的业务过程提供整体性视图，这就造成在多个系统中数据被重复存储和数据不一致的问题。

信息技术环境下的会计信息系统，当业务事件发生时，所有原始数据都被适当加工成标准编码的源数据，集成于一个逻辑数据库（或数据仓库），任何授权用户都可以通过数据库所存储的数据来定义和获取所需的有用信息。这样，会计信息系统就在一个整合、开放的环境下，与企业内外部系统实现了信息同步交流和信息共享，提高了信息的使用价值。

（四）信息技术加快了会计国际化进程

信息技术缩短了国与国之间的距离，也加速了经济全球化的进程。人们可以通过网络交流各种信息，从事商务活动，进行远距离指挥与控制，这就使大范围地组织跨国跨洲的投资、贸易、金融、保险业务成为可能。随着各国经济交往的日益频繁，国际间的会计准则协调也是今后的必然趋势，欧盟的 4、7、8 号指令就是旨在协调各成员国之间的会计准则。2006 年我国财政部颁布的新《企业会计准则》就是一个很好的例证，新准则充分借鉴了国际会计准则，实现了国际趋同。

三、信息技术对会计理论的影响

由于现代信息技术引发的全球信息化浪潮冲击着传统经济的每一个角落，使全球经济走向一体化、网络化、数据化、知识化，同时现代信息技术在会计领域快速发展，如今已得到广泛应用，打破了传统的企业管理模式和会计模式，动摇了传统会计理论的框架。

（一）信息技术对会计基本假设的影响[①]

会计假设包括会计主体、持续经营、会计分期、货币计量。会计假设是与时

---

① 刘国志. 论信息技术对会计理论的影响 [J]. 科技信息，2013（15）.

代的经济环境、政治环境、社会环境和人文环境密切联系不可分割的，是会计人员对会计核算所处的变化不定的环境做出的合理判断。我们沿用至今的会计假设是与工业时代经济环境的特征相适应的，所以，会计假设在信息时代的经济环境下不可避免地受到冲击与挑战。

1. IT 对会计主体假设的影响

会计主体假设的重要作用是规定了会计活动的空间、范围及其存在的基础。传统的会计主体有一定注册资金，有相对稳定的办公地点。在现代信息技术时代，网络公司等虚拟公司的出现导致会计主体具有很大的不稳定性和可变性，它不同于传统会计主体的范畴，很难确定会计主体的办公地点，使得对会计主体的认定产生困难。因此，需要转换观念，用虚拟主体（或称相对会计主体）也就是网上存在的这个临时组织来代替传统会计主体假设，才能使会计适应时代发展的需要。虚拟主体的出现丰富了会计主体的形式，拓展了会计主体假设的范围，在会计信息化下会计主体可以是实体主体与虚拟主体的并存。

2. IT 对持续经营假设的影响

持续经营假设假定会计主体在可以预见的将来，其生产经营持续不断。在信息技术下，虚拟公司的兴起及其迅猛发展对传统的持续经营假设提出了挑战。虚拟公司的特点是根据业务需要，将多个个体通过网络联结起来，当既定目标完成之后就解散。这些虚拟公司根据需要迅速地进行重组，故这类公司随时都有被清算和终止的可能。虚拟公司的经营活动呈现出短暂性的特征，但这并没有影响企业遵循持续经营假设进行会计处理，在会计信息化环境下仍应遵循持续经营假设。

3. IT 对会计分期的影响

会计分期的基本功能是定期并及时地向信息相关者报告企业的信息。网络公司等虚拟公司的交易可在极短的时间内完成，在完成某项交易后可以立即解散。如果按照传统的会计分期假设来提供虚拟公司的信息，所得到的信息不仅脱离及时性，而且其有用性也将大打折扣。因此，可以在交易完成后编制会计财务报表来满足需要。

4. IT 对货币计量假设的影响

货币计量假设要求以货币为统一的计量尺度，包括货币计量、币种惟一、币值稳定。但是，在信息时代，网络公司在网络中实现用电子货币进行交易结算，以及网上银行、手机银行的兴起，使得货币逐渐成为一种观念的产物。在经济全球化、资本国际化愈演愈烈的现代信息时代，网络公司所涉及的币种更为多样化，而各国货币的价值、货币之间的汇率等是不断波动的，这无疑使币值稳定假设受到较大冲击。但无论什么情况，都要有个计量单位，以公允地反映财务状况，反映整个企业的价值。

(二) 信息技术对财务报表的影响[①]

财务报表应充分提供企业在特定时期的财务状况、经营成果、现金流量等相关信息，向信息使用者提供有助于做出各种经济决策的信息。虚拟企业的界限模糊和运作灵活的特征，决定了其财务报表将不同于传统财务报表。在信息技术高速发展的今天，信息技术对财务报表的影响主要表现在财务报表的目的、财务报表的内容、财务报表的形式、财务报表的披露方式四个方面。

1. IT 对财务报表目的的影响

以高新技术为核心的现代企业特别是虚拟企业的财务报表应以披露成员企业投入资源与产生收益的比重为目的，通过财务报表的编制，将各成员企业的核心优势予以量化，既可对外提高优势企业的吸引力，又可对内明确划分收益，以使合作得以圆满完成，达到多方多赢的目的。

2. IT 对财务报表内容的影响

随着知识资源成为经济的基础，人力资产及其相关的权益和费用将正式纳入表内项目予以披露，信息技术为充分披露前瞻性信息、非财务信息、社会责任信息及未来层出不穷的衍生性商品信息提供了条件。因此，财务报表的内容必然要尽量包含这些重要信息。

3. IT 对财务报表形式的影响

信息技术使实时财务报表编制成为现实，又由于信息的使用者对会计信息的要求各不一样，因此，财务报表的形式也将多种多样，这样使用者才可以各取所需。另外，财务报表提供的信息将更加丰富，不仅包括财务信息，还包括产品的市场占有率、用户满意度、职员数量及服务态度、新产品开发和服务等非财务信息，甚至包括历史性信息、企业面临的机会、未来经营的风险程度等。

4. IT 对财务报表披露方式的影响

传统财务报表模式是一种定期报告模式，披露企业在一定时间财务状况的有关信息和一定会计期间内的财务经营绩效。在信息时代，财务报表披露方式的要求也是灵活多样的，特别是披露的及时性，要求能做到几乎能同步反映财务状况的变动情况，也就是说，需要即时的财务报表代替定期财务报表。

四、信息技术对会计实务的影响

(一) 改变了传统会计组织形式

1. 对会计核算组织程序的影响

传统会计核算组织程序中大量、重复性的工作被标准化和系统化，手工记账

---

① 徐垚晨溪. 信息技术对会计理论的影响 [J]. 电子商务，2011 (5).

中记账、算账、报账的循环过程不再清晰和被强调，凭证→账簿→报表的一一对应关系也不再清晰直观。会计工作的日常起点只是一个终端信息录入，其他都由既定程序自动完成。信息技术颠覆了传统的会计形象，琐碎繁复的结账、对账、试算平衡都变得迅捷，大大提升了会计信息生成的速度和效率。

2. 对会计内部控制的影响

程序化的流程设计简化和压缩了审查与核对的中间环节，尤其是远程的审核批示，在线审核、同步操作使得复核变得高速有效。同时借助实时影像录入和传输，对重要票据的安全性识别变得更为及时、有效，对于保证企业资产的安全性有重要意义。

3. 信息高度集中和共享

由于信息联网，终端录入数据同时进入系统信息中心。信息中心能在第一时间获取各分支机构的信息源，实现实时了解、汇总和传输，使实时决策成为可能。同时，借助网络，信息在终端共享成为可能，企业内部的信息不对称和传输不及时状况被打破。传统的业务流程与核算会计流程相对独立，但在信息技术条件下，业务与会计流程的融合和统一成为趋势。在整个企业流程中，供应链管理贯穿始终，财务系统只是充当财务数据的集中器，很多传统的票据传递在流程中被取代，而由业务人员处理，这集中体现在采购管理、库存管理和销售管理。

4. 对会计机构设置的影响

会计信息化使会计信息处理高度自动化，会计信息和业务信息可实现集成和同步，使会计核算工作量大大减少，会计部门中的各个岗位进行合并和重组，这样可以减少企业中会计人员的数量，并减轻会计人员的工作负担。同时，在会计专业人员的配备上要增加和充实如系统维护员、系统管理员等新岗位。为了防范计算机舞弊，企业会计内部控制制度也要改变，应建立新型的会计工作组织体系。

（二）提高了会计的信息与评价的职能

传统会计最突出的是核算职能，会计人员需要进行繁杂的基本数据整理。信息技术的使用使会计人员从繁杂、重复的会计日常事务中得到解放，各类会计软件对基础数据的统计和分类更为高效和专业，使得会计人员工作的重点更多地转向非事务性工作，有更多的精力去进行系统性、宏观性的企业财务分析，有更多的时间去发现企业财务状况的不足，可以不断调整企业经营行为，动态地调控企业整体的发展趋势，而且可以利用数据管理软件分析财务数据内在的联系和变化，找出与企业相关的内在规律。通过分析用户的信息需求，会计人员不但可以制定有关的信息制度、维护和报告等的规则，还可以制定在信息处理过程中用到的相关模型和方法等，并将这些结果经过信息系统的处理后传递给相应的用户。

(三) 信息技术环境下对会计人员的影响

在信息技术环境下，会计人员的工作形式、工作重点、素质要求都发生很大的变化。

（1）IT技术的应用，彻底改变了会计工作者的处理工具和手段，大量的业务核算工作实现自动化，会计人员的工作重点将从事中记账、算账和事后报账转向事前预测、规划和事中控制、监督及事后分析、决策的一种全新的会计管理模式。因此，会计人员应该培养对会计信息的预测能力，这种能力的培养需要经验和知识的共同积累，并且还需要不断总结。

（2）IT环境下，会计人员不仅要承担企业内部管理员的职责，随着外部客户对会计信息需求的增长，会计人员应及时地向外传递会计信息，为债权人、投资者、供应商和客户、政府管理部门等一切委托者、受托者负责，适时披露真实的会计信息，提供职业化的咨询服务。会计人员应该考虑如何使会计信息更有价值以及让企业获得更多的经济效益。因此，会计工作人员应该加强知识的掌握程度，不断地学习。

（3）IT环境对会计人员的素质也提出了相应的要求。目前会计人员所从事的会计核算和财务分析工作等常规的、结构化较强的工作，将由基于IT技术的信息系统完成。在这种情况下，会计人员应更多地从事那些非结构化、非常规的会计业务以及完成对信息系统及其资源的评价工作。因此，未来会计人员不仅要具有管理和决策方面的知识，还应具有利用信息技术完成对信息系统及其资源的分析和评价能力。

第二节　会计信息化

一、会计信息化的概念

会计信息化是会计与信息技术的结合，是信息社会对企业财务信息管理提出的一个新要求，是企业会计顺应信息化潮流所做出的必要举措。

(一) 会计信息化的概念

会计信息化，是指企业利用计算机、网络通信等现代信息技术手段开展会计核算，以及利用上述技术手段将会计核算与其他经营管理活动有机结合的过程。

从1978年长春一汽进行会计电算化试点算起，我国会计信息化经历了四个发展阶段。①

第一个阶段，从1978年到1988年，自行研发与自行应用的10年。在这一阶段，大部分企事业单位还是手工记账。一些企业自主开发财务软件，然后在内部推广应用，不是一种商品化的方式。这一阶段主要是探索，大家都在积累经验，但也造成了大量重复劳动。

第二个阶段，从1988年到1998年，商品化财务软件大发展的10年。1988年是一个转折，标志性的事件就是出现了商品化的软件公司。那时北京有先锋、用友等，上海力成应用软件研究所也是在那一年成立的。随后，在政府的推动下，金蝶、金蜘蛛、浪潮等一大批软件公司相继创立，反过来又推动了会计电算化的发展。

第三个阶段，从1998年到2008年，会计信息化和企业信息化融合的10年。1997年，中国软件行业协会财务及企业管理软件分会在北京奥林匹克饭店组织了一次发布会，主题为"向ERP进军"，吹响了由财务管理向企业管理转型的号角，这又是一个标志性事件。1998年用友正式推出ERP企业管理软件U8ERP，把会计信息化、财务信息系统融入到整个企业信息化和企业管理系统中去，在业界有一定代表性。1999年厦门大学王光远教授首先提出了"会计信息化"这一概念，在2000年，我国学者第一次提出了我国会计核算要从会计电算化向会计信息化迈进。

第四个阶段，从2008年开始，会计信息化向标准化和国际化发展。2008年11月12日，我国会计信息化委员会暨XBRL（可扩展商业报告语言）中国地区组织成立，是中国会计信息化发展史上又一个新的里程碑。财政部提出，力争通过5~10年乃至更长一段时间的努力，建立起我国的会计信息化管理体系。2013年12月6日，财政部印发《企业会计信息化工作规范》，自2014年1月6日起施行。

（二）会计信息化的主要特征②

1. 普遍性

会计的所有领域，包括会计理论、会计工作、会计管理、会计教育等，要全面运用现代信息技术。目前，在上述领域中，后三个方面有不同程度的运用，而且可以说是起步晚、发展快、成效大，只是还不能真正达到会计信息化的水平。而在会计理论方面却相对滞后。从会计信息化的要求来看，首先就是现代信息技术在会计理论、会计工作、会计管理、会计教育诸领域的广泛应用，并形成完整

① 中国会计信息化的四级阶梯［N］.中国会计报，2008-12-16.
② 万希宁，郭炜.会计信息化［M］.武汉：华中科技大学出版社，2009.

的应用体系。

2. 集成性

会计信息化将对传统会计组织和业务处理流程进行重整，以支持"虚拟企业"、"数据银行"等新的组织形式和管理模式。这一过程的出发点和终结点就是实现信息的集成化。信息集成包括三个层面：

一是在会计领域实现信息集成，即实现财务会计和管理会计之间的信息集成，协调和解决会计信息真实性和相关性的矛盾。

二是在企业内部实现财务和业务的一体化，即集成财务信息和业务信息，在两者之间实现无缝联结，使财务信息和业务信息能够做到你中有我、我中有你。

三是建立企业与外部利益相关者（客户、供应商、银行、税务、财政、审计等）的信息网络，实现企业内外信息系统的集成。信息集成的结果是信息共享。企业内外与企业有关的所有原始数据只要一次输入，就能做到分次利用或多次利用，既减少了数据输入的工作量，又实现了数据的一致性，还保证了数据的共享性。建立在会计信息化基础上的21世纪会计信息系统是与企业组织内外信息系统有机整合的，高度数字化、多元化、实时化、个性化、动态化的信息系统具有极强的适应力。

3. 动态性

动态性又称实时性或同步性。会计信息化在时间上的动态性表现为：

首先，会计数据的采集是动态的。无论是企业外部的数据（例如发票、订单），还是企业内部的数据（例如入库单、产量记录），也无论是局域数据，还是广域数据，一旦发生，都将存入相应的服务器，并及时送到会计信息系统中等待处理。

其次，会计数据的处理是实时的。在会计信息系统中，会计数据一经输入系统，就会立即触发相应的处理模块。对数据进行分类、计算、汇总、更新、分析等一系列操作，以保证信息动态地反映企业的财务状况和经营成果。

最后，会计数据采集和处理的实时化、动态化，使得会计信息的发布、传输和利用能够实时化、动态化，会计信息的使用者也就能够及时地做出管理决策。

4. 渐进性

现代信息技术对会计模式重构具有主观能动性，但是，这种能动性的体现是一个渐进的过程，具体应分三步走：

第一步，以信息技术去适应传统会计模式，即建立核算型会计信息系统，实现会计核算的信息化。

第二步，现代信息技术与传统会计模式相互适应。表现为：传统会计模式为适应现代信息技术而对会计理论、方法做局部的小修小改；扩大所用技术的范围（从计算机到网络）及所用技术的运用范围（从核算到管理），实现会计管理的信息化。

第三步，以现代信息技术去重构传统会计模式，以形成现代会计信息系统，实现包括会计核算信息化、会计管理信息化和会计决策支持信息化在内的会计信息化。

（三）会计信息化与会计电算化的区别①

会计电算化与会计信息化虽然都是利用现代科学技术处理会计业务，提高了会计工作的效率和企业财务管理水平，但企业信息化环境下的会计信息化系统与会计电算化系统相比，无论是技术上还是内容上都是一次质的飞跃，两者的内涵大相径庭。

1. 历史背景不同

会计电算化产生于工业社会，随着工业化程度的提高，会计业务的处理量日渐增大，会计工作的处理方法日渐落后。为了适应企业的发展，加强信息处理力度，采用电子计算机对会计业务进行处理。会计信息化则产生于信息社会。在信息社会中，有一个公式："企业的财富=经营+信息"，可见信息之重要性。信息社会要求社会信息化。企业是社会的细胞，社会信息化必然要求企业信息化，企业信息化必然导致会计信息化。

2. 目标不同

现行的会计电算化系统是基于手工会计系统发展而来，其业务流程与手工操作方法基本一致，主要是为了减轻手工操作系统的重复性劳动，提高效率；而会计信息化系统是从管理者的角度进行设计的，能实现会计业务的信息化管理，充分发挥会计工作在企业管理和决策中的核心作用。

3. 技术手段不同

现行的会计电算化系统由于开始设立时的环境束缚，主要是对单功能的计算机设立的，后来的会计电算化软件也是在此基础上的发展和改善；而会计信息化系统是在网络环境下进行设计的，其实现的主要手段是计算机网络及现代通信等新的信息技术。

4. 功能范围和会计程序不同

会计电算化是对手工会计系统的改进，是在手工的基础上产生的，故其会计程序也模仿手工会计程序而进行，也是以记账凭证为开始，最后实现用计算机对经济业务进行记账、转账和提供报表等功能；而会计信息化是适应时代的要求，

① 万希宁，郭炜. 会计信息化［M］. 武汉：华中科技大学出版社，2009.

根据现代信息的及时性、准确性、实时性的特点而产生的，它是从管理的角度进行设计，具有业务核算、会计信息管理和决策分析等功能，其会计程序是根据会计目标，按照信息管理原理和信息技术重整会计流程。

5. 信息输入输出的对象不同

会计电算化系统主要是为财务部门设立的，设计时只考虑了财务部门的需要，由财务部门输入会计信息，输出时也只能由财务部门打印后报送其他机构；而会计信息化系统是企业业务处理及管理信息系统的组成部分，其大量数据从企业内外其他系统直接获取，输出也是依靠网络由企业内外的各机构、部门根据授权直接在系统中获取。

6. 系统的层次不同

会计电算化以事务处理层为主；会计信息化包括事务处理层、信息管理层、决策支持和决策层。

二、会计信息化的组成[①]

企业的会计信息化是由会计对外系统和会计对内系统两部分组成的。会计对内系统是企业整个信息化系统的一个子系统，通过财务会计信息化将各个部门的职能联系起来，有效地实施网络财务监控和管理，集成后的数据为高层领导决策提供了有力的依据。在这个系统的内部，各个部门可以通过这个媒介将职能发挥得更好。其主要包括会计账务系统、存货系统、成本核算系统、工资系统、固定资产系统、无形资产系统、基础数据系统和计划预算系统等。企业的会计对外系统是一个重要的窗口，包括网上采购、网上销售、网上结算、网上办税、网上投资、网上信息发布、网上信息交流等多种业务，它将企业最新的财务会计信息更新发布，是外界了解企业的重要途径之一。对于企业而言，这不仅为其进行融资创造了有利的条件，同时也为维护企业的形象、提高知名度起到了良好的作用。[②]

三、会计软件和会计信息系统

（一）会计软件

会计软件，是指企业使用的，专门用于会计核算、财务管理的计算机软件、软件系统或者其功能模块。会计软件具有以下功能：①为会计核算、财务管理直接采集数据；②生成会计凭证、账簿、报表等会计资料；③对会计资料进行转

---

① 康华需.会计信息化在企业管理中的作用 [J].冶金会计，2014（1）.
② 会计信息化的具体内容将在《会计信息化》、《会计电算化》等课程介绍。

换、输出、分析和利用。

1. 会计软件的分类

（1）按适用范围划分，会计软件分为通用会计软件和专用会计软件。通用会计软件是指在一定范围内适用的会计软件。通用会计软件又分为全通用会计软件和行业通用会计软件。专用会计软件也称定点开发会计软件，是指仅适用于个别单位会计业务的会计软件。

（2）按硬件结构划分，会计软件分为单用户会计软件和多用户（网络）会计软件。单用户会计软件是指将会计软件安装在一台或几台计算机上，每台计算机中的会计软件单独运行，生成的数据只存储在本台计算机中，各计算机之间不能直接进行数据交换和共享。多用户（网络）会计软件是指将会计软件安装在一个多用户系统的主机（计算机网络的服务器）上，系统中各终端（工作站）可以同时运行，不同终端（工作站）上的会计人员能够共享会计信息。

2. 会计软件的功能模块

会计核算软件的功能模块一般包括以下部分：

（1）账务处理模块。账务处理模块主要是以会计凭证为原始数据，按会计科目对记账凭证所载的经济内容进行记录、分类、计算、加工、汇总，输出明细分类账、日记账、总分类账及其他辅助账簿、凭证和报表。

账务处理模块主要包括：①账务初始（建账）；②凭证处理（输入、审核、汇总）；③查询；④对账；⑤结账；⑥打印输出；⑦其他辅助功能。

账务初始是根据程序要求和内部管理需要自定义会计科目体系、记账凭证格式、账簿体系的过程。相当于手工状态下设立一套新的账务核算体系，是用计算机建账的过程。

凭证处理包括凭证的输入、修改、审核、汇总、打印等内容。

查询是设定查询条件标志，灵活迅速查询某会计期间的会计凭证及有关明细分类账、总账的有关内容。例如，寻找特定内容的会计凭证，查找会计科目的发生额或余额等。

对账功能一部分是由会计核算软件在设计时由程序自动检查核对，如总账、明细账、日记账之间的账账核对；另一部分则提供给用户进行核对，如与银行对账单核对、与往来账核对、与其他辅助账核对等，并能做出调节表等相关资料。

结账功能由程序完成，按国家会计制度规定，按会计科目分级进行计算、汇总，结出借贷发生额和余额，结束当期核算，开始下一个会计核算循环。结账还包括会计信息跨年度结转，开始一个新的会计年度的特殊内容。

打印输出功能是打印记账凭证、账簿等会计信息资料，以便用户使用和归档保管。

（2）报表处理模块。报表处理模块是按国家统一的会计制度规定，根据会计资料而编制会计报表，向公司管理者和政府部门提供财务报告。会计报表按其汇编范围可分为个别报表、汇总报表以及合并报表。

报表处理模块包括：①报表定义；②报表计算；③报表汇总；④报表查询；⑤报表输出。

报表定义是依据会计软件，建立一个新的报表体系所做的工作。主要包括：定义报表名称，描述空白表格的格式，定义报表项目填写内容的数据来源和报表项目及运算关系，确定表格项目审核校验及报表间项目的勾稽关系，检查公式以及汇总报表的汇总范围等步骤。

经过报表定义之后，就可以按规定计算或汇总产生所需要的会计报表，通过审核校验确认后，可以打印、复制、查询、输出会计报表。

（3）固定资产核算模块。固定资产核算模块主要是用于固定资产明细核算及管理。

固定资产核算模块包括：①建立固定资产卡片；②建立固定资产账簿；③录入固定资产变动情况；④计提固定资产折旧；⑤汇总计算；⑥查询及打印输出；⑦编制转账凭证。此模块主要是根据财务制度的规定，建立固定资产卡片，确定固定资产计提折旧的系数、方法，录入固定资产增减变动情况，汇总计算固定资产原值、累计折旧及净值。按预先设计自动编制转账分录，完成转账的记录，打印输出固定资产明细账和资料卡片，详细反映固定资产价值状况。

（4）工资核算模块。工资核算模块以计提发放职工个人工资的原始数据为基础，计算职工工资，处理工资核算。

工资核算模块包括：①设计工资项目及项目计算公式；②录入职工工资基础资料；③增减变动及修改；④计算汇总；⑤查询；⑥打印输出。

工资核算模块，首先设计工资的项目及项目计算公式，按项目录入职工应发、扣减、实发金额，按使用者的要求计算配发不同面值的零、整钱数。

该模块应具备自行定义工资的项目，选择分类方式，灵活修订工资项目，调整职工个人基础资料，定义工资计算公式（如代扣个人所得税计算公式），进行汇总计算。自动制作转账凭证，填制分录，进行工资分配，计算工资福利费。

（5）其他模块。其他模块主要包括存货核算、成本核算系统、应收应付款核算、销售核算和财务分析等。根据行业的特点，又有零售业进销存核算系统、批发业进销存核算系统等。根据管理的需要，又有劳资人事管理系统、国有资产管理系统等。

【阅读资料】

常用财务软件

目前财务软件非常多，国内软件主要有用友软件、金蝶软件、新中大软件、管家婆、速达等。

1. 用友

用友公司成立于1988年，2001年公司在上海证券交易所A股上市（股票简称：用友软件；股票代码：600588）。用友是中国最大的ERP、CRM、人力资源管理、商业分析、内审、小微企业管理软件和财政、汽车、烟草等行业应用解决方案提供商，并在金融、医疗卫生等行业应用以及企业支付、企业通信、管理咨询、培训教育等领域快速发展。目前用友的财务软件有畅捷通、U8+、U9等。

网址：http://www.yonyou.com/index.aspx。

2. 金蝶

金蝶国际软件集团始创于1993年，是香港联交所主板上市公司（股票代码：0268），金蝶在中国内地设有深圳、上海、北京三个软件园。金蝶以管理信息化产品服务为核心，为超过400万家企业和政府组织提供云管理产品及服务。目前金蝶提供的财务相关软件有金蝶EAS、金蝶K/3 WISE、金蝶KIS等。

网址：http://www.kingdee.com/。

3. 新中大

新中大软件股份有限公司成立于1993年，是互联网时代工程企业信息化，项目管理型企业信息化，品牌企业电子商务及政府理财信息化等行业管理软件领导厂商，连续多年被评为国家规划布局内重点软件企业。一直以来，新中大积极应对企业及政府管理创新和商业模式创新的需要，不断研发行业领先的优秀管理软件产品，全力帮助中国企业和政府机构通过信息化实现先进管理。通过二十年积聚的管理软件行业底蕴，公司形成了以"联盟体资源计划（URP）"及"全程项目管理"思想为核心的产品体系和行业解决方案，其中包括新中大URP软件i6标准版、i6工程版、新中大管理软件金色快车GE、新中大财务软件银色快车SE、新中大公共财政管理软件Gsoft、新中大管理软件A3等。

网址：http://www.newgrand.cn/。

4. 管家婆

成都任我行软件股份有限公司是中国中小企业管理软件行业的创始者和领导者，长期专注于中小企业信息化，为各种规模和处于不同成长阶段的中小企业提供信息化解决方案，旗下拥有"管家婆"、"任我行"、"千方百剂"等知名品牌，产品涵盖进销存、财务、ERP、CRM、OA、电子商务和移动商务等领域。目前，任我行软件产品已经成功地应用于国内及海外 50 万家中小企业。

网址：http：//www. grasp. com. cn/。

5. 速达

速达软件技术（广州）有限公司作为中国著名的大型软件企业，由多家世界著名跨国公司投资组建，是中国中小型企业管理软件市场的领导者。速达的财务管理软件有速达 V3+. net 财务、速达财务系列、速达 V3 财务系列等。

网址：http：//www. superdata. com. cn/。

6. 金算盘

重庆金算盘软件有限公司（简称金算盘）成立于 2000 年 7 月，是中国领先的云计算应用服务提供商，致力于向顾客提供平台软件的咨询、开发、运营和应用等专业服务。金算盘是国内全程电子商务和企业 SNS 的领导厂商，也是国内最优秀的管理软件和医卫软件等行业软件厂商之一。

网址：http：//eabax. com/。

其他的常用财务软件还有博科 B8、辛巴财贸通、神舟财务软件、嘉德标准财务管理软件等。

（二）会计信息系统

会计信息系统，是指由会计软件及其运行所依赖的软硬件环境组成的集合体。具体包括：

1. 计算机硬件

计算机硬件是指进行会计数据输入、处理、存储及输出的各种电子设备，如输入设备有键盘、扫描仪等；数据处理设备有计算机主机等；存储设备有磁盘、光盘等；输出设备有打印机、显示器等。

2. 计算机软件

计算机软件包括系统软件和应用软件两类。系统软件是保证会计信息系统能够正常运行的基础软件，如操作系统、数据库管理系统等；在会计信息系统中应用软件主要指会计软件，它是专门用于会计核算和会计管理的软件，是会计信息系统的一个重要组成部分，没有会计软件的信息系统就不能称之为会计信息系统，拥有会计软件是会计信息系统区别于其他信息系统的主要因素。

3. 会计人员

会计人员是指会计信息系统的使用人员和管理人员，包括会计主管、系统开发人员、系统维护人员、凭证录入人员、凭证审核人员、会计档案保管人员等。会计人员也是会计信息系统中的一个重要组成部分，如果没有一支高水平、高素质的会计人员和系统管理人员队伍，那么即使有再好的硬件、系统软件、会计软件，会计信息系统也不能稳定、正常地运行。

4. 会计信息系统的运行规程

会计信息系统的运行规程是指保证会计信息系统正常运行的各种制度和控制程序，如硬件管理制度、数据管理制度、会计人员岗位责任制度、内部控制制度、会计制度等。

第三节 网络会计和在线会计

一、网络会计

会计电算化的出现使会计信息处理有了质的飞跃。随着互联网的出现，单机工作系统的不足日趋明显，信息处理网络化成为了历史必然的趋势。为了适应环境的变化，网络会计应运而生，弥补了会计电算化的不足，成为了会计发展的新领域。

（一）网络会计的概念①

所谓网络会计，是指在网络环境下对各种交易和事项进行确认、计量和披露的会计活动。它是建立在网络环境基础上的会计信息系统，是电子商务的组成部分；它将帮助企业实现业务的报账、查账、审计等远程处理，实现事中动态会计核算与在线财务管理，支持电子单据与电子货币，改变财务信息的获取与利用方式。

（二）网络会计的特征②

网络会计作为网络技术和会计应用相结合的高科技产物，相对于传统会计有着许多突破性的特征。

1. 会计信息的更新和交换速度提高

传统的会计处理的信息实时反馈能力不强，财务状况和经营成果一般要到当月会计业务结束之后才能从账上反映出来。网络会计实现了实时跟踪功能，可以动态地跟踪企业的每一项业务变动，给予必要的披露。外部信息使用者可以通过上网访问企业的主页，随时掌握企业最新的及历史财务信息，从而减少其决策风

---

① 时恺訢，李长福.网络会计发展的现状与趋势［J］.经济研究导刊，2014（14）.
② 熊细银，熊晴海.网络会计［M］.北京：清华大学出版社，2006.

险。而企业管理者可以充分利用电子化服务技术，自动查找、跟踪各网站上的会计信息资源，获取本企业及相关企业的有关财务指标，及时做出正确预测及决策，有效地避免社会性的资源浪费。

另外，电子商务在交易中，买卖双方可以利用电子数据交换（EDI）以电子文件形式签订贸易合同，与银行、运输、税务、海关等方面进行电子单证交换。交易后，双方可以通过电子商务服务器跟踪发出的货物，银行按照合同处理双方收付款进行结算，出具相应的银行单据等。在交易过程中，企业的会计信息系统可以及时地通过与电子商务软件的接口获取数据、提供信息，满足交易的需求和企业内部管理控制和决策的需求，从而提高会计信息的获取、更新和交换的速度。

2. 会计信息的获取更加便捷

会计信息使用者要求获得全面正确反映企业的财务状况和经营成果的会计信息，但由于篇幅有限，当前的会计报表无法反映非数量化的信息，也无法反映报表数字处理的会计程序和方法等方面的信息。网络会计的在线数据库则包括了企业所有的财务及非财务信息，并采用网上报告的方式，有效地扩大了会计报表及附注的信息容量。通过在线访问，企业内外信息使用者可以随时获取所需信息。因此，网络会计使得会计信息的获取更加方便快捷。

3. 会计信息更具个性化

传统会计报表由于其固有的限制，只能按照一定的格式提供，内容也面向所有的用户，而无法考虑信息用户的偏好，即无法根据阅读者的类别和兴趣灵活选择相应报表项目。网络实时财务报告能够按用户类别引导读者阅读他们最感兴趣的地方。计算机网络所提供的人机对话，一改以往会计信息使用者被动地接受统一格式的局面，使信息的获取过程具有交互性。在计算机网络中，使用者可以根据自己的需要获取相关的会计信息，并可对这些信息进行进一步的处理。例如：若按报表项目建立索引，就相当于根据自己的需要生成一个简化的财务报告；若按部门建立索引，就可获得企业的分部报告；若按时间建立索引，就可以获得各个时期的财务报告。

4. 会计业务的分布式处理

在网络会计中，一项复杂的工作可以划分为许多部分，由网络上不同的计算机同时分别处理。在不同的工作站上录入，在同一服务器上存储，这既可以保证凭证的及时录入，又可以保证数据存储的统一，还能大大减少单机版造成的数据冗余。

5. 计算机资源的共享

（1）硬件共享。

单机系统的共享性差，常常出现系统中有的机器忙得不可开交，有的却负荷不足；或者一些高档设备如高速打印机、大容量存储设备等由于不能共享，而使设备闲置，造成浪费。当网络上配有一台高性能的服务器后，其他工作站配置要求可大幅降低，若干台普通工作站可在网上共享 CPU 的高速度，文件服务器大容量的内存、硬盘、光盘，网上高速优质的打印机等。硬件共享降低了成本，提高了性能。

（2）软件共享。

网络会计将打破单一的财务软件的购买和使用方式，网上计算机可省去购买、安装过程及软件的运行维护，从而提高企业资源的使用效率和经济效益。

（三）网络会计对传统会计的影响[①]

1. 网络会计对会计职能的影响

在网络会计的环境下，会计职能已经从事后向生产经营管理全过程转变，主要分为两种：第一种，网络会计跨越了地域的限制，能够实时地反映现状，这是网络会计一大特点，只要事务开展就会触发业务事件，业务事件开展就会触动其他各个过程，例如记录、维护等，大大地提高了会计的反应速度。第二种，在网络会计的环境下，财务监控的重点发生了转移，从事后监控向实时、连续监控转移，在开始做网络预算时就开始了对监控指标和制度进行设置，实现对关键信息的及时反映，这样的模式能够迅速地处理外界突发事件。

2. 网络会计对会计信息质量的影响

网络会计有助于提高会计信息的可靠性、真实性、及时性等质量水平。在网络会计的环境下，有强大的信息网络和数据库，可以弱化经济学信息出现的不对称情况，会计信息被高度地集成到组织信息系统之中，这样会计信息的可靠性变得十分重要，伴随着安全信息技术的不断提高，会计信息的可靠性得到保障，会计信息的生成、存储、传递、保管都能在网上安全地进行，能够更好地满足信息需求者的要求。

3. 网络会计对会计组织方式与组织结构的影响

在网络会计的大环境下，传统的会计组织方式和组织结构被内嵌到网络信息系统中的程序所代替，网络会计一般支持在线作业、远程办公，这样给会计人员作业带来了创新的可能性。网络会计可能使会计部门成为一个虚拟的会计组织，也许还有固定的办公地点，但是办公区域只有少量的员工，大楼的工作人员通过远程移动办公的方式来实现，这样可以通过网络的形式聘请一些精英的会计，使企业的利益最大化。

---

① 吴春亚. 网络会计与实务会计的研究 [J]. 经营管理者，2014（6 月下）.

在传统的会计工作方式中，有明显的顺序流程，按部就班地按照流水线的顺序执行。随着网络会计的出现，中间环节被固定的计算机程序所代替，相应的中间处理岗位和职责被取消，整个组织的结构呈现出扁平化的趋势。

二、在线会计

自云计算（Cloud Computing）的概念在 2006 年被首次提出以来，随着技术的成熟，云计算由概念逐渐走向实践，云计算服务逐步在工业、交通、能源、医疗、市政等各个领域得到运用。云计算这一新生事物正在以其极大的便捷性和低廉的成本迅速获得企业和用户的青睐，并逐渐向社会生活的各个领域渗透。云计算和会计融合，创造了在线会计这种新的服务模式。

【阅读材料】
云计算产业发展现状

美国国家标准和技术研究院（NIST）认为，云计算是一种模型，它可以实现随时随地、便捷地、随需应变地从可配置计算资源共享池中获取所需的资源(例如，网络、服务器、存储、应用及服务)，资源能够快速供应并释放，使管理资源的工作量和与服务提供商的交互减小到最低限度。

自云计算的概念在 2006 年被首次提出以来，全球云计算市场得到迅速发展。据 Gartner 公司 2014 年发布的调查结果显示，2013 年全球广义云服务市场高达 1317 亿美元，年增长率为 18%，继续成为全球 ICT 产业增长最快的领域之一；2017 年预计更会达到 2442 亿美元，未来几年内会继续保持 15% 以上的增长。市场研究公司 IDC 在 2013 年 12 月发表的报告显示，2014 年全球数据中心数量将大幅增加，数据全球化将为云市场提供广阔的发展空间。云技术及服务在 2014 年将增长 25%，投资将超过 1000 亿美元。IDC 预计 2015 年云计算将创造 1400 万个工作岗位，到 2020 年欧盟的云计算将对 GDP 贡献超过 1600 亿欧元。毫无疑问，云计算将是未来的一大主流趋势。

我国累计已有 30 多个省市发布了云计算战略规划、行动方案或实施工程，产业链正在逐步完善当中。中研普华的《2014~2018 年云计算行业竞争格局与投资战略研究咨询报告》显示，2012 年国内公有云市场规模达 35 亿元左右，较 2011 年增长 70%，远高于同期国际市场 25% 的增速水平；刘多在 2014 年中国通信行业云计算峰会上指出，2013 年中国公共云服务的市场规模达到了 47.6 亿元，预计 2014 年将达到 62.8 亿元。工信部的调查显示，8% 受访企业已经开始了云计算应用，其中公有云服务占 29.1%，私有云服务占 2.9%，混合云服务占 6%；更有 76.8% 的受访者表示会将更多的业务迁移至云环境。工信部的数据显示，到 2013 年年底，包括中国电信、中国联通、中国移动在内蒙古的云计算投入达到 200 亿元。

清科研究中心认为，随着中国云计算产业的发展，市场规模将以年均 50% 的速度增长，预计到 2015 年将达到 13.69 亿美元，年复合增长率为 50%，同时在全球的市场份额也将持续上升。赛迪报告预测，2014 年我国云计算将从发展培育阶段步入快速成长阶段，新的产业格局将会形成。

（一）在线会计的概念[①]

在线会计服务模式是在"颠覆与创新——2008 在线会计服务模式高峰论坛"上提出来的。在线会计服务模式可以理解为：基于 SaaS（Software as a Service，软件即服务）理念以互联网技术为平台，为广大用户提供以租赁为主的会计管理软件的在线服务。即通过互联网提供软件的模式，厂商将财务软件统一部署在自己的服务器上，客户可以根据自己的实际需求，通过互联网向厂商定购所需的财务软件服务，按定购的服务多少和时间长短向厂商支付费用，并通过互联网获得厂商提供的服务。

（二）在线会计的特点

1. 会计业务开放化

在线会计利用网络平台能够开放给所有的会计人员和合作伙伴，并提供一系列在线会计工具服务和其他信息服务。

2. 经济主体对等化

在线会计是能够为整个会计行业各种组织和单位提供会计信息服务的一个平台。在线会计公司与会计行业各种组织和单位之间是对等和平等的关系。

3. 信息资源共享化

在线会计可以使所有会计从业人员或者执业人员，在代账平台上共享信息和知识，也可以把自己的知识作为一个产品销售给他人享用。

4. 会计活动服务化

在线会计是一种服务，而且是现代化服务，为企业内部管理人员提供决策支持和会计管理的服务，为会计整体流程服务，即通过代账平台提供优质高效的外包服务。

5. 会计业务高效化

在线会计方便、简单、快捷，通过网络可以做账，随时查到财务数据，节约

---

① 胡海华. 在线会计服务模式探讨 [J]. 中国管理信息化，2012，15（14）.

时间、成本，提高工作效率，给会计工作带来极大的方便，可以把会计人员从低效中解放出来。因此，在线会计是一种效率会计。

（三）在线会计的优点

（1）在线会计服务最大的优点是企业可以低成本地获得满意的会计服务。①它消除了企业购买、构建和维护基础设施和应用程序的大量成本。在这种模式下，企业只需要支出一定的租赁服务费用，向提供商租用基于 Web 的软件，通过互联网可以享受到相应的硬件、软件和维护服务，享有软件使用权，不再像传统模式那样花费大量投资用于硬件、软件、人员。②消除日常维护成本。在线会计服务软件由服务商来维护和升级，用户节省了大量的时间和成本。

（2）为企业提供便捷的会计服务。在线会计服务不受时间、地点的限制，会计人员只要拥有一台能够上网的电脑就可以进行记账、结账、在线报税等工作，并能够共享实时数据。企业管理层也能通过邮件或直接使用访问在线会计系统，非常方便地了解企业的财务状况和经营成果。

（3）易学易用。传统财务软件要正式购买，需要不断进行升级，不断学习、培训，这些都成为会计电算化的障碍。在线会计服务应用门槛相对较低，它在软件设计上力求简洁、实用，还借助 Flash、网络视频等各种网络技术，指导用户更好地学习和应用。

（4）注重保护用户数据的安全。传统的财务软件，如果出现账套损坏、数据丢失等问题，会给企业带来很大的麻烦。在线会计服务从技术、服务规范流程、安全认证、网络环境、法律等方面进行了周密而细致的设计，并严格执行，确保为客户打造一个全方位的安全保障体系。

（5）服务对象非常广泛。在线会计服务可以广泛地应用于一般的中小企业和代理记账公司，而中小企业的数量非常庞大。

在线会计是新生事物，在线会计产品是新产品，在推广和实施过程中难免会出现新情况和新问题。主要表现在会计信息不安全、财务资料难保密、人员诚信度偏低、法规制度不健全、监管机制不完善等方面的问题。

【阅读材料】

金蝶在线会计

金蝶友商网是全球领先的中小企业在线管理服务平台，它是金蝶国际软件集团旗下的网站，其通过网络技术和 SaaS（Software as a Service，软件即服务）交付模式，实现企业内部管理及企业间商务流程的有效协同。同时，通过开放式平台，广泛联盟政府、银行、中介组织等各类社会公共服务机构，共建企业信用服务体系，形成可信赖的企业电子商务服务社区，为广大中小企业提供全程、全方位、一站式的在线管理及电子商务综合服务。

金蝶友商在线会计服务，为企业提供基于互联网模式的标准会计应用，全面实现账、证、表等会计业务的日常处理及财务分析，随时随地为企业提供专业便捷、协同高效的会计管理及增值服务。高效决策——借助网络，让管理者及时获取关键业务数据，快速反应，精准决策；异地协同——多人应用、多点协同、多语言支持，全面支持互联网时代的分子公司协同运作管理模式；降低成本——免安装、免维护、免升级、简单配置，减少对专业人才的依赖，总投入成本低。

（资料来源：http://www.youshang.com/.）

【本章小结】

本章主要介绍了信息技术在会计中的应用。信息技术是指利用电子计算机和现代通信手段实现获取信息、传递信息、存储信息、处理信息、显示信息、分配信息等的相关技术。计算机技术、网络技术、软件开发技术和通信技术的高速发展，极大地提高了会计信息处理的能力，对会计环境、会计理论、会计实务等产生了重大的影响。

会计信息化是会计与信息技术的结合，是指企业利用计算机、网络通信等现代信息技术手段开展会计核算，以及利用上述技术手段将会计核算与其他经营管理活动有机结合的过程。本章介绍了会计信息化的主要特征、与传统会计电算化的区别，以及会计信息化的组成、会计软件和会计信息系统。

为了适应网络环境的需要，网络会计应运而生。网络会计，是指在网络环境下对各种交易和事项进行确认、计量和披露的会计活动。本章介绍了网络会计的特征及其对传统会计的影响。

随着技术的成熟，云计算逐渐向社会生活的各个领域渗透。云计算和会计融合，创造了在线会计这种新的服务模式。在线会计服务模式可以理解为：基于SaaS（Software as a Service，软件即服务）理念，以互联网技术为平台，为广大用户提供以租赁为主的会计管理软件的在线服务。本章介绍了在线会计的特点和优点。

【复习思考题】

1. 信息技术对会计环境有什么影响？
2. 信息技术对会计理论有什么影响？
3. 信息技术对会计实务有什么影响？
4. 什么是会计信息化？有什么特征？

5. 什么是网络会计？有什么特征？

6. 什么是在线会计？其有什么优点？

【案例分析】

向文军从 2002 年就开始自己创业了，那一年他 29 岁，是大学毕业后的第 7 年。在创业后的第四年，他成立了深圳飞扬互动广告有限公司。从毕业算起到今天，他在 IT 行业已经摸爬滚打了 13 年，创立过两家公司，对公司的运作有了自己的心得。他说，中小企业最重要的是利润，很多人都在做生意，每天都有营业额，那为什么公司做到很大，但到月底一查账却发现还是亏损？"这是因为它的成本太高。"向文军说。他认为作为一家公司的老板，不及时了解公司的财务状况是造成公司成本高的主要原因，这在很大程度上归因于记账手段的落后，以前使用单机版的财务软件有很大的局限性。中小企业的老板们往往白天很忙，只有在晚上停下来的时候才有时间去思考公司的财务状况，但那个时候员工已经下班了，没有人帮他们去查询财务数据，打印报表，这让向文军极为苦恼。除此之外，由于向文军的企业发展到了一定的规模，在深圳、广州、东莞、长沙等地都有分支机构，甚至在北京还有一个合伙人，这使他及时了解公司的财务运作更为困难。向文军说，收入减去成本等于利润，他迫切需要高效的可共享的财务管理软件，使分散在各地的财务部门和员工实现协同作业。

在引进"在线会计"管理公司财务后，向文军的困扰被解决了，目前公司的财务数据 24 小时都可以查阅，他说："以前的财务是滞后的，仅仅起到了记录作用，现在我可以随时随地地了解财务数据，进行决策了。"

向文军总结道，在线模式最大的优点就是可以实现无时、无刻、无处的财务管理，突破人员瓶颈和时间瓶颈。

远在北京的孙金凯有着与向文军同样的困扰——如何随时随地了解公司的财务状况，除此之外，他的公司还有着自己的问题。

孙金凯是北京守诚会计公司的总经理，公司的财务软件曾需要升级，为了与新的会计准则相符合，他支出了一两万元。后来他引进了在线模式，在 SaaS 模式下的财务软件，升级是免费的，而且更新换代的速度快，不会耽误公司正常的财务运作。他算了一笔账，以前赶上月报和年报，会计师们经常在公司加班到深夜十一二点，光是报销打车费就远远高于一年在线记账软件的使用费用，而且员工也不安全。除了低廉之外，孙金凯说在线记账模式还解决了很多传统记账状况下可能出现的不便。以前，会计师们周末去公司加班，赶上堵车，花在路上的时间就超过四个小时，很多时间都浪费在去办公室的路上了，现在可以在家办公，在线记账提高了工作效率。此外，在线记账还避免了很多麻烦，过去许多客户都要求上门记账，会计师就必须背着笔记本电脑和"加密狗"去现场，不仅费力而且不安全。"遇到这种情况就更难办了，" 孙金凯说，"有一家客户，总部在北京，财务总监在广州，采用传统的方式，根本没有办法满足客户实时了解费用支出和记账过程的需求。"

深圳市安居企业会计代理有限公司总经理董斌认为，在线记账给了他一种"思维上的力量"，董斌的公司是一家拥有 9000 家客户资源的超大型代理记账公司，他说："在线的模式更经济、更便捷，相对传统的 ERP 更加便宜。"董斌认为，在线模式不像很多企业认为的那样——不安全，事实上相对于传统的财务软件，在线记账更加可靠，因为提供在线记账服务的公司，数据保密的工作肯定远远好于普通企业。除此之外，在线记账也解决了一些现实问题，比如说，传统财务软件是装在单机上的，很多时候操作系统出现问题、电脑突然死机、停电都会造成数据的丢失，而在线模式的数据就像 QQ 聊天记录一样不会丢失，一些不必要的麻烦被避免了。

国家财政部会计司司长刘玉廷说："在线会计服务（SaaS）平台确实是一个创新。这个创新具有很强的生命力，发展前景很好。"中国会计电算化专业委员会主任杨周南说："租赁模式在发达国家非常盛行，在美国连挤奶器都可以租，在线会计这样的租赁形式我认为是一个很有发展前途的领域。"

（资料来源：林潇. 在线会计，SaaS 先行军 [J]. 电子商务，2008（6）.）

思考：

1. 什么是在线会计？

2. 在线会计有什么优点？

主要参考文献

［1］曾惠玲，汪金梅. 论信息技术对会计理论的影响［J］. 当代经济，2007（10）.

［2］曾建新. 在线会计服务应用及前景探析［J］. 现代商业，2008（36）.

［3］陈婉莹. 新手学会计，从入门到精通［M］. 北京：化学工业出版社，2011.

［4］董俸含. 谈会计信息化对会计理论及实务的影响［J］. 企业家天地，2014（3）.

［5］范翠玲，田宏. 基础会计与实务［M］. 北京：北京理工大学出版社，2012.

［6］韩星主编. 会计学原理（第三版）［M］. 北京：机械工业出版社，2010.

［7］胡海华. 在线会计服务模式探讨［J］. 中国管理信息化，2012，15（14）.

［8］江希和. 基础会计［M］. 上海：华东师范大学出版社，2012.

［9］蒋苏娅，徐宏峰主编. 基础会计理论与实务［M］. 北京：中国社会科学出版社，2011.

［10］李菊容编. 会计学基础［M］. 北京：北京航空航天大学出版社，2009.

［11］李武立主编. 基础会计学［M］. 开封：河南大学出版社，2013.

［12］刘国志. 论信息技术对会计理论的影响［J］. 科技信息，2013（15）.

［13］马丁娜主编. 基础会计学：理论与案例［M］. 太原：山西经济出版社，2008.

［14］马同保，桑忠喜主编. 会计学基础［M］. 武汉：华中科技大学出版社，2012.

［15］毛恺起，李洁. 会计学基础［M］. 兰州：甘肃民族出版社，2006.

［16］彭捷. 会计学基础［M］. 上海：立信会计出版社，2007.

［17］全国会计从业资格考试命题研究中心. 会计从业资格考试专用教材——会计基础［M］. 北京：人民邮电出版社，2014.

［18］邵瑞庆. 会计学原理（第三版）［M］. 上海：立信会计出版社，2011.

［19］邵淑宁. 信息技术对企业会计的影响［J］. 企业文化，2013（5）.

［20］时恺訢，李长福．网络会计发展的现状与趋势 ［J］.经济研究导刊，2014（14）.

［21］孙玉甫，于惠贤，李伟．会计学基础 ［M］.上海：立信会计出版社，2007.

［22］熊细银，熊晴海．网络会计 ［M］.北京：清华大学出版社，2006.

［23］徐垚晨溪．信息技术对会计理论的影响 ［J］.电子商务，2011（5）.

［24］亦玲．会计入门一点通 ［M］.北京：北京工业大学出版社，2012.

［25］尹合传主编．新编基础会计 ［M］.合肥：中国科学技术大学出版社，2009.

［26］张继英主编．会计学原理（修订版）［M］.北京：中国经济出版社，2013.

［27］张艳莉，苏虹主编．会计学基础 ［M］.成都：西南财经大学出版社，2013.

［28］章成蓉，吴岚主编．会计学基础 ［M］.成都：四川大学出版社，2012.

［29］中国注册会计师协会．会计 ［M］.北京：经济科学出版社，2014.

［30］中国注册会计师协会．审计 ［M］.北京：经济科学出版社，2014.

［31］中华人民共和国财政部．会计基础工作规范 ［M］.北京：经济科学出版社，1996.

［32］中华人民共和国财政部．企业会计准则 ［M］.北京：经济科学出版社，2006.

［33］朱小平，徐泓主编．初级会计学（第六版）［M］.北京：中国人民大学出版社，2012.

图书在版编目（CIP）数据

会计学原理 / 赖斌慧，黄莉娜，林晓伟编著. —北京：经济管理出版社，2014.11
ISBN 978-7-5096-3425-7

Ⅰ. ①会⋯　Ⅱ. ①赖⋯　②黄⋯　③林⋯　Ⅲ. ①会计学—高等学校—教材　Ⅳ. ①F230

中国版本图书馆 CIP 数据核字（2014）第 237598 号

组稿编辑：申桂萍
责任编辑：李玉敏
责任印制：黄章平
责任校对：超　凡

出版发行：经济管理出版社
　　　　　（北京市海淀区北蜂窝 8 号中雅大厦 A 座 11 层　100038）
网　　址：www. E-mp. com. cn
电　　话：(010) 51915602
印　　刷：三河市海波印务有限公司
经　　销：新华书店
开　　本：720mm×1000mm/16
印　　张：21.5
字　　数：409 千字
版　　次：2014 年 11 月第 1 版　2014 年 11 月第 1 次印刷
书　　号：ISBN 978-7-5096-3425-7
定　　价：49.00 元